개정판

관리회계원리

윤 주 석 저

도서출판 두남

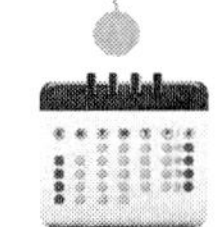

회계는 보통 투자자나 채권자와 같은 외부이용자를 위한 회계를 재무회계, 경영자와 같은 내부이용자를 위한 회계를 관리회계로 구분하며, 회계의 기초 소양을 습득하기 위해서는 재무회계와 관리회계의 기본 내용은 필히 학습하여야 한다. 이에 따라 미국의 경우 회계의 첫 과목인 회계원리라는 명칭이 붙어있는 교과서를 보면 재무회계와 관리회계내용이 모두 포함되어 있고, 두 학기에 걸쳐서 필수과목으로 배우도록 되어 있다. 이에 반해 우리나라의 경우는 회계원리라는 과목에서 한 학기동안에 재무회계 내용만을 학습하고, 관리회계는 보통 원가회계의 후속과목으로 배우도록 되어 있어서 회계과목에 관심이 없는 학생들은 관리회계과목을 이수 안하고 넘어가는 경우도 많이 있는 실정이다.

이러한 폐단을 방지하기 위해서는 관리회계의 기본 내용으로 구성된 교과서를 가지고 회계원리 이수 후 곧바로 이어서 관리회계가 수강되도록 교과과정 편성의 개선이 필요하다고 본다. 특히 이공계통 학생들이 경영학을 복수전공하는 추세가 두드러지는 현실에서 보통 필수과목으로 지정되어 있는 회계원리(재무회계 부분) 한 과목만을 이수하고 정작 이공계통 학생들에게 학습필요성이 높은 관리회계나 원가회계과목은 그냥 넘어가는 경우를 목격하면서 이런 생각을 하게 되었다.

본서는 이러한 관점과 지향해야 할 방향을 반영해서 집필된 관리회계 입문서의 시안이라고 보면 된다. 따라서 난해하고 복잡한 내용을 생략하고 기본적인 내용으로 구성하여 큰 부담 없이 관리회계의 학습 필요성을 느낄 수 있도록 하는데 초점을 맞춰보았지만 아직도 집필 방향에 적합한 내용이 되기에는 너무도 미흡한 점이 많음을 알고 있다. 그렇지만 일단 가르쳐보면서 수정 보완하기로 하고 하나의 강의시안이라고 생각하면서 출판하고자 한다.

본서의 주요 특징은 다음과 같다.

첫째, 본서는 관리회계정보의 활용에 관련된 기본적인 내용을 설명하여 경영자 입장에서 기업의 의사결정에 활용하는데 도움이 되도록 하였다.

둘째, 충분한 예시를 통해 본문 설명 내용을 확인하고 넘어갈 수 있도록 예제를 포함시켰다.

셋째, 회계는 연습문제를 다루어보지 않고는 학습내용의 명확히 이해나 기억하는데 어려움이 따르기 때문에 각 장의 마지막 부분에는 충분한 객관식 및 주관식의 연습문제를 제시하여 연습을 통해 자기의 것으로 확실히 소화할 수 있도록 하였다.

넷째, 관리회계 내용과 관련된 기사를 아직 일부분에 한정된 것이지만 발췌해서 읽을거리로 제공하여 현실감각과 응용력을 배양하는데 활용되도록 하였다.

본서의 출간을 위해 수고해주신 도서출판 두남에 다시 한 번 감사를 드린다.

2014. 2.

저자 씀

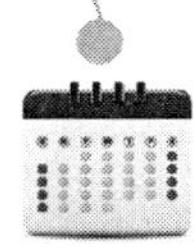

제1장 관리회계의 기본개념 / 11

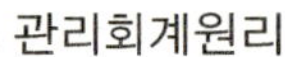
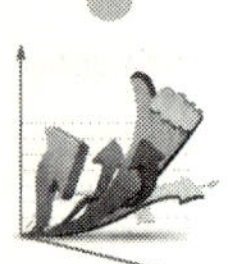

제 6 장 표준원가계산 / 227

제 7 장 책임회계와 성과평가 / 257

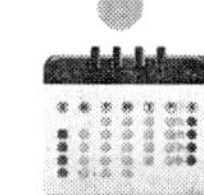

제 8 장 자본예산 / 277

제 9 장 대체가격 / 303

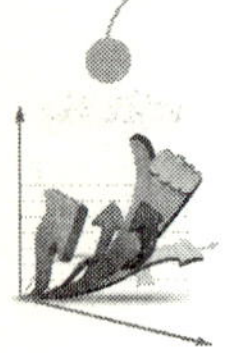

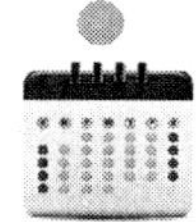

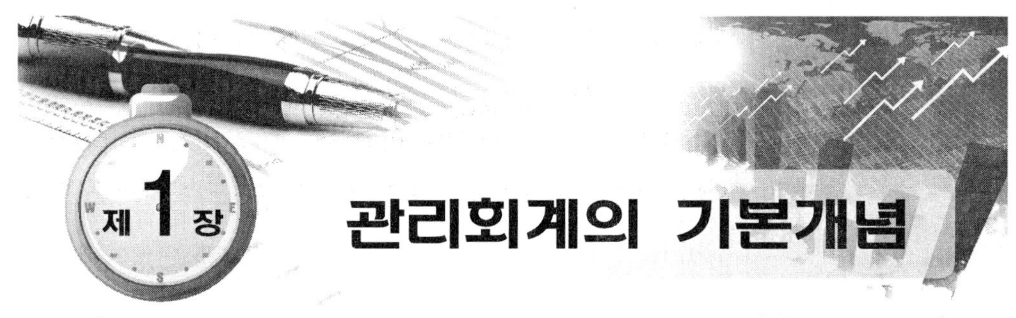

제 1 장 관리회계의 기본개념

제 1 절 관리회계와 원가개념

1 관리회계의 정의

관리회계(Management Accounting)는 경영자가 기업내의 계획·조정 및 통제에 사용하도록 재무정보와 비재무정보를 식별·측정·분석 및 전달하는 과정이라고 정의할 수 있다. 관리회계는 기업의 자원을 적절하게 사용할 수 있게 해주며, 기업의 자원에 대한 회계책임도 수행할 수 있게 해준다. 또한 관리회계는 규제기관이나 세무당국과 같은 기업의 이해관계자에게 제공할 재무보고서의 작성에 대한 책임도 담당하고 있다.

일반적으로 경영자가 수행하는 업무는 계획·조정·통제 및 의사결정이라고 말할 수 있다. 여기서 계획(planning)은 기업의 장·단기 목표의 설정 및 설정된 목표를 달성하기 위한 전략을 수립하는 기능이며, 조정(coordination)은 설정된 계획을 실행하기 위해 기업의 자원을 가장 효과적이고 효율적으로 이용하는 업무와 관련된 기능인 것이다. 통제(controlling)는 기업의 목표와 전략적 계획이 최적적으로 달성이 되도록 실행되고 있는 계획의 이행 여부와 적절성을 검토·평가 및 적절한 시정조치를 취하는 기능이다. 그리고 의사결정(decision making)이란 주어진 목

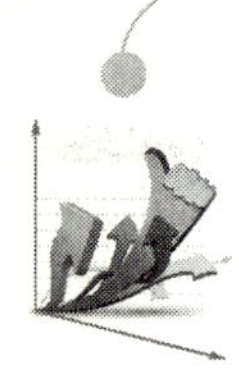

표의 관점에서 여러 대체안 중 하나를 선택하는 기능이다. 관리회계정보는 위의 기능을 수행하는데 유용하게 사용된다.

결국 관리회계는 기업에 대한 경영자의 계획·조정·통제 및 의사결정에 유용한 재무정보와 비재무정보를 제공하는 회계라고 말할 수 있다.

회계는 보통 정보이용자에 따라 재무회계와 관리회계로 구분된다. 관리회계의 특징은 재무회계와의 비교를 통해 그 차이를 분명히 알 수 있다. 그 차이는 다음의 표를 통해 정리할 수 있다.

〈표 1-1〉 관리회계와 재무회계의 주요 차이점

	재무회계	관리회계
1. 정보이용자	투자자, 채권자 및 기타 외부이용자	경영자, 종업원 및 기타 내부이용자
2. 정보의 제공목적	투자, 신용 및 기타 의사결정의 지원	경영자의 계획과 통제 의사결정 지원
3. 준수해야 할 규정	일반적으로 인정된 회계원칙	준수하도록 제약하는 규정은 없음
4. 정보의 이용시점	분기별과 연도별	수시(정보 필요 시점)
5. 정보의 시간차원	역사적 과거정보	미래 예측정보
6. 정보의 초점	조직 전체의 요약 자료	조직의 프로젝트, 업무수행과정, 하부단위의 세부적 자료
7. 정보의 성격	화폐적 정보	화폐적 정보와 비화폐적 정보

2 원가개념 및 분류

관리회계에서는 원가란 용어는 다양한 방식으로 사용되고 있다. 즉, 상이한 목적에 대해 사용하는 상이한 형태의 원가가 존재하고 있다. 어떤 원가는 재고자산평가와 당기순이익 산정에 유용하며, 어떤 원가는 계획·예산편성 및 원가통제에 유용하다. 그리고 어떤 원가는 장·단기 의사결정에 유용하다.

관리회계에서 분류하는 원가는 다음과 같다.

1) 제조원가와 비제조원가

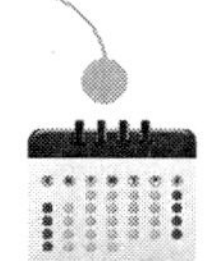

제조기업에서는 제조활동에 직・간접적으로 관련된 활동인지 여부에 따라 제조원가와 비제조원가로 분류할 수 있다. 제조원가는 제조활동에서 직・간접적으로 발생한 원가로 직접재료비, 직접노무비, 제조간접비 등의 3가지 범주로 구분된다.

(1) **직접재료비** (direct material costs)

직접재료비는 재료비이면서 동시에 특정 제품에 직접 추적 가능한 것을 말한다. 예를 들어, 주요 재료비, 매입 부품비 등이 이에 속하며, 이것은 제품원가의 가장 중요한 구성 요소가 된다.

한편, 제품의 제조에 소비된 재료비이기는 하나, 특정 제품과의 관계를 직접적으로 추적할 수 없거나 또는 경제적인 이유 때문에 그럴 필요가 없는 재료비를 간접재료비라 하며, 이는 제조간접비로 처리한다. 이의 예로는 보조 재료비, 공장 소모품비, 소모 공구 기구 비품비 등을 들 수 있다.

예를 들어 휴대폰을 생산하는데 있어 직접재료비에는 회로판, 반도체 칩, 모니터, 케이스, 베터리 등을 들 수 있으며, 간접재료비로는 납땜용 납, 나사못 등이 있다.

(2) **직접노무비** (direct labor costs)

직접노무비는 노무비이면서 동시에 특정 제품에 직접 추적 가능한 것을 말한다. 예를 들어, 특정 제품의 제조에 종사한 공장근로자에게 지급하는 임금이 바로 직접노무비이다.

한편, 특정 제품의 제조에 직접적으로 추적할 수 없는 노무비를 간접노무비라 하며, 이는 제조간접비로 처리한다. 이의 예로는 공장 감독자・부품운반 근로자・유지보수담당 근로자 또는 공장 경비원 등에게 지급하는 임금 등을 들 수 있다.

(3) **제조간접비** (manufacturing overhead costs)

앞에서 설명한 직접재료비, 직접노무비를 제외한 제조과정에서 발생한 기타의 모든 제조원가를 제조간접비라 한다. 즉, 제조간접비는 간접재료비, 간접노무비, 제조경비를 합계한 것을 말한다. 제조경비에는 공장의 전기수도료, 기계장치와 건물의 감가상각비・보험료・임차료・수선비 등이 포한된다.

한편 직접재료비와 직접노무비를 합해서 기초원가(prime costs)라고 하며, 직접노무비와 제조간접비를 합해서 전환원가(conversion costs) 또는 가공원가(processing costs)라고 부른다. 전환원가 또는 가공원가는 직접재료를 가공처리해서 완성품으로 전환시킨다는 점을 반영해서 만들어진 이름이다.

제조간접비를 제품에 정확하게 배부하는 것은 매우 중요하다. 왜냐하면 정확하게 배부되지 않으면 제품의 원가와 가격이 잘못 책정되어서 영업관련 의사결정과 경쟁전략이 최적적으로 이루어질 수 없게 되기 때문이다.

(4) 비제조원가

비제조원가에는 판매비와 관리비가 있다.

① 판매비는 제품의 판매 및 운반과 관련해서 발생하는 비용으로, 판매사원의 급여, 광고선전비, 판매수수료, 운반비 등이 있다.

② 관리비는 영업에 관련된 관리활동에서 발생하는 비용으로, 경영자・관리직 사원의 급여, 사무실 건물의 감가상각비・재산세, 사무실 건물의 임차료, 사무실에서 발생된 전기수도료 등이 있다.

2) 고정비와 변동비

계획과 통제의 관점에서 원가를 분류하려면, 조업도의 변화나 활동의 정도에 따라 원가가 어떻게 변동하는가에 대한 원가행태(cost behavior)를 파악하여야 한다. 원가는 조업도의 변화에 대하여 어떤 반응을 보이느냐에 따라 고정비와 변동비로 분류된다. 여기서 조업도란 생산 활동의 정도를 나타내는 지표로서, 보통 생산량, 직접노동시간, 기계운전시간 등으로 표현된다.

(1) 고정비 (fixed costs)

고정비는 조업도의 증감에 관계 없이 그 총액이 항상 일정하게 발생하는 원가를 말한다. 예를 들어, 공장 건물이나 기계장치에 대한 감가상각비, 재산세 등이 이에 속한다.

아래 표를 보면 알 수 있듯이 고정비는 생산량의 증감에 관계 없이 그 총액이 일정하게 발생하므로, 생산량이 2배, 3배로 증가하면 제품의 단위당 고정비는 $\frac{1}{2}$, $\frac{1}{3}$로 감소하며, 반대로 생산량이 $\frac{1}{2}$, $\frac{1}{3}$로 감소하면 제품의 단위당 고정비는 2배, 3배로 증가한다. 일반적으로, 대량 생산시에 더욱 많은 이익을 얻을 수 있는 이유는 제품의 단위당 고정비가 생산량의 증가에 따라 점점 적어지기 때문이다.

〈표 1-2〉 총고정비와 단위당 고정비

조업도 (생산량)	10,000 개	20,000 개	30,000 개
고정비 총 발생액	₩ 900,000	₩ 900,000	₩ 900,000
제품 단위당 고정비	₩ 90	₩ 45	₩ 30

지금까지 설명한 고정비와 조업도의 관계를 그림으로 나타내면 다음과 같다.

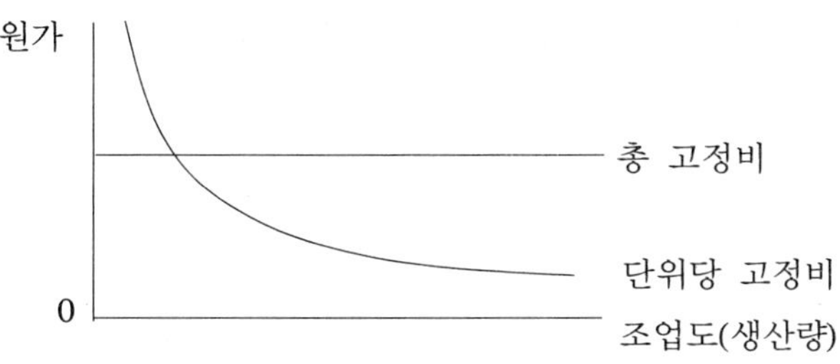

(2) **변동비** (variable costs)

변동비는 조업도의 증감에 따라 그 총액이 비례적으로 변동하는 원가를 말한다. 변동비의 전형적인 예로는 직접재료비, 직접노무비 등이 있다.

다음 표에서 알 수 있듯이 변동비는 생산량이 2배, 3배로 증가하면 그 총액도 그에 비례하여 2배, 3배로 증가하며, 반대로 생산량이 $\frac{1}{2}$, ⅓로 감소하면 그 총액도 $\frac{1}{2}$, ⅓로 감소한다. 따라서, 제품의 단위당 변동비는 항상 일정하게 된다.

〈표 1-3〉 총변동비와 단위당변동비

조업도 (생산량)	10,000 개	20,000 개	30,000 개
변동비 총 발생액	₩ 500,000	₩ 1,000,000	₩ 1,500,000
제품 단위당 변동비	₩ 50	₩ 50	₩ 50

지금까지 설명한 변동비와 조업도의 관계를 그림으로 나타내면 다음과 같다.

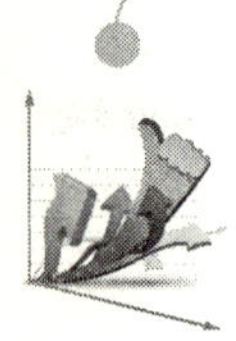

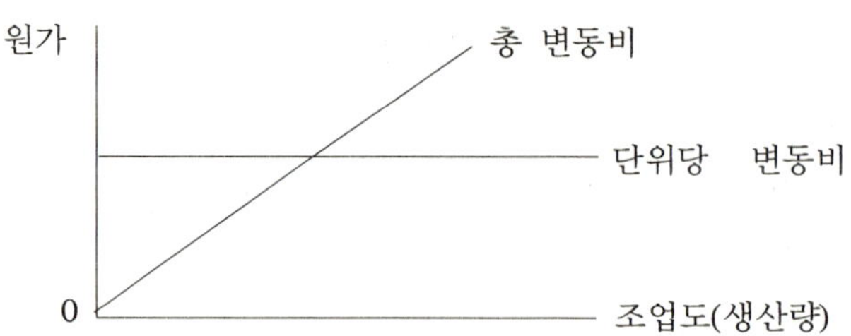

이 밖에 혼합원가(mixed cost) 또는 준변동비 등이 있으나, 이들을 분해해보면 결국 고정비와 변동비의 결합 형태로 나타낼 수 있다.

3) 직접원가와 간접원가

원가계산의 중요한 절차는 발생원가를 원가대상(cost object)에 집계하는 일이다. 원가대상은 원가를 부담하는 목적물로서 특정부문 또는 제품이 된다.

원가는 원가대상과의 관계에 따라 직접원가(direct cost)와 간접원가(indirect cost)로 구분된다. 직접원가는 원가대상에만 발생하는 직접적인 관련성을 파악할 수 있으므로 원가대상에 직접 추적하여 집계하면 된다. 예를 들어 직접재료비, 직접노무비, 특정제품의 광고비 등은 직접원가가 된다.

간접원가는 여러 원가대상에 공통적으로 발생하기 때문에 공통원가(common costs, joint costs)라고 하며, 일정한 기준에 따라 계산한 할당액을 각 원가대상에 배부하게 된다. 예를 들어 제조간접비나 기업에 대한 홍보비는 간접원가라고 할 수 있다.

4) 제품원가와 기간원가

원가는 매출수익에 대응되는 시점에 따라서 또는 제조원가에 포함되는가에 따라서 제품원가와 기간원가(또는 기간비용)로 분류된다.

제품원가는 판매되기 전까지는 자산이 되며, 판매됨에 따라서 매출원가라는 비용이 된다. 모든 제조원가는 제품원가이다.

기간원가(또는 기간비용)은 수익을 가득한 기간에 매출에 대응해서 비용화 된다. 판매비와 관리비는 기간원가가 된다.

[예제 1]

다음은 PC를 생산하는 업체에서 발생된 원가와 비용항목이다. 각 항목들을 1)직접재료비 2)직접노무비 3)제조간접비 4) 기간비용 5) 변동비 6) 고정비 등으로 구분하시오.

1. 공장건물의 재산세 : 제조간접비, 고정비
2. 공장장의 급여 : 제조간접비, 고정비
3. 컴퓨터 생산에 사용된 메모리보드와 칩 : 직접재료비, 변동비
4. 공장설비의 감가상각비 : 제조간접비, 고정비
5. 조립라인의 품질관리자의 급여 : 직접노무비, 변동비
6. PC 판매직원에 대해 지급된 판매성과급 : 기간비용, 변동비
7. 컴퓨터 조립에 사용된 전기배선 : 직접재료비, 변동비
8. 컴퓨터 조립라인 근로자의 임금 : 직접노무비, 변동비
9. 공장조립라인에서 사용된 납땜재료 : 간접재료비, 변동비
10. 공장건물의 야간경비원에 지급된 급여 : 제조간접비, 고정비
11. PC를 고객에게 운반하는데 든 운송비 : 기간비용, 변동비
12. PC에 사용된 하드드라이브 : 직접재료비, 변동비
13. PC에 탑재된 소프트웨어 : 직접재료비, 변동비
14. 신제품개발인력에 지급된 급여 : 기간비용, 고정비
15. 고객지원부서 직원의 급여 : 기간비용, 고정비

5) 의사결정을 위한 원가분류

경영 의사결정을 합리적으로 수행하기 위해서는 의사결정과 관련된 원가개념에 대한 이해가 우선적으로 필요하다. 의사결정과 관련해서 차액원가, 기회비용 및 매몰원가에 대한 개념 파악을 반드시 해야 한다.

(1) 차액원가 (differential cost)

의사결정이란 대안 중에서 하나를 선택하는 문제이다. 경영 의사결정을 수행할 때 각 대안별로 수익과 원가를 파악해서 비교를 해야 합리적인 선택이 가능해진다. 이 경우 두 대안간의 발생하는 원가에 차이가 존재하면, 이 차이를 바로 차액원가라고 한다. 만일 두 대안간의 수익에 차이가 있을 때에는 차액수익이라고 한다.

일반적으로 의사결정에 관련성이 있는 것은 차액원가와 차액수익이므로 의사결

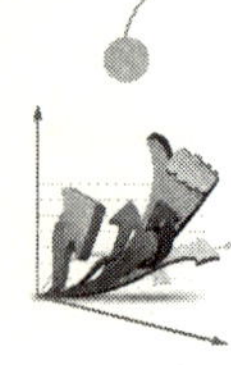

정과정에서 반드시 고려해야 한다.

(2) **기회비용** (opportunity cost)

기회비용(또는 원가)는 두 가지 또는 그 이상의 대안 중 한 대안을 선택하므로서 상실하게 된 다른 대안으로 부터의 이익을 말한다. 예를 들어 대학에 진학하므로서 포기한 취업으로 인한 급여소득이 이에 해당된다. 기회원가는 의사결정을 수행할 때 반드시 고려해야 한다. 예를 들어 경비부서를 내부적으로 설치 운영할지 아니면 경비회사에 위탁할지를 결정하는 경우에 기회원가의 고려는 매우 중요하다.

(3) **매몰원가** (sunk cost)

매몰원가는 이미 과거에 발생되었고, 이에 따라 현재 또는 미래의 의사결정에 의하여 회피하거나 변경시킬 수 없는 원가를 말한다. 매몰원가는 어떤 의사결정을 하더라도 변경되지 않기 때문에 차액원가가 되지 못하며, 이에 따라 미래의 의사결정과 관련이 없기 때문에 의사결정 과정에서 고려되어서는 안 되는 원가이다.

예를 들어 관리회계 수강과목에서 구입한 교재대금은 매몰원가가 된다. 중도에 원하는 학점을 취득할 가능성이 없는 경우 구입한 교재 값을 생각해서 계속 수강하기로 결정한 학생은 현명한 선택을 한 것으로 볼 수 없다.

5) 원가의 구성

제품의 원가를 구성하는 원가 요소는 다음과 같은 단계를 거쳐 판매 가격을 구성하게 된다.

(1) **직접원가** (direct costs)

직접원가는 제품의 제조를 위하여 소비된 직접재료비, 직접노무비, 직접제조경비의 세 가지 원가 요소를 합계한 것을 말한다.

경영 규모가 작고 주로 인간의 노동력으로 제품을 생산하는 수공업에서는 간접비가 적으므로 직접원가가 제품원가의 대부분을 차지한다.

(2) **제조원가** (manufacturing costs)

제조원가는 직접원가에 제조간접비를 가산한 것으로서, 제조 과정에서 발생하는 모든 제조원가를 말한다. 원가라 하면 일반적으로 이 제조원가를 가리킨다.

(3) 판매가격 (selling price)

판매가격은 경영자가 원가계산을 통해서 스스로 결정할 수도 있고, 시장에서 수요공급의 법칙에 따라 결정된 시장가격을 수동적으로 받아들이는 경우도 있다. 전자의 경우에는, 경영자가 제조원가, 판매비와 관리비, 그리고 기업의 적정 이익을 반영하여 판매가격을 결정하게 된다.

위에서 설명한 원가의 구성 관계를 그림으로 나타내면 다음과 같다.

〈표 1-4〉 원가 구성도

<table>
<tr><td></td><td></td><td></td><td>이 익</td><td rowspan="6">판매가격
(공장도가격)</td></tr>
<tr><td></td><td></td><td>판매비와
관리비</td><td rowspan="5">판매원가</td></tr>
<tr><td></td><td>제조간접비</td><td rowspan="4">제조원가</td></tr>
<tr><td>직접재료비</td><td rowspan="3">직접원가</td></tr>
<tr><td>직접노무비</td></tr>
<tr><td>직접경비</td></tr>
</table>

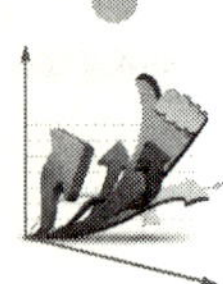

 김밥의 제조 원가

원가분류	원 가 항 목	원가(원)
직접재료비	김	100
	밥	500
	야채(당근, 단무지, 시금치, 깻잎)	300
	달걀	50
	소세지	100
간접재료비	참기름	50
	깨	20
	포장용기, 소독저, 휴지, 기타 소모품	80
직접노무비	김밥을 만드는 종업원 인건비	100
간접노무비	재료를 구입하고 운반하는 종업원 인건비	20
제조간접비	전기료, 수도료, 가스료	50
	가게 임차료	100
	설비 감가상각비	30
제조원가합계		1,500

김밥의 제조원가는 직접재료비, 간접재료비, 직접노무비, 간접노무비 및 제조간접비의 합산으로 계산된다. 직접재료비는 김밥을 만드는 데 소요되는 재료원가로 한 줄당 소요되는 재료를 직접 확인할 수 있기 때문에 한 줄에 들어가는 양과 가격을 파악하면 한 줄당 소요되는 재료비를 쉽고 정확하게 계산할 수 있다. 그러나 간접재료비, 직접노무비(월급제와 같이 직접 추적이 어려운 경우에 한함), 간접노무비 및 제조간접비는 한 줄당 소요되는 부분을 직접 확인할 수 없기 때문에 직접 소요되는 원가를 계산하기가 어렵다. 따라서 이들 원가는 배부과정을 거쳐서 간접적으로 계산하게 된다.

본 사례에서는 한 달 김밥 판매량은 10,000줄이며, 한 달분 발생 비용으로 김밥 담당 직원 인건비 ₩1,000,000, 재료 구입과 운반 담당 종업원 인건비 ₩200,000, 전기·가스·수도료 ₩500,000, 임차료 ₩1,000,000, 설비감가상각비 ₩300,000을 가정하였다. 이에 따라 김밥 한 줄에 배부되는 금액은 김밥 담당 종업원 인건비 ₩100(₩1,000,000/10,000줄), 재료 구입과 운반 담당 종업원 인건비 ₩20(₩200,000/10,000줄), 전기·가스·수도료는 ₩50(₩500,000/10,000줄), 임차료 ₩100(₩1,000,000/10,000줄), 설비감가상각비 ₩30(₩300,000/10,000줄)이 된 것이다.

이런 식으로 직접노무비, 간접노무비 및 제조간접비는 배부 과정을 거쳐서 한 줄당 제조원가에 포함된 것이라는 것을 유념하기 바란다. 따라서 제조원가는 대단히 정확하게 원가가 계산된 것이라기보다는 대략적인 추정치에 지나지 않는 경우가 많다는 점을 인식해야 한다.

한편 김밥가게의 김밥원가는 들어가는 재료, 주방장 인건비, 주방설비와 실내장식, 임차료 등에 따라 상이하게 산출되며, 이에 따라 김밥원가와 가격도 가게에 따라 달라질 수 있다는 점도 이해할 필요가 있다.

제 2 절 원가계산의 절차와 목적

1 원가계산의 의의

원가계산(cost accounting)이란, 제품 또는 용역의 생산에 소비된 원가를 집계하는 것을 말한다.

2 원가계산의 절차

제조기업의 제품별 원가계산에서는 제품별로 원가를 집계하여 자동차 1대의 제조원가, 반도체 칩 1개의 제조원가, 철판 1톤(ton)의 제조원가, 라면 1봉지의 제조원가 등 제품의 단위당 원가를 계산하는 것을 최종 목표로 하고 있다. 이 때, 제품의 단위당 원가는 원칙적으로 다음과 같은 세 단계를 거쳐서 계산된다.

① 제 1 단계 : 요소별 원가계산
② 제 2 단계 : 부문별 원가계산
③ 제 3 단계 : 제품별 원가계산

1) 요소별 원가계산

요소별 원가계산은, 제품의 원가를 계산하기 위한 첫 번째 단계로, 원가를 발생형태에 따라 재료비, 노무비, 제조간접비의 세 가지 원가 요소로 분류하여 집계하는 것이다. 제품을 생산하는 데는 원재료, 노동력, 생산 설비 등이 사용된다. 그러므로 이들 요소별로 각각 얼마의 원가가 소비되었는지를 파악하는 것은 제품의 원가를 계산하기 위한 첫 번째 단계가 된다. 요소별 원가계산 단계에서는 원가를 요소별로 집계하는 외에도 각 원가 요소를 제조직접비와 제조간접비로 구분하여 파악한다.

2) 부문별 원가계산

간접재료비, 간접노무비, 간접제조경비 등의 제조간접비는 여러 제품의 제조에 공통적으로 발생한 것이기 때문에 특정 제품에 직접 부과할 수가 없다.

그러므로 제조간접비는 일단 그것이 발생한 장소별로 구분하여 집계해 두었다가, 후에 일정한 기준에 따라 해당 제품에 배부하는 절차를 밟아야 한다. 이와 같이, 제조간접비를 발생 장소인 부문별로 분류・집계하여 각 부문의 제조간접비 발생액을 파악하는 절차를 부문별 원가계산이라 한다.

3) 제품별 원가계산

요소별 원가계산에서 집계한 제조직접비는 제품의 종류별로 직접 부과하고, 동시에 부문별 원가계산에서 집계한 제조간접비는 일정한 기준에 따라 각 제품별로 배부한다. 그리고 나서 이 두 가지 원가를 합계하여 각 제품의 원가를 계산하는 것을 제품별 원가계산이라 한다.

3 원가계산의 목적

원가계산의 목적은 다음과 같은 세 가지로 요약된다.

① 재무제표의 작성 목적
② 원가 통제의 목적
③ 가격 결정 등의 의사 결정 목적

1) 재무제표의 작성 목적

기업은 일정시점에서 반드시 재무제표를 작성하여 회계정보이용자에게 공표하여야 한다. 이 때 손익계산서를 작성하려면 매출원가를 알아야 한다. 그런데 제조기업이 판매하는 제품은 곧 그 기업이 제조한 제품이므로, 매출원가를 알기 위해서는 제품의 제조원가를 알아야 한다. 또, 재무상태표를 작성할 때에도 기말 현재 제조기업이 보유하고 있는 재공품과 제품의 가액을 알아야 하는데, 이를 위해서도 제품의 제조원가를 알아야 한다.

따라서 기업의 정확한 경영성과와 재무상태를 파악하는데 필요한 원가자료를

제공하기 위하여 원가계산을 한다.

2) 원가통제의 목적

기업의 경영 환경은 부단히 변화한다. 변화하는 경영환경에 적응하면서 경쟁상의 우위를 지속하며 계속 성장·발전하기 위해서는 비능률이나 낭비요소를 제거하면서 원가를 절감하는 것이 대단히 중요하다.

원가계산을 통해서 제품의 제조에 소비된 원가가 요소별 또는 부문별로 상세히 파악되므로, 어느 요소에 대하여, 그리고 어느 장소에서 얼마만큼의 원가가 발생하는지를 경영자에게 상세히 알려 줄 수 있다. 따라서, 경영자는 실제로 발생한 원가를 사전에 설정해 놓은 표준 원가나 추산 원가와 비교를 통해서 어느 요소에서 그리고 어느 장소에서 비능률이나 낭비가 발생하였는지를 알 수 있게 되며, 이에 따라 적절한 시정조치를 취할 수 있게 된다.

원가계산은 이와 같이 원가가 과대하게 발생하거나 불필요하게 낭비되는 것을 통제하는 데 필요한 자료를 제공하게 된다.

3) 가격결정 등의 의사결정 목적

주문에 의하여 생산되는 제품의 경우에는 그에 대한 시장 가격이 형성되어 있지 않은 경우가 많다. 이 경우 주문을 한 구매자와 주문을 받은 경영자는 쌍방 협의에 의하여 판매 가격을 결정하게 되는데, 이때 가격 결정의 기초로서 원가계산자료를 사용되게 된다.

또한 기존 제품의 경우 장래의 손익을 전망해 본다거나 수익성이 떨어진 제품의 생산 중단을 결정하기 위하여 제품별로 원가계산을 할 필요가 있다. 이 밖에, 새로 개발한 신제품을 제조하고자 할 때도 그 수익성 여부 등을 사전에 평가해 보기 위하여 원가계산을 할 필요가 있다.

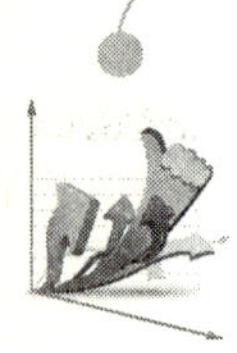

제 3 절 원가계산의 종류

원가계산은 다음과 같이 여러 가지로 분류할 수 있다.

1 실제원가계산과 예정원가계산

이것은 원가계산 시점을 기준으로 한 분류이다.

1) 실제원가계산(actual costing)

제품의 제조를 끝낸 뒤에 실제로 발생한 원가를 사용하여 제품의 원가를 계산하는 것을 실제원가계산 또는 사후원가계산이라 한다. 재무제표의 작성시에는 실제원가계산 방법에 의한 원가 자료로 제품과 재공품의 가액을 계상해야 한다. 여기서 실제원가는, 제품의 제조 활동이 진행됨에 따라서 실제로 소비된 각 원가 요소의 실제 소비량에 단위당 실제 가격을 곱하여 산출한다.

실제원가 = 실제소비량 × 단위당 실제가격

2) 예정원가계산(predetermined costing)

제품의 제조 이전에 앞으로 소비될 원가를 예정하고, 이 예정된 원가로 제품의 원가를 계산하는 것을 예정원가계산 또는 사전원가계산이라 한다.

이것은 다시 추산원가계산과 표준원가계산으로 구분된다. 추산원가계산은 과거의 실제원가를 기초로 하고, 이에 미래에 발생할 사항들을 적절히 반영하여 제품의 원가를 계산하는 방법이다. 즉, 과거의 자료는 미래 예측에 있어 중요한 지침이 된다는 가정 아래, 과거에 발생한 실제원가를 기초 자료로 하고, 이에 미래에 발생할 것으로 예상되는 재료비나 노무비의 변동 등을 추가적으로 고려함으로써 예상원가를 추산하는 방법이다. 이러한 추산원가계산은 주로 주문에 의해 제품을 생산하는 건설업이나 조선업 등에서 주문품의 가격 결정을 위해 많이 사용한다.

표준원가계산도 미래의 예상원가를 파악할 목적으로 실시되는 원가계산이다.

그러나 표준원가계산의 기본 목적은 제품의 가격 결정에 있지 않고, 실제원가와 표준원가와의 비교를 통하여 제조 활동 속의 비능률을 파악하고 나아가 이를 제거함으로써 원가 절감을 달성한다는 데 있다. 따라서, 표준원가계산에서는 전체 제조 과정에 대한 보다 더 엄격한 과학적 조사 내용을 토대로 하여 미래의 원가 표준(standards of costs)을 보다 더 엄밀하게 설정한다는 점이 추산원가계산과 다른 점이다.

여기서 표준원가는 능률 측정의 기준이 되도록 하기 위해, 각 원가 요소의 표준 소비량에 단위당 표준 가격을 곱해 산출한다.

표준원가 = 표준소비량 × 단위당 표준가격

2 개별원가계산과 종합원가계산

이것은 기업의 생산 형태에 따른 분류이다.

1) 개별원가계산 (job-order costing)

이것은 작업의 종류별로 원가를 계산하는 방법이다. 즉, 개별원가계산은 개별 작업마다 원가를 구분하여 계산하는 방법으로서, 여기서 개별 작업이라 함은 하나의 제품(예 : 교량 1개)일 수도 있고, 몇 개 제품의 묶음 (예 : 항공기 5대)일 수도 있다. 개별원가계산은 성능, 규격 등이 서로 다른 여러 종류의 제품을 주로 주문에 의해 생산하는 건설업, 조선업, 가구 제조업, 항공기 제조업 등에서 많이 사용한다.

개별원가계산에서는 원가를 제조직접비와 제조간접비로 나누어, 제조직접비는 특정 제품에 직접 부과하고, 제조간접비는 일정 기간 동안의 총액을 집계한 후 적절한 배부 기준에 따라 각 제품에 배부하여 제품의 원가를 계산한다.

제품의 원가 = 제조직접비 + 제조간접비 배부액

개별원가계산을 하는 기업에서는 개개의 작업을 지시하기 위해 생산 현장에 제조지시서를 발행한다. 제조지시서는 제조 책임자에게 특정 제품의 제조를 지시하는 문서이다. 이에는 일련 번호가 붙으며, 이 번호는 제조되는 특정 제품을 대표한다. 따라서, 제조원가의 집계는 제조지시서의 번호에 따라 이루어진다.

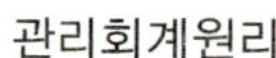

[예제 1-1] 개별원가계산의 단순한 예

나경영 씨는 가방류를 생산하는 회사를 창업하였다. 취급제품은 가죽지갑, 서류가방 그리고 배낭 등 3가지이다. 첫 달에 한 건의 주문을 받았는데 지구촌 대학의 학생들이 사용할 수 있도록 학교명과 마크가 새겨진 배낭을 200개 제작하여 납부하는 것이다. 나경영 사장은 제조원가에 50%의 이익을 가산한 가격으로 납품하기로 학교측과 합의를 보았다.

이제 배낭에 대한 제조원가를 계산해보자. 배낭의 제조에는 직접재료비(가죽, 실, 고리, 지퍼), 직접노무비(절단, 바느질, 조립) 그리고 제조간접비가 소요된다. 제조간접비는 직접노동시간을 배부기준으로 정하기로 하였다. 배낭을 제조하는데 재료비는 ₩1,000,000, 직접노무비는 ₩1,200,000(120시간×₩10,000/시간)이 발생되었다고 가정하자. 제조간접비 배부액은 직접노동시간당 ₩2,000으로 가정하면 배낭제조작업에 배부되는 제조간접비는 ₩240,000이 된다. 이에 따라 배낭의 제조원가는 다음과 같이 계산된다.

직접재료비	₩1,000,000
직접노무비	1,200,000
제조간접비	240,000
제품제조원가	2,440,000
제품제조수량	÷ 200
단위당 제조원가	₩12,200

이 회사는 위의 원가계산의 결과에 따라 제조원가에 50%의 이익을 가산한 ₩3,660,000 또는 배낭 한 개당 ₩18,300에 납품하게 될 것이다.

2) 종합원가계산(process costing)

이것은 성능, 규격 등이 동일한 한 종류의 제품을 연속적으로 대량 생산하는 기업, 예를 들어 제지업, 제분업, 제당업, 화학 공업 등에서 채택하는 원가 계산 방법이다. 종합원가계산에서는 일정 기간 동안 제조 활동에서 발생한 제조원가를 먼저 구한 다음, 이를 같은 기간의 완성품 수량으로 나누어 제품의 단위당 원가를 계산한다.

$$\text{제품의 단위당원가} = \frac{\text{일정기간의 제조원가}}{\text{동기간의 완성품수량}}$$

종합원가계산은 한 종류의 제품만을 생산하는 기업에서 사용하는 원가계산 방법이므로, 여기서는 제조직접비와 제조간접비를 구분할 필요가 없다. 왜냐하면, 이 경우에는 모든 제조원가가 그 제품에 추적 가능한 직접비이기 때문이다.

[예제 1-2] 종합원가계산의 단순한 예

(주)장수제약은 노화를 방지하는 고농도의 종합비타민을 생산하고 있다. 종합비타민 생산에는 3단계 공정이 필요하다. 그리고 각 공정별로 직접재료비, 직접노무비, 제조간접비가 발생하게 된다. 이 회사는 이번 주에 2,000병을 생산하기로 했으며, 이에 따른 원가자료는 다음과 같다.

	원료배합부문	캡슐부문	포장부문
직접재료비	₩1,700,000	₩1,000,000	₩800,000
직접노무비	50,000	60,000	300,000
제조간접비배부액	450,000	500,000	600,000

원료배합부문에서 발생한 원가는 원료배합물이 다음 단계 공정인 캡슐부문으로 넘겨질 때 전공정대체액이란 이름으로 함께 넘겨진다. 전공정대체액은 직접재료비의 한 형태로 취급하여 처리된다고 보면 된다. 마찬가지로 캡슐부문에서 발생한 원가(전공정대체액 포함)은 포장부문에 대체되서 포장부문에서 발생한 원가에 합해지게 되면 최종적인 종합비타민의 제조원가가 되게 된다. 이 과정을 나타내면 다음과 같다.

	원료배합부문	캡슐부문	포장부문
직접재료비	₩1,700,000	₩1,000,000	₩800,000
직접노무비	50,000	60,000	300,000
제조간접비배부액	450,000	500,000	600,000
전공정대체액	-	2,200,000	3,760,000
완성품제조원가	2,200,000	3,760,000	5,460,000
제조수량			2,000병
1병당 원가			₩2,730

3 활동기준원가계산

오늘날 기업간 경쟁이 심화됨에 따라 기업들은 생산한 제품의 정확한 원가를 필

요로 하게 되었으며 이를 토대로 경영전략을 수립한다. 따라서 정확한 원가계산은 더욱 중요하게 되었다. 그런데 최근 들어 공장자동화 등의 생산환경 변화는 제조간접비의 비중을 증가시켰으며 전통적 원가계산은 제조간접비배부를 왜곡시켜 정확한 원가계산을 이루지 못하게 하였다

활동기준원가계산(Activity Based Costing)이란 공장자동화 등 새로운 제조기술의 도입으로 인해 증가하는 제조간접비를 제품에 정확히 배부하고 효과적으로 관리하기 위하여 제조간접비의 발생원인(원가유발요인)인 활동을 기준으로 제조간접비를 배부하는 새로운 원가계산방식이다.

이러한 활동기준원가계산은 원가계산의 정확성을 제고하고 활동을 관리하여 낭비를 제거하는 것을 주목적으로 삼는다

활동기준원가계산에서는 전통적으로 대부분을 고정비로 취급해왔던 제조간접비를 묶음기준활동, 제품지원활동과 관련된 비용으로 세분하여 경영자는 각 제조간접비의 유발요인에 대한 정보를 이용하여 제조간접비를 보다 잘 통제할 수 있도록 하였다. 또한 경영자에게 활동에 대한 정보를 제공함으로써 경영자는 비부가가치활동을 제거하여 계속적인 개선의 기회를 찾을 수 있게 되었다

[예제 1-3] 활동기준원가계산의 단순한 예

나관광 씨는 래프팅을 체험하면서 주변을 여행할 수 있게 하는 회사를 창업하였다. 이 회사는 활동기준원가계산을 사용해서 래프팅관광의 원가를 계산하고자 한다. 한 대의 보트에는 6명의 여행객과 한 명의 가이드가 탑승한다. 래프팅 여행과 관련된 원가는 다음과 같다.

활동(원가동인)	원 가
트레일러렌트비	₩127/여행 1회
광고비	215/여행 1회
보험료	50/여행 1회
감가상각비	40/여행 1회 + ₩8/인원 1인
급여	400/여행/가이드
점심식사비	60/인원 1인

4대의 보트와 24명의 여행객 및 4명의 가이드에 대한 래프팅 여행 원가를 계산하면 다음과 같다.

활동(원가동인)	원 가
트레일러 렌트비	₩127
광고비	215
보험료	50
감가상각비	264
급여	1,600
점심식사비	1,680
총원가	₩3,936

감가상각비 ₩264는 ₩8×28 + ₩40으로 계산되었으며, 급여는 ₩1,600은 가이드 4명에 1인당 급여 ₩400을 곱해서 계산된 것이다. 또한 점심식사비는 여행객 24명에다 가이드 4명 포함해서 28명분을 계산한 것이다.

 전부원가계산과 변동원가계산

고정제조간접원가를 제품의 원가에 포함시키느냐 여부에 따라 전부원가계산과 변동원가계산으로 구분된다.

1) 전부원가계산

전부원가계산(absorption costing)이란 직접재료비, 직접노무비, 변동제조간접비 뿐만 아니라 고정제조간접비를 모두 제품원가에 포함시키는 방법이다. 기업 외부에 공표하는 재무제표를 작성할 때에는 전부원가계산을 사용하여 계산한 원가자료를 이용하며, 일반적으로 원가계산이라 하면 전부원가계산을 의미한다.

2) 변동원가계산

변동원가계산(variable costing)은 직접재료비, 직접노무비, 변동제조간접비 만을 제품원가에 포함시키고 고정제조간접비는 기간비용으로 처리하는 방법이다. 즉, 변동원가계산에서는 변동제조간접비를 제품원가에 포함시켜 판매시점의 비용으로 처리하나 고정제조간접비는 기간비용으로 간주하여 발생 즉시 비용으로 처리한다. 고정제조간접비를 이렇게 처리하는 이유는 고정제조간접비는 제품의 생산과 관계없는 생산시설에서 발생할 수도 있고, 단순히 시간의 경과에 의해서도 발생할 수 있는 원가이기 때문이다. 변동원가계산에서는 판매비와 관리비도 변동비

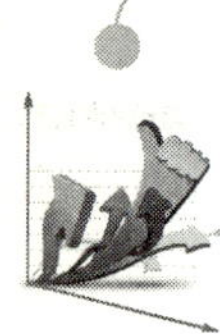

와 고정비로 구분하고 매출액에서 변동제조원가와 변동판매비와 관리비를 차감하여 공헌이익을 계산한다. 변동원가계산방법은 원가와 조업도간의 관계에 대해 더 나은 정보를 제공해 주므로 경영자의 내부적인 의사결정을 위한 목적에 적합한 것으로 평가된다.

예를 들어 한밭주식회사는 20X2년 중에 10,000개의 제품을 생산하여 8,000개를 판매하였으며, 당기 중 수익과 원가에 관련된 자료는 다음과 같다고 하자.

구 분	단위금액	고정비총액
매출액	₩110.00	
제조원가;		
직접재료비	12.50	
직접노무비	20.00	
변동제조간접비	10.00	
고정제조간접비		₩200,000
판매비와 관리비		
변동판관비	5.00	
고정판관비		250,000

위의 자료에 의하여 전부원가계산과 변동원가계산에 의한 손익계산서를 작성하면 다음과 같다. 전부원가계산의 경우 고정제조간접비 ₩200,000 중 판매분에 해당하는 ₩160,000만 당기비용에 산입되고 미판매분에 해당하는 ₩40,000은 재고자산에 포함되는데 반해, 변동원가계산에서는 고정제조간접비 ₩ 200,000이 모두 당기비용으로 처리되는 것이 차이점인 것을 알 수 있다.

〈전부원가계산 손익계산서〉

구　　　분	금	액
매출액 (₩110 ×8,000)		₩880,000
매출원가;		
직접재료비(₩12.50×8,000)	₩100,000	
직접노무비(₩20.00×8,000)	160,000	
변동제조간접비(₩10.00×8,000)	80,000	
고정제조간접비(₩200,000/10,000×8,000)	160,000	500,000
매출 총이익		380,000
판매비와 관리비;		
변동비(₩5.00×8,000)	40,000	
고정비	250,000	290,000
순이익		₩90,000

〈변동원가계산 손익계산서〉

구　　　분	금		액
매출액(₩110.00 ×8,000)			₩880,000
변동원가;			
변동매출원가;			
직접재료비(₩ 12.50×8,000)	₩100,000		
직접노무비(₩ 20.00×8,000)	160,000		
변동제조간접비(₩ 10.00×8,000)	80,000	₩340,000	
변동판매비와관리비(₩ 5.00×8,000)		40,000	380,000
공헌이익			500,000
고정비;			
고정제조간접비		200,000	
고정판매비와 관리비		250,000	450,000
순이익			₩50,000

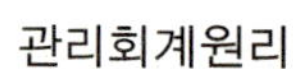

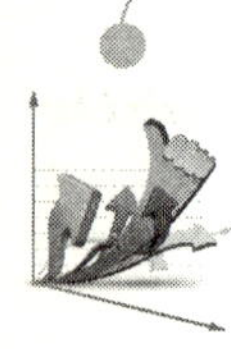

제 4 절 제조기업의 손익계산서와 제조원가명세서

제조기업의 경우에 작성되는 손익계산서와 제조원가명세서는 다음과 같다.

1 손익계산서

손익계산서에 계상되는 당기 제품제조원가는 제조원가명세서를 통해 상세히 보고된다.

손익계산서

(주) 한국 20X3. 4. 1. ~ 20X3. 4.30 (단위 : 원)

과 목	금 액	
Ⅰ. 매 출 액		880,000
Ⅱ. 매출원가		500,000
1. 기초제품재고액	0	
2. 당기제품제조원가	625,000	
계	625,000	
3. 기말제품재고액	(125,000)	
Ⅲ. 매출총이익		380,000
Ⅳ. 판매비와 관리비		290,000
Ⅴ. 영업이익		90,000
Ⅵ. 당기순이익		90,000

2 제조원가명세서

제조원가명세서는 완성된 제품의 제조원가를 상세히 나타내기 위하여 당기에 발생한 원가를 재료비, 노무비, 제조간접비의 각 요소로 구분하여 기재하고, 그 합계액에 기초재공품재고액을 가산한 후, 이로부터 기말재공품재고액을 차감하여 당기제품제조원가를 표시하는 보고서이다.

제조원가명세서

(주)한국　　20X3.4.1. ~ 20X3.4.30　　(단위 : 원)

과 목	금	액
Ⅰ. 재 료 비		
1. 기초재료재고액	0	
2. 당기재료매입액	225,000	
계	225,000	
3. 기말재료재고액	(75,000)	150,000
Ⅱ. 노 무 비		
노무비 합계액	220,000	220,000
Ⅲ. 제 조 간 접 비		
제조간접비 합계액	350,000	350,000
Ⅳ. 당기총제조비용		720,000
Ⅴ. 기초재공품재고액		0
Ⅵ. 합 계		720,000
Ⅶ. 기말재공품 재고액		95,000
Ⅷ. 당기제품 제조원가		625,000

제 5 절 제조기업의 결산과정

제조기업은 기업의 외부 활동뿐만 아니라 내부 활동도 기록해야 한다. 따라서, 원가회계에서는 재무회계에서 설정하는 손익계산계정과 재무상태표계정 외에도 제조에 관련된 내부 활동을 기록하기 위한 원가계산 관련 계정이 추가적으로 더 설정된다. 원가계산 관련 계정을 원가요소계정과 원가계산계정으로 구분해서 설명하면 다음과 같다.

1 원가요소계정

원가요소계정에는 재료비 계정, 노무비 계정, 제조경비 계정의 세 가지가 있다.

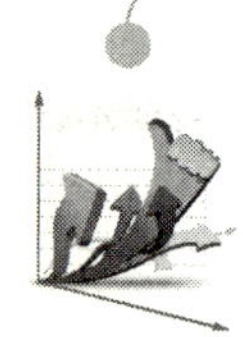

1) 재료비 계정

재료비 계정은 재료의 소비액을 기록하는 계정이다. 재료에는 주요재료, 보조재료, 부품, 소모공구기구비품 등이 있으며, 이들 각각은 주요재료계정, 보조재료계정, 부품계정 등과 같은 별도의 계정으로 설정되어 처리된다. 이들 계정에 기입된 재료가 제품 제조를 위하여 출고되면 해당 재료 계정 차변에 기입하여 재료비라는 원가 요소의 발생을 기록하게 된다.

재료비계정 차변에 기입된 당월의 재료소비액 중 직접재료비는 재공품계정 차변에 대체되고, 간접재료비는 제조간접비계정 차변에 대체된다. 이상의 내용을 T 계정에 나타내면 다음과 같다.

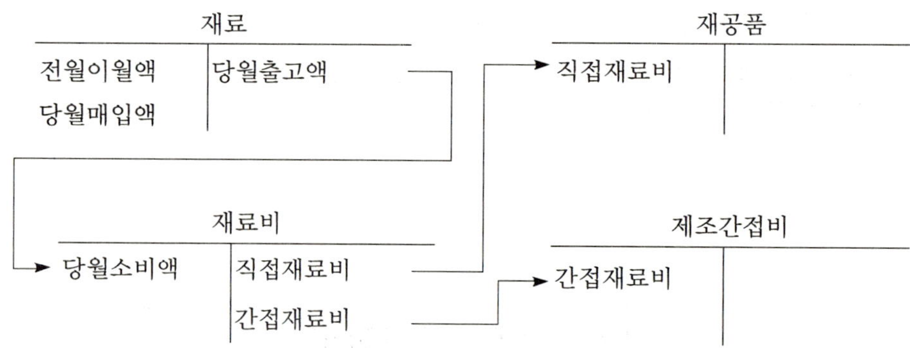

[예제 1-4] 재료에 관련된 거래의 분개

(1) 재료 ₩100,000을 외상 매입하고, 매입 제비용 ₩5,000은 현금으로 지급하다.

(차)	재료	105,000	(대)	외상매입금	100,000
				현금	5,000

(2) 재료 ₩70,000을 작업 현장에 출고하다.

(차)	재료비	70,000	(대)	재료	70,000

(3) 당월의 재료소비액 중 ₩50,000은 직접재료비로, 나머지는 간접재료비로 소비되었다.

(차)	재공품	50,000	(대)	재료비	70,000
	제조간접비	20,000			

2) 노무비 계정

노무비 계정은 제품제조를 위해 발생된 노무비(인건비)의 발생액을 기록하는 계정이다.

제조기업은 임금, 급여, 수당, 잡급, 퇴직급여 등 노무비의 종류별로 임금계정, 급여계정 등 노무비 관련계정을 설정하며, 노무비 관련계정의 차변에 당월 노무비 지급액을 기입한다. 그리고 원가계산 기말에는 노무비의 당월 발생액을 계산한 후에, 이를 임금계정, 급여계정 등 노무비 관련계정의 대변과 노무비계정 차변에 기입하여 노무비라는 원가요소의 발생을 기록한다.

노무비계정 차변에 기입된 당월 노무비 발생액 중 직접노무비는 재공품 계정 차변에 대체하고, 간접노무비는 제조간접비 계정 차변에 대체한다. 그러나 기장의 편의상 집합 계정의 성격을 가진 노무비계정을 설정하지 않고, 노무비의 종류별로 설정된 노무비 관련계정으로부터 당월 노무비의 발생액을 직접 재공품 계정과 제조간접비 계정으로 대체하는 방법도 있다. 이상의 내용을 T계정에 나타내면 다음과 같다.

〈노무비 계정을 원가요소 계정으로 설정하여 처리하는 경우〉

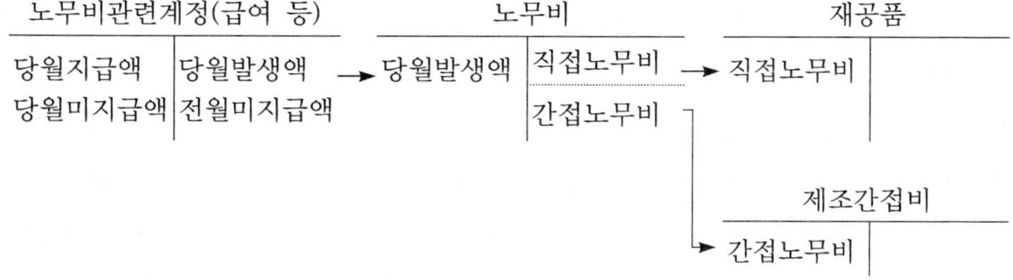

〈노무비 계정을 설정하지 않고 노무비 관련 계정만을 설정하는 경우〉

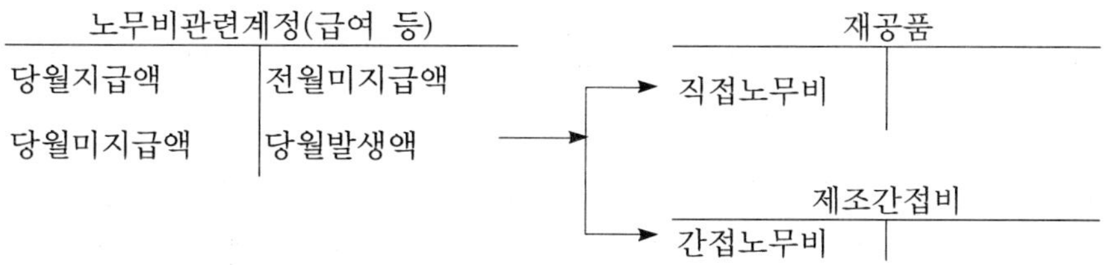

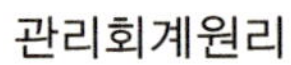

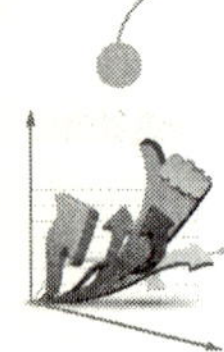

[예제 1-5] 노무비에 관련된 거래의 분개

(1) 당월분 급여 ₩100,000이 발생하다.

(차) 노무비	100,000	(대) 급 여	100,000

(2) 당월분 노무비 중 ₩80,000은 직접 노무비이고, ₩20,000은 감독자, 경비원 등에 대한 간접 노무비이다.

(차) 재 공 품	80,000	(대) 노 무 비	100,000
제조간접비	20,000		

(3) 종업원에게 지급해야 할 급여 중 ₩90,000을 현금으로 지급하다.

(차) 미지급급여	90,000	(대) 현 금	90,000

3) 제조경비 계정

제조경비란 재료비와 노무비를 제외한 기타의 모든 제조원가요소를 말하는 것으로서, 생산 시설(기계장치, 건물, 비품 등)에 대한 감가상각비, 화재보험료, 임차료, 수선비, 생산시설에서 발생한 전력비, 수도료 등이 이에 해당된다. 이러한 경비의 발생액은 제조경비계정에 기입되게 된다.

위의 경비 항목들이 발생하면, 감가상각비 계정, 화재보험료 계정, 임차료 계정 등의 차변에 기입하여 당해 원가요소의 발생을 기록한다. 그런 다음 당월의 제조경비 총 발생액을 집계하기 위하여 당해 원가요소의 발생액을 제조경비 계정의 차변으로 대체한다. 이 때, 본사의 영업 활동을 위한 경비 부분이 포함되어 있는 경우에는 제조 활동을 위한 부분만 제조경비 계정으로 대체하고, 나머지는 판매비와 관리비 계정으로 대체한다.

당월의 제조경비 중 직접제조경비는 재공품 계정의 차변으로 대체하고, 간접제조경비는 제조간접비 계정의 차변으로 대체한다.

그런데 대부분의 기업들은 제조경비의 집계를 위한 제조경비 계정을 별도로 설정하지 않고, 각 경비 항목 계정에서 곧바로 재공품 계정, 제조 간접비 계정, 판매비와 관리비 계정으로 대체하고 있는데, 그 이유는 기장의 간소화 때문이다. 이것은 집합계정의 성격을 가진 노무비 계정의 설정을 생략하고 노무비 관련 계정으로

부터 직접 재공품 계정과 제조간접비 계정으로 대체하는 경우와 같다.

〈각 경비 항목의 대체 과정〉

○ 제조경비 계정을 집합 계정으로 설정하는 경우

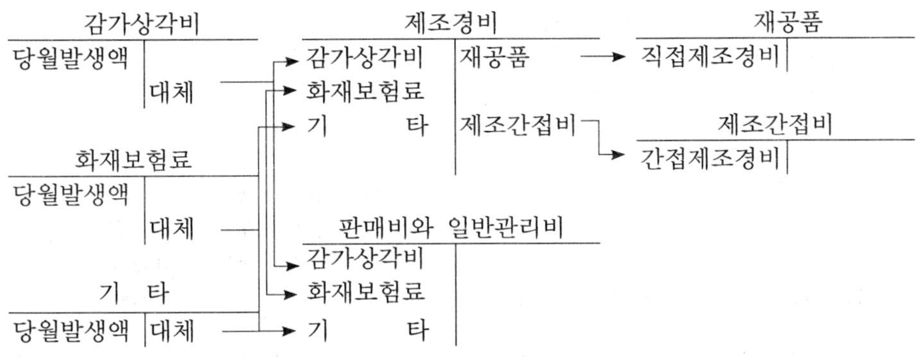

〈각 경비 항목의 대체 과정 〉

○ 제조경비 계정을 두지 않는 경우

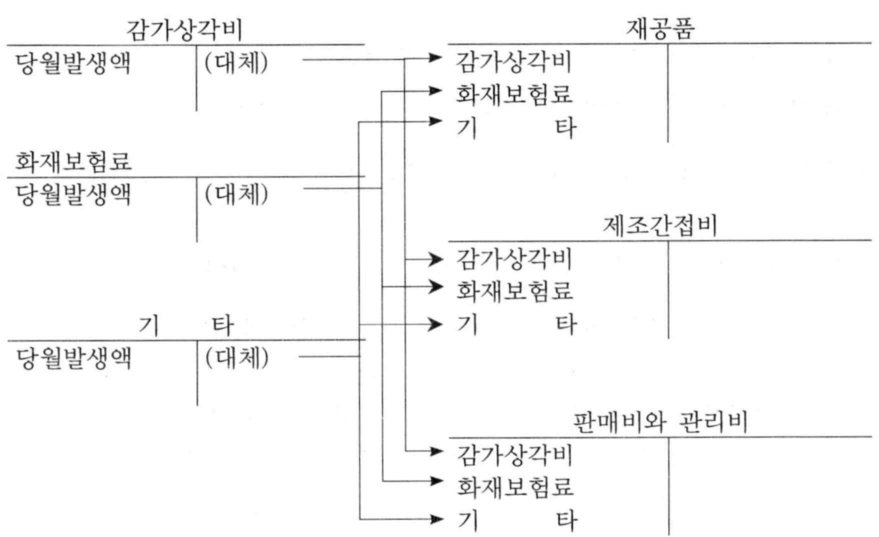

* 제조 경비의 대부분은 간접 제조 경비이므로 경비 계정의 금액이 재공품 계정에 직접 대체되는 경우는 거의 없다

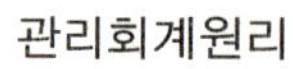

[예제 1-6] 경비관련거래의 분개

(1) 당월의 감가상각비와 전력비 발생액은 다음과 같다.

	감가상각비	전력비
공장건물	₩40,000	₩50,000
기계장치	₩20,000	-
본사건물	₩40,000	₩20,000

(차) 감가상각비	100,000	(대) 공장건물감가상각누계액	40,000
		기계장치감가상각누계액	20,000
		본사건물감가상각누계액	40,000
(차) 전력비	70,000	(대) 미지급전력비	70,000

(2) 당월분 감가상각비와 전력비 발생액을 각각 제조간접비 계정과 판매비와 관리비 계정에 대체하다.

(차) 제조간접비	60,000	(대) 감가상각비	100,000
판매비와관리비	40,000		

(3) 당월분 전력비 중 ₩70,000을 현금으로 지급하다.

(차) 미지급전력비	70,000	(대) 현 금	70,000

(4) 공장 건물에 대하여 앞으로 6개월분에 해당하는 화재 보험료 ₩24,000을 현금으로 지급하다.

(차) 선급보험료	24,000	(대) 현 금	24,000

(5) 위의 보험료 중 당월분 발생액 ₩4,000을 제조간접비 계정에 대체하다.

(차) 보험료	4,000	(대) 선급보험료	4,000
제조간접비	4,000	보 험 료	4,000

2 원가계산 계정

원가계산 계정은 각종 원가를 집계하기 위해 설정되는 집합계정으로서, 재공품 계정, 제조간접비 계정, 제품 계정 등이 있다.

1) 재공품 계정

재공품 계정은 특정 제품의 제조를 위하여 소비된 모든 원가를 집계하는 집합 계정이다. 이 계정의 차변에는 직접재료비, 직접노무비, 직접제조경비, 제조간접비 배부액을 기입한다. 그 후 제품이 완성되면, 완성품의 제조원가를 재공품 계정의 대변에 기입하여 재공품을 감소시키는 한편, 이를 제품 계정의 차변에 대체한다. 따라서, 재공품 계정 잔액은 항상 차변에 남게 되고, 이는 월말재공품재고액이 되게 된다.

이상의 내용을 그림으로 나타내면 다음과 같다.

재공품	
전월이월액	제 품 →
직접재료비	(당월제품제조원가)
직접노무비	
직접제조경비	
→ 제조간접비배부액	

제품	
전월이월액	
재 공 품	

제조간접비	
	당월제품제조 간접비배부액 →

[예제 1-7] 제품제조원가의 대체분개

제품이 완성되어 제조원가 ₩200,000을 제품 계정에 대체하다.

(차) 제 품 200,000 (대) 재공품 200,000

2) 제조간접비 계정

기업이 여러 종류의 제품을 제조하는 경우에는 각 제품의 종류별로 한 개씩의 재공품 계정을 설정하고, 각 제품별로 직접재료비, 직접노무비, 직접제조경비를 확인하여 바로 이 재공품 계정의 차변에 기록한다. 그러나 제조간접비는 각 제품에 직접 부과할 수가 없다. 따라서, 제조간접비를 집계하기 위한 집합 계정으로 제조간접비 계정을 설정하고, 여기에 제조 간접비에 속하는 간접재료비, 간접노무비, 간접제조경비 등을 집계한 후, 그 합계액을 일정한 배부 기준에 따라 각 제품에 배부한다.

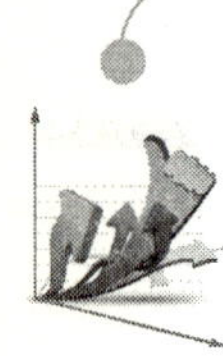

이상의 내용을 그림으로 나타내면 다음과 같다.

제조간접비	
간접재료비	재공품 A →
간접노무비	재공품 B →
간접제조경비	

재공품 A	
제조간접비	

재공품B	
제조간접비	

[예제 1-8] 제조간접비의 배부분개

월말에 제조간접비 ₩110,000을 제공품 A와 제공품 B에 6:4 의 비율로 배부하다.

(차) 재공품 A	66,000	(대) 제조간접비	110,000
재공품 B	44,000		

3) 제품 계정

제품이란, 제조 공정을 완전히 마친 완성품을 말한다. 제품 계정은 이 완성된 제품의 증가와 감소를 기입하는 자산 계정이다.

이 계정의 차변에는 완성된 제품의 제조원가를 기록한다. 그 후 제품이 판매되면, 판매된 제품의 제조원가를 제품 계정의 대변에 기록하여 제품을 감소시키는 한편, 이를 매출원가 계정 차변에 대체한다. 따라서, 제품 계정의 잔액은 항상 차변에 남으며, 이는 월말제품재고액이 된다.

이상의 내용을 그림으로 나타내면 다음과 같다.

제 품	
전월이월액	매출원가 →
재공품 (당월제품제조원가)	(당월판매제품 제조원가)

매출원가	
제품 (당월판매제품 제조원가)	

이 그림에 나타나 있는 매출원가 계정은 당월 중에 판매된 제품의 제조 원가를 집계하기 위한 비용 계정으로, 이 계정의 차변 합계액은 당월의 총매출원가를 나타낸다.

[예제 1-9] 매출원가로의 대체분개

다음 자료를 이용하여 당월의 매출원가를 계산하고, 매출원가 계정에 대체하는 분개를 표시하여라.

월초제품재고액 ₩50,000 당월제품제조원가 ₩200,000
월말제품재고액 ₩80,000

(차) 매출원가 170,00 (대) 제 품 170,000

* 매출원가 : (월초제품재고액 + 당월제품제조원가) − 월말제품 재고액
= (₩50,000 + ₩200,000) − ₩80,000
= ₩170,000

앞에서 살펴본 바와 같이 원가계산 계정에는 재공품 계정, 제조간접비 계정, 제품 계정이라는 세 개의 중요한 계정이 있다. 그런데 제조기업의 계정에는 이미 설명한 매출원가 계정 외에도 판매비와 관리비 계정, 월차손익 계정 등의 집합 계정이 사용된다.

4) 판매비와 관리비 계정

판매비는 판매 활동과 관련하여 발생하는 판매원의 급료, 여비 교통비, 광고 선전비, 발송 운임등을 말하며, 관리비는 기업의 전반적인 관리와 관련하여 발생하는 직원의 급료, 임원의 급료, 영업소(본사 및 지점)의 보험료와 감가상각비 등을 말한다.

그러나 판매비와 관리비는 구분하는 것이 별 의미가 없기 때문에 판매비와 관리비 계정을 설정하여 통합 처리한다.

판매비와 관리비에 속하는 경비 항목의 발생액은 해당 계정에서 판매비와 관리비 계정의 차변으로 대체하고, 월말에 판매비와 관리비 계정의 차변 합계액을 앞서 살펴본 매출원가와 함께 월차손익 계정 차변으로 대체한다.

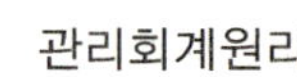
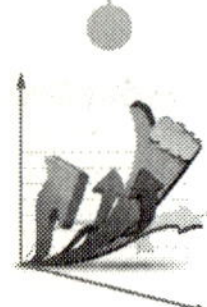

[예제 1-10] [예제 1-9]자료를 이용하여 다음을 분개하시오.

(1) 월말에 [예제 1-9]에 의하여 매출원가 계정에 기록된 ₩170,000을 월차 손익 계정에 대체하다.
(차) 월차손익 170,000 (대) 매출원가 170,000

(2) 당월분 판매원에 대한 급료 ₩20,000을 현금으로 지급하다.
(차) 급 여 20,000 (대) 현 금 20,000

(3) 당월분 급여 계정 잔액 ₩20,000을 판매비와 관리비 계정에 대체하다.
(차) 판매비와 관리비 20,000 (대) 급 여 20,000

(4) 당월분 판매비와 관리비 총액 ₩90,000을 월차손익 계정에 대체하다.
(차) 월차손익 90,000 (대) 판매비와 관리비 90,000

5) 월차손익 계정

월차손익 계정은 매월의 영업 손익을 계산하기 위하여 설정되는 계정이다. 이 계정의 차변에는 당월의 매출원가, 당월의 판매비와 관리비가 기록되며, 대변에는 당월의 순매출액이 기록된다. 따라서, 이 계정의 잔액은 당월의 영업손익을 나타내게 된다.

월차손익 계정은 매월 마감하지 않고, 연말 결산시에만 마감하여 대・차변의 차액을 (연차) 손익 계정에 대체한다.

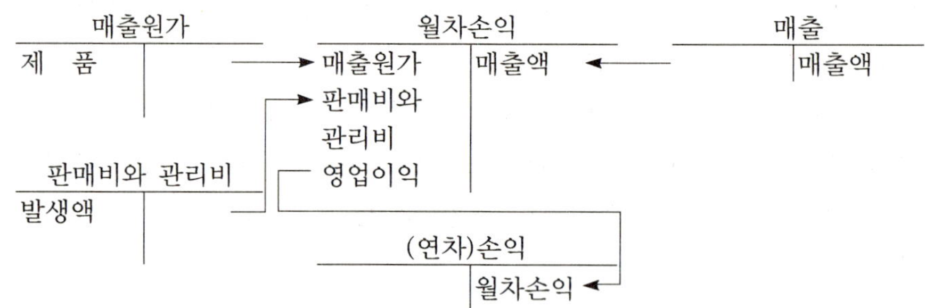

[예제 1-11] 월차손익계정의 대체분개

결산시 월차손익 계정의 대변 잔액 ₩320,000을(연차) 손익 계정에 대체하다.

(차) 월차손익 320,000 (대) (연차)손익 320,000

3 원가의 흐름

제품의 제조로부터 결산에 이르는 여러 계정간의 대체 관계, 즉 원가의 흐름을 그림으로 정리하면 다음과 같다.

그림에 따라 원가의 흐름을 살펴보면, 당월에 소비한 재료비, 노무비, 제조 경비 가운데 직접비는 재공품 계정 차변으로, 간접비는 제조간접비 계정 차변으로 각각 대체한다. 제조간접비 계정 차변에 대체된 간접재료비, 간접노무비, 간접제조경비의 합계액은 다시 재공품 계정 차변으로 대체한다.

따라서, 재공품 계정의 차변에는 직접재료비, 직접노무비, 직접제조경비, 그리고 제조간접비 배부액과 전월에서 이월된 월초재공품재고액이 기록되며 이 중 완성된 제품의 제조원가는 제품 계정 차변으로 대체된다.

제품 계정의 차변에는 전월에서 이월된 월초제품재고액과 당월제품제조원가가 기입되면, 이 중 판매된 제품의 제조원가는 다시 매출원가 계정 차변으로 대체된다,

매출원가 계정의 합계액과 판매비와 관리비 계정의 합계액은 각각 월차 손익 계정의 차변으로 대체되고, 매출 계정의 잔액인 순매출액은 월차손익 계정 대변으로 대체되어, 이 양자를 비교함으로써 기업의 월차 영업손익을 파악하게 된다.

〈표 1-4〉 제품의 제조 및 판매에서 결산까지의 기장 절차

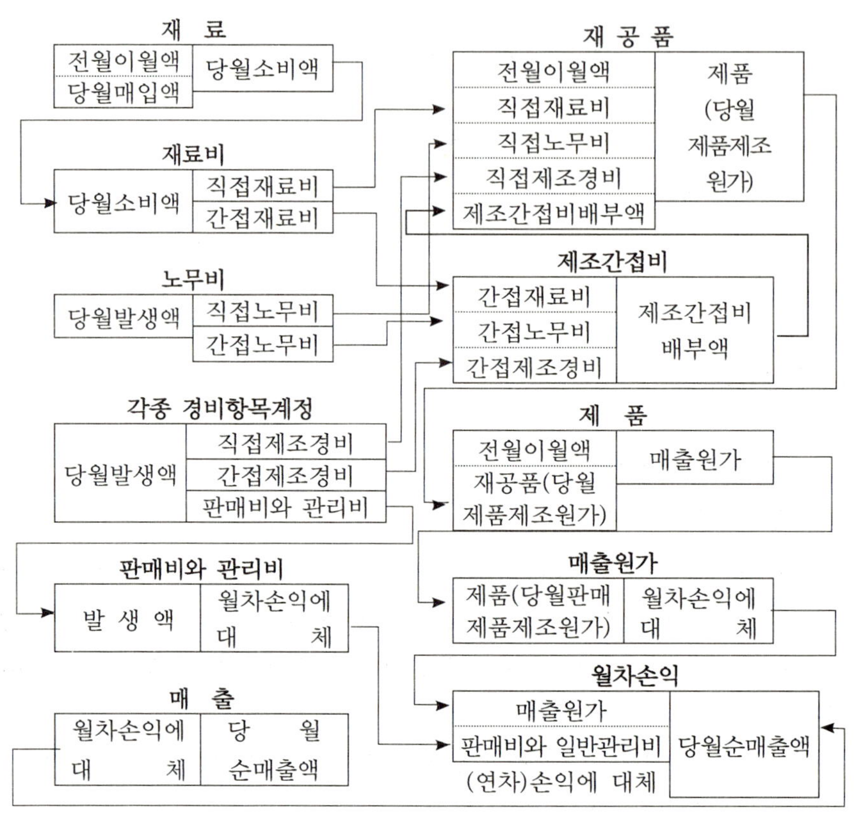

[예제 1-12] 다음 자료를 이용하여 원가의 흐름을 계정간의 대체 관계로 표시하여라.

(1) 4월 초와 4월 말의 재고 자산 금액

구 분	재 료	재공품	제 품
4월초	₩10,000	₩20,000	₩ 30,000
4월말	30,000	40,000	120,000

(2) 4월 중의 거래 내용

재료매입액	₩160,000	직접재료비	₩100,000
간접재료비	40,000	직접노무비	130,000
간접노무비	50,000	간접제조경비	150,000
매출액	590,000	판매비와관리비	50,000

재 료

차변	금액	대변	금액
전월이월	10,000	당월소비액	140,000
당월매입액	160,000	차기이월	30,000
	170,000		170,000

재 료 비

차변	금액	대변	금액
당월소비액	140,000	직접재료비	100,000
		간접재료비	40,000
	140,000		140,000

노 무 비

차변	금액	대변	금액
당월발생액	180,000	직접노무비	130,000
		간접노무비	50,000
	180,000		180,000

각종경비항목

차변	금액	대변	금액
당월발생액	200,000	제조간접비	150,000
		판매비와관리비	50,000
	200,000		200,000

제조 간접비

차변	금액	대변	금액
간접재료비	40,000	재공품(제조 간접비배부액)	240,000
간접노무비	50,000		
간접제조경비	150,000		
	240,000		240,000

재 공 품

차변	금액	대변	금액
전월이월	20,000	당월제품 제조원가	450,000
직접재료비	100,000		
직접노무비	130,000	차월이월	40,000
제조간접비	240,000		
	490,000		490,000

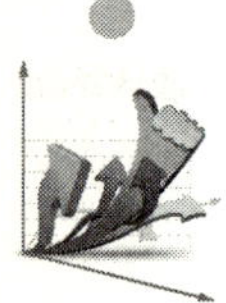

판매비와관리비

당월 발생액	50,000	월차손익대체액	50,000
	50,000		50,000

제　　품

전월이월	30,000	매출원가	360,000
당월제품 제조원가	450,000	차기이월	120,000
	480,000		480,000

매출 원가

제　품	360,000	월차손익대체액	360,000
	360,000		360,000

매　　출

월차손익대체액	590,000	당월순매출액	590,000
	590,000		590,000

월 차 손 익

매출원가	360,000	매 출 액	590,000
판매비와관리비	50,000		
(연차)손익	180,000		
	590,000		590,000

* 4월 영업이익 = 매출액 − (매출원가 + 판매비와 관리비)
= ₩590.000 − (₩360,000 + ₩50,000)
= ₩180,000

4 제조기업의 재무제표

제조기업의 결산도 상기업의 결산과 다를 것이 없다. 다만, 제조기업에서는 일부 계정에 대하여 다른 용어를 사용한다는 점, 그리고 완성된 제품의 제조원가 내용을 상세히 나타내 주는 제조원가명세서를 작성하여 재무제표의 부속명세서로

첨부하여야 한다는 점이 다를 뿐이다.

1) 손익계산서

제조기업에서 제품, 당기제품제조원가라고 불리는 것은 상기업에서 각각 상품, 당기상품매입액이라고 불리는 것에 해당된다. 이러한 용어상의 차이를 제외하고는, 제조기업의 손익계산서와 상기업의 손익계산서는 동일하다.

[예제 1-12]의 내용에 따라 손익계산서를 보고식으로 작성하면 다음과 같다.

손익계산서

20○○년 4월 1일부터
20○○년 4월 30일까지

○○ 회사 (단위 : 원)

과 목	금 액	
Ⅰ. 매 출 액		590,000
Ⅱ. 매 출 원 가		360,000
1. 기초제품재고액	30,000	
2. 당기제품제조원가	450,000	
계	480,000	
3. 기말제품재고액	120,000	
Ⅲ. 매출총이익		230,000
Ⅳ. 판매비와 관리비		50,000
Ⅴ. 영 업 이 익		180,000
Ⅵ. 당기순이익		180,000

2) 재무상태표

제조기업의 재무상태표도 상기업의 경우와 다를 것이 없다. 다만, 자산 항목으로 제품, 재공품, 재료, 기계 장치 등 제조 기업 특유의 자산이 표시된다는 점이 다를 뿐이다.

3) 제조원가명세서

제조원가명세서는 완성된 제품의 제조원가를 상세히 나타내기 위하여 당기에 발생한 원가를 재료비, 노무비, 제조경비의 각 요소로 구분하여 기재하고, 그 합계액에 기초 재공품 재고액을 가산한 후, 이로부터 기말재공품재고액을 차감하여 당

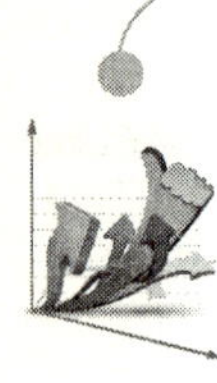

기제품제조원가를 표시하는 보고서이다. 따라서, 제조원가명세서는 재무상태표와 손익계산서에 필요한 원가 정보를 제공하게 된다.

[예제 1-12]의 내용에 따라 제조 원가 명세서를 작성하면 다음과 같다.

제조원가 명세서

○○ 회사　　20○○년 4월 1일부터 20○○년 4월 30일까지　　(단위 : 원)

과　　목	금　　액	
Ⅰ. 재 료 비		
1. 기초재료재고액	10,000	
2. 당기재료매입액	160,000	
계	170,000	
3. 기말재료재고액	30,000	140,000
Ⅱ. 노 무 비		
1. 노무비합계액	180,000	180,000
Ⅲ. 제 조 간 접 비		
1. 제조간접비합계액		150,000
Ⅳ. 당기총제조비용		470,000
Ⅴ. 기초재공품재고액		20,000
Ⅵ. 합　　계		490,000
Ⅶ. 기말재공품재고액		40,000
Ⅷ. 당기제품제조원가		450,000

1-1 객관식 문제

01 다음 중 관리회계와 관련이 있는 것은?

① 제품의 원가계산과 관련이 있다.
② 일반적으로 인정된 회계원칙을 준수한다.
③ 기업 조직 전반과 관련되며, 총액정보를 주로 다룬다.
④ 특수목적정보에 초점을 맞춘다.

02 다음 중 관리회계정보와 관련이 있는 것은?

① 일년에 한 번 제공된다.
② 일반적으로 인정된 회계원칙을 준수하여 작성된다.
③ 기업 조직 전반과 관련된 총액정보가 주로 제공된다.
④ 기업의 하부조직단위와 관련된 매우 상세한 정보가 제공된다.

03 관리회계정보는 일반적으로 누구를 위해 작성되는가?

① 주주 ② 경영자
③ 감독기관 ④ 투자자

04 관리회계를 활용하는 업종은?

① 제조 및 서비스업 ② 영리기업
③ 서비스, 제조 및 판매업 ④ 제조업

05 다음 중 관리회계의 내용이 아닌 것은?

① 계획된 목표의 달성정도 계산
② 재무정보의 주주에 대한 제공
③ 제조원가 계산
④ 원가의 통제

06 경영자가 수행하는 기능은?

① 조정. 제조. 통제 ② 계획. 조정. 통제
③ 계획. 조정. 판매 ④ 계획. 제조. 통제

07 직접재료비는 어느 것인가?

	가공비	제조원가	기초원가
①	이다	이다	아니다
②	이다	이다	이다
③	아니다	이다	이다
④	아니다	아니다	아니다

08 간접재료비는 어느 것인가?

	제조원가	제조간접비	기간비용
①	이다	이다	아니다
②	이다	이다	이다
③	아니다	이다	이다
④	아니다	아니다	아니다

09 제품 제조과정에 사용되는 사포(sandpaper)의 원가는 어떻게 분류되는가?

① 잡비 ② 간접재료비
③ 기간비용 ④ 직접재료비

10 다음 중 직접노무비로 분류되는 것은?

① 제과점의 밀가루 ② 공장경비원 급여
③ 음료회사의 음료주입자 임금 ④ 복사점의 복사기 원가

11 다음 중 간접노무비가 속하는 범주는?

① 제조원가 ② 비제조원가
③ 기간비용 ④ 원재료비

12 다음 중 제조간접비에 해당하는 것은?

① 공장 근로자의 임금 ② 휴대폰 제조에 사용된 부품
③ 공장 감독자의 급여 ④ 케익 제조에 사용된 밀가루

13 공장에서 생산된 제품의 원가를 구성하지 않은 것은?

① 직접노무비 ② 간접노무비
③ 공장보험료 ④ 관리비

14 다음 중 총원가요소로서 기초원가와 가공원가 모두에 해당되는 것은?

① 직접재료비 ② 직접노무비
③ 제조간접비 ④ 관리비

15 다음의 제조간접비에 대한 설명 중 올바른 것은?

① 기초원가이다.
② 변동비가 될 수도 있고 고정비가 될 수도 있다.
③ 고정비만 포함된다.
④ 모든 공장노무비를 포함한다.

16 다음 원가의 분류방식 중 조업도에 따른 원가형태에 의한 분류는?

① 제품원가와 기간원가 ② 변동비와 고정비
③ 기초원가와 가공원가 ④ 직접원가와 간접원가

17 조업도가 감소함에 따른 변동비와 고정비의 원가형태를 바르게 나타낸 것은?

	총원가	단위당원가
① 변동비	감소	증가
② 변동비	증가	일정
③ 고정비	감소	일정
④ 고정비	일정	증가

18 다음 중 변동비에 속하지 않는 것은?

① 직접재료비 ② 직접노무비
③ 공장장의 급여 ④ 전력비

19 다음 중 미래의 의사결정과 관련이 없는 원가는?

① 회피가능원가 ② 매몰원가
③ 미래현금지출원가 ④ 차액원가

20 현재의 설비를 그대로 사용할지 아니면 신형으로 교체할지를 결정하는 의사결정에서 현재의 설비의 취득원가는 무엇이라 하나?

① 매몰원가 ② 차액원가
③ 기회비용 ④ 미래원가

21 A, B, C의 세 가지 대안 중 B안을 선택하게 되었다. 각 투자 대안별 예상이익은 A안이 ₩200,000, B안이 ₩600,000, C안이 ₩300,000이다. 이 경우 기회비용은?

① ₩200,000 ② ₩500,000
③ ₩300,000 ④ ₩600,000

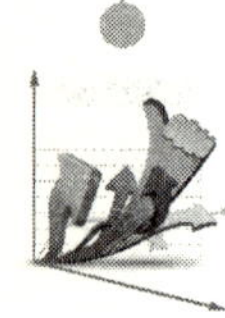

22 기본원가(prime cost)와 가공원가(conversion cost)에 공통적으로 해당하는 항목은?

① 제품제조원가　　② 제조간접비
③ 직접재료비　　④ 직접노무비

23-24 다음 자료를 가지고 물음에 답하시오.

직 접 재 료 비	₩ 300,000
직 접 노 무 비	500,000
제 조 간 접 비	700,000
판 매 비와 관 리 비	400,000

23 기초원가를 계산하시오?

① ₩800,000　　② ₩1,000,000
③ ₩1,200,000　　④ ₩1,500,000

24 가공원가를 계산하시오?

① ₩1,100,000　　② ₩1,200,000
③ ₩1,600,000　　④ ₩1,900,000

25 당기의 기초원가는 ₩200,000, 가공원가는 ₩100,000이다. 제조간접비가 ₩30,000이라면 총제조원가는 얼마인가?

① ₩200,000　　② ₩230,000
③ ₩300,000　　④ ₩330,000

26 특정제품 생산을 위하여 소비한 원가 및 판매와 관련된 자료가 다음과 같을 때 판매가격은?

직 접 원 가	₩ 150,000
제 조 간 접 비	50,000
판매비와 관리비	40,000

다만, 판매가격은 제조원가에 10%의 이익을 가산하여 결정한다.

① ₩240,000　　②₩ 255,000　　③ ₩260,000　　④₩ 264,000

27 다음 자료에 의하여 원가구성도를 완성하고자 할 때 제조원가? (공무원 9급)

직접재료비	₩150,000
직접노무비	₩200,000
직접제조경비	₩100,000
판매가격	₩1,000,000

판매비와관리비는 판매원가의 20%이다.
판매가격에는 판매원가의 25%이익이 가산되어 있다.

<table>
<tr><td colspan="4"></td><td>희망이익
(　　)</td><td rowspan="6">판매가격</td></tr>
<tr><td colspan="3"></td><td>판매비와관리비
(　　)</td><td rowspan="5">판매원가
(　　)</td></tr>
<tr><td colspan="2"></td><td>제조간접비
(　　)</td><td rowspan="4">제조원가
(　　)</td></tr>
<tr><td>직접재료비
(　　)</td><td rowspan="2">직접원가
(　　)</td><td rowspan="3">직접원가
(　　)</td></tr>
<tr><td>직접노무비
(　　)</td></tr>
<tr><td>직접경비
(　　)</td><td></td></tr>
</table>

① ₩450,000　　② ₩355,000
③ ₩640,000　　④ ₩650,000

28 다음 자료에 의하여 직접노무비를 계산하시오? (단, 직접경비는 직접노무비의 50%)

직접재료비	₩5,000	제조원가	₩16,000
제조간접비	₩2,000	판매원가	₩21,000

① ₩5,000　　② ₩6,000
③ ₩7,000　　④ ₩8,000

29 다음 자료에 의한 당기 재료매입액은?

(가) 매출원가		₩1,000
(나) 직접노무비		300
(다) 제조간접비		400
(라) 재료		
	기초재고액	₩250
	기말재고액	200
(마) 재공품		
	기초재공품	₩200
	기말재공품	20,000
(바) 제품		
	기초제품	₩350
	기말제품	300

① ₩150　② ₩250
③ ₩450　④ ₩650

30 (주)한국의 20X4년도 기초제품재고액과 기말제품재고액은 각각₩6,000과 ₩3,000이며, 기초재공품재고액과 기말재공품재고액은각각 ₩1,000과 ₩2,000이다. 또한 당기 중 발생한 재료원가와노무원가는 각각 ₩1,500과 ₩1,000이다. 한편 (주)한국은 당해연도에 구입한 원재료는 모두 당기 중에 사용하는 정책을 적용하고 있다. (주)한국의 20X4년도 매출원가가 ₩7,000일 때, 당기중 발생한 제조간접원가는?

① ₩1,500　② ₩2,500
③ ₩3,500　④ ₩4,500

31 다음 자료에 의할 경우 당기 총제조원가는 얼마인가?

(가) 재료	
기초재고액	₩100,000
당기매입액	950,000
기말재고액	80,000
(나) 노무비	
당기발생액	₩125,000
(다) 제조간접비	
당기발생액	₩160,000
(라) 재공품	
기초재공품	₩130,000
기말재공품	145,000
(마) 제품	
기초제품	₩125,000
기말제품	₩115,000

① ₩1,240,000 ② ₩1,255,000
③ ₩1,235,000 ④ ₩1,250,000

32 위의 자료에 의하여 매출원가를 계산하면 얼마인가?

① ₩1,210,000 ② ₩1,250,000
③ ₩1,325,000 ④ ₩1,190,000

33 다음 자료에 의하여 매출원가를 계산하면 얼마인가?(9급 세무직)

(가) 직접재료비	₩45,000
(나) 직접노무비	₩35,000
(다) 제조간접비	₩26,000
(라) 재공품	
기초재공품	₩50,000
기말재공품	20,000
(마) 제품	
기초제품	₩45,000
기말제품	₩60,000

① ₩136,000 ② ₩131,000
③ ₩126,000 ④ ₩121,000

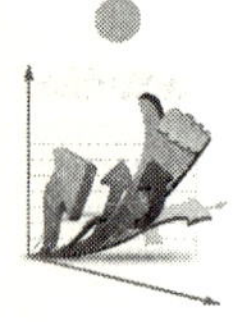

34 (주)대한의 20X4회계연도 중 재료구입액은 ₩200,000이고, 직접 노무원가와 제조간접원가 발생액이 각각 ₩150,000과 ₩155,000일 경우 다음 자료를 이용하여 당기제품제조원가와 매출원가를 계산 하면?

구분	20X4.1.1	20X4.12.31
재료	₩100,000	₩80,000
재공품	₩120,000	₩150,000
제품	₩150,000	₩200,000

	제품제조원가	매출원가		제품제조원가	매출원가
①	₩495,000	₩445,000	②	₩495,000	₩475,000
③	₩505,000	₩445,000	④	₩505,000	₩475,000

35 다음 자료에 의하여 제조원가 명세서를 작성할 경우 당기 총제조비용은 얼마인가? (공무원 9급)

(가) 재료

전기이월액	₩100,000
당기매입액	₩1,200,000
차기이월액	₩300,000

(나) 노무비

전기미지급액	₩300,000
당기지급액	₩1,600,000
당기미지급액	₩200,000

(단, 노무비 소비액 중 ₩1,100,000은 직접비이다)

(다) 제조경비

전기선급액	₩300,000
당기지급액	₩900,000
당기선급액	₩200,000

(단, 제조경비 소비액 중 간접비 70%와 판매비와 관리비 30%이다)

(라) 재공품

기초재공품	₩600,000
기말재공품	₩500,000

① ₩3,200,00　　② ₩3,500,000

③ ₩3,800,00　　④ ₩4,000,000

36 다음 자료에 따른 당기제품제조원가와 매출총이익은?(단, 매출총이익률은 17% 이다)

(가) 원재료	
기초재고액	₩400,000
기말재고액	300,000
(나) 재공품	
기초재공품	₩650,000
기말재공품	700,000
(다) 제품	
기초제품	₩600,000
기말제품	1,250,000
(라) 당기총제조원가	₩9,000,000

	제품제조원가	매출총이익		제품제조원가	매출총이익
①	₩8,300,000	₩1,070,000	②	₩8,300,000	₩1,700,000
③	₩8,950,000	₩1,070,000	④	₩8,950,000	₩1,700,000

37 개별원가계산에 관한 설명으로 적합하지 않은 것은?

① 종류 · 규격이 다른 제품과 주로 주문생산업에 적용된다.
② 원가요소를 직접원가와 간접원가로 구분한다.
③ 제분 · 제지 및 각종 화학공업에 적용된다.
④ 특정 작업지시서별로 원가를 계산한다.

38 다음 중 변동원가계산의 목적이라 할 수 없는 것은? (공무원 7급)

① 효과적인 이익계획의 수립
② 외부공표 자료에 대한 적정성의 평가
③ 판매부문의 업적에 대한 적정서의 평가
④ 제조하려고 하는 제품의 합리적인 선택

39 다음 중 변동원가계산과 전부원가계산의 근본적인 차이점은 무엇인가?

① 변동원가계산에 의한 이익이 항상 적다.
② 변동원가계산은 고정비를 기간원가로 간주하고, 전부원가계산은 고정비를 제품원가로 간주한다.
③ 변동원가계산은 표준원가를 사용할 수 없으나, 전부원가계산은 사용할 수 있다.
④ 변동원가계산은 제품이 동종일 경우에만 사용할 수 있으나, 전부원가계

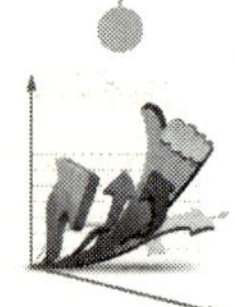

산은 어느 조건에서나 사용 가능하다.

40 변동원가계산하에서 제품원가로 처리되는 원가는?

① 직접원가 ② 변동제조원가
③ 모든 변동원가 ④ 모든 제조원가

41 변동원가계산하에서 공헌이익이란?

① 고정비를 초과하는 이익 ② 손익분기점을 초과하는 이익
③ 변동비를 초과하는 이익 ④ 고정비를 초과하는 변동비

42~44 **다음과 같은 자료를 가지고 변동원가계산을 이용하여 손익계산서를 작성하고자 한다.**

· 기초재공품과 기초제품은 없다. 기말재공품도 없다.
· 생산은 500,000단위이며, 이 중 400,000단위가 단위당 ₩30에 판매되었다.
· 단위당 직접재료비는 ₩6, 단위당 직접노무비는 ₩8, 단위당 변동제조간접비는 ₩1이다.
· 고정제조간접비는 ₩2,000,000이다.
· 변동판매비와 관리비는 매출 단위당 ₩1이며, 고정판매비와 관리비는 ₩1,500,000 이다.

42 기말제품재고액을 계산하시오?

① ₩1,400,000 ② ₩1,500,000
③ ₩1,600,000 ④ ₩1,700,000

43 공헌이익을 계산하시오?

① ₩5,600,000 ② ₩5,700,000
③ ₩5,500,000 ④ ₩5,800,000

44 당기순이익을 계산하시오?

① ₩2,200,000 ② ₩2,000,000
③ ₩2,100,000 ④ ₩2,300,000

45 활동기준원가계산의 도입배경에 대한 설명으로 옳은 것은?

① 제조과정이 자동화됨으로 인하여 제조간접원가의 비중이 과거보다 훨씬 커져 합리적인 제조간접원가의 배부기준이 필요하게 되었다.
② 다양한 배부기준으로 원가를 배부하는 전통적인 배부기준에 대한 비판으

로 단일기준에 의한 새로운 배부기준의 필요에 의해 발생하였다.
③ 신속한 재무제표를 작성하기 위해 발생하였다.
④ 원가개념이 과거에 비해 축소되어 의사결정을 위한 합리적인 새로운 원가계산방법이 필요하게 되었다.

46 활동기준원가계산에 관한 내용으로 틀린 것은?(재경관리사)
① 전통적인 원가계산방법에 비하여 보다 정확한 제품원가를 산정할 수 있다.
② 활동의 분석을 통하여 보다 효과적으로 원가를 통제할 수 있다.
③ 활동기준원가계산은 개별원가계산이나 공정별 원가계산과 독립적으로 사용하여야만 하는 새로운 원가계산방법이다.
④ 활동기준원가계산을 통하여 보다 적정한 가격을 산정할 수 있다.

1-2 제조기업에서 발생한 다음 원가항목을 제품원가와 기간원가로 분류 하시오.

1. 판매원자동차의 감가상각비
2. 공장설비의 임차료
3. 기계유지에 사용된 윤활유
4. 완성된 제품의 보관창고에서 근무하는 담당자의 급여
5. 공장화장실에서 사용되는 비누와 화장지
6. 공장감독자의 급여
7. 공장에서 사용되는 수도광열비(전기. 수도, 가스, 연료비 등)
8. 제품 선적을 위해 사용된 포장재료
9. 광고비
10. 공장근로자 재해보험료
11. 공장 구내식당 설비의 감가상각비
12. 공장 전화교환원의 급여
13. 공장 관리인이 사용하는 비품의 감가상각비
14. 매년 휴양지에서의 판매대책회의에 소요되는 비용
15. 제품 포장용 상자

1-3 공장의 제조활동과 관련해서 발생한 원가는 다음과 같다. 각 원가 항목을 1) 직접원가와 간접원가 2) 변동비와 고정비로 구분하시오.

1. 기계운전에 사용된 전력비
2. 공장건물 임차료
3. 직물생산에 사용된 천

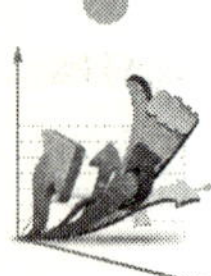

4. 생산감독자 급여
5. 제품조립라인에서 근무하는 근로자의 임금
6. 가구생산에 사용된 아교
7. 경비원의 급여
8. 과일통조림 생산에 사용된 여러 과일
9. 기계에 사용된 윤활유
10. 음료수 생산에 사용된 설탕
11. 공장건물에 부과된 재산세
12. 제품의 도색을 담당하는 근로자의 임금
13. 공장 식당설비의 감가상각비
14. TV생산에 사용된 땜납
15. TV생산에 사용된 캐비넷판

1-4 **다음은 숙녀복을 제작 및 판매하는 회사에서 발생한 원가 자료이다. 이들 원가를 직접재료비, 직접노무비, 제조간접비, 기간비용으로 분류하시오.**

1. 숙녀복 제조에 사용된 옷감구입비
2. 숙녀복 제작 근로자의 임금
3. 디자이너의 임금
4. 판매사원의 급여
5. 도안기계와 의복 제작기계를 수선하는 근로자의 임금
6. 사장비서의 급여
7. 광고판 설치비용
8. 도안부서에서 사용한 전기료
9. 생산부서 근로자의 보험료
10. 건물임차료(단 건물의 반은 관리사무실 및 판매공간, 나머지 반은 생산공간임)
11. 신규판매사원의 훈련비
12. 공장감독의 통신비
13. 완성된 의복 발송비
14. 사장실의 냉난방비
15. 회사직원의 체력단련을 위한 기구의 감가상각비

1-5 다음 자료를 가지고 물음에 답하시오.

직접재료비	₩250,000
직접노무비	150,000
간접재료비	170,000
간접노무비	150,000
간접경비	250,000
판매비와 관리비	150,000
판매이익은 총원가의 10%	

다음을 계산하시오.

1. 직접원가 2. 제조간접비 3. 제조원가
4. 총원가 5. 판매가격

1-6 다음은 작업지시서 #112에 나타나 있는 자료이다.

직접재료비	₩100,000
직접노무비	150,000
제조간접비(40%는 변동비임)	75,000
판매비와 관리비(50%는 직접원가, 60%는 변동비임)	120,000

다음을 계산하시오.

1. 기초원가 2. 가공원가 3. 직접원가 4. 간접원가
5. 제품원가 6. 기간원가(비용) 7. 변동비 8. 고정비

1-7 다음은 (주)AAA의 생산제품 BBB의 제조에 관련된 자료이다.

	3월 1일	3월 31일
직접재료비	₩36,000	₩30,000
재 공 품	18,000	12,000
제 품	54,000	72,000

3월의 추가자료	
재료매입액	₩84,000
직접노무비	60,000
시간당 직접노무비	7.50
시간당 직접노무비 기준 제조간접비배부액	10,000

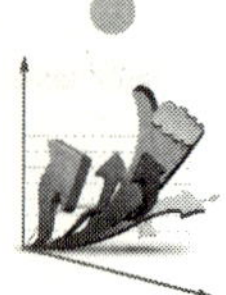

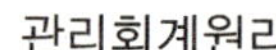

1. 3월 동안의 기초원가를 계산하시오.
2. 3월 동안의 가공원가를 계산하시오.
3. 제품 BBB의 제조원가를 계산하시오.

1-8 **다음은 MW커피전문점의 20x4년 3월 31일 현재의 회계자료이다.**

재료(원두)매입액	₩125,000
재고자산, 20X4. 3. 1	
재료비(원두)	15,000
간접재료비	10,000
직접노무비	70,000
간접노무비	10,000
감가상각비	30,000
임차료	50,000
수도광열비	20,000
판매비	50,000
관리비	30,000
매출액	500,000
재고자산, 20X4. 3. 31	
재료비(원두)	5,000

1. 3월 한 달 동안의 제조원가명세서를 작성하시오.
2. 3월 한 달 동안 1,000잔을 판매한 경우 커피 한 잔의 제조원가를 계산하시오.
3. 3월 한 달 동안의 손익계산서를 작성하시오.

1-9 **다음은 (주)ACE의 20X3년 12월 31일 현재의 회계자료이다.**

재료매입액	₩550,000
재고자산, 20X3. 1. 1	
재료비	20,000
재공품	200,000
제 품	1,000단위
직접노무비	1,050,000
제조간접비(40% 변동비)	750,000
판매비(고정비)	500,750
관리비(고정비)	385,230
매출액(7,500단위, @₩535)	

재고자산, 20X3. 12. 31	
재료비	50,000
재공품	100,000
제 품	1,000단위

기초와 기말의 제품재고액은 당기의 단위당 제조원가를 적용하여 계산한다.

1. 제조원가명세서를 작성하시오.
2. 단위당제조원가를 계산하시오.
3. 손익계산서를 작성하시오.
4. 고정비와 변동비의 총액을 계산하시오.

1-10 다음은 컴퓨터를 주문 생산하는 (주)컴텍의 원가자료이다.

직접재료비(1대)	₩600,000
직접노무비(1대 조립시간 8시간)	80,000
제조간접비	노동시간당 ₩1,000

주문받은 2대는 완성이 되었고 1대는 미완성 상태인데, 5시간의 작업시간이 투여된 상태이다.

제품의 제조원가와 재공품의 재고가액을 계산하시오.

1-11 다음은 3단계 공정을 거쳐서 청바지를 생산하는 (주)블루진의 이번 달의 원가자료이다.

	재단부	재봉부	포장부
직접재료비	₩1,800,000	₩300,000	₩50,000
직접노무비	250,000	1,000,000	300,000
제조간접비배부액	250,000	1,500,000	300,000

이번 달에는 300벌을 완성하였다.

청바지의 제조원가와 한 벌당 제조원가를 계산하시오.

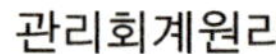

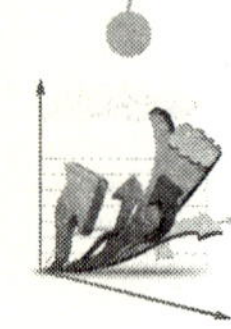

1-12 **다음 자료는 도안제조회사의 20X3년도 원가에 관한 것이다.**

판매가격(단위당)	₩15
변동비	
제조원가(단위당)	8
판매관리비(단위당)	3
고정비	
제조간접비(연간)	₩25,000
판매관리비(연간)	15,000

단, 기초재고는 없으며 당기 생산량은 12,500단위이고, 당기 중 판매량은 10,000단위이다.

1. 변동원가계산에 의할 경우 기말제품재고액은 얼마인가?
2. 전부원가계산에 의할 경우 기말제품재고액은 얼마인가?

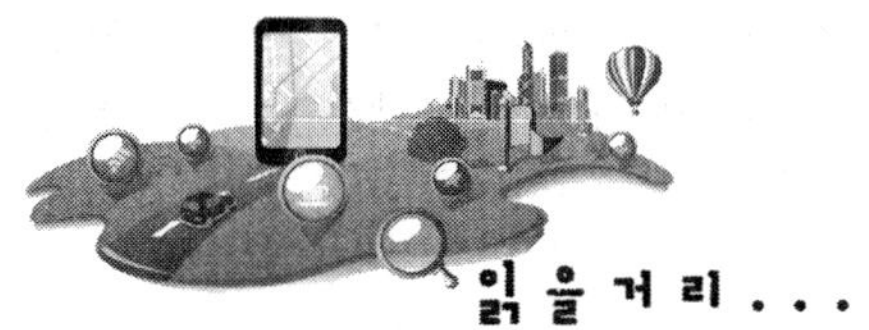

동네빵집 밀어내곤 값 올리기 바쁜 대형 빵 회사

뚜레쥬르, 어제 49개 품목 9% 인상… 보름 만에 또 올려
임대료 올려 기존 상인 축출, 가맹점수 전국 빵집 3분의 1
업체 "원자재값 올라" 주장 재료비 비중 20%선에 불과…
가맹점주는 인상 혜택 못봐, 프랜차이즈 본사만 이득

"16년 동안 애지중지 키워온 빵집인데, 돈으로 밀어붙이는 대기업 때문에 맨몸으로 쫓겨났습니다."

충청남도 천안에서 '뚜쥬루제과점'을 운영하는 윤석종씨는 원래 서울에서 제과점을 운영하던 사람이다. 1992년 서울 성동구 용답동에 문을 연 '뚜쥬루제과점' 1호점이 "맛 좋은 빵집"으로 소문이 나며 '동네 명물'로 자리 잡았다.

그런데 갑작스럽게 건물주가 "나가 달라"고 요구했다. 몇 달 뒤 그 자리엔 대형 프랜차이즈 빵집이 들어서 있었다. "임차료를 몇 배로 올려줬다더군요. 대기업들 돈 있다고 서민을 죽여서야 되겠습니까?"

대기업 프렌차이즈 빵집들의 '영토 확장 경쟁'에 동네 골목에서 개인·자영 빵집들이 사라지고 있다. 공정거래위원회 가맹 정보공개서에 따르면 지난해 말 기준 파리바게뜨의 가맹점 수는 2,600개, 뚜레쥬르는 1,400개에 달한다. 2007년 각각 1568개, 859개에 비해 거의 두 배 가까이 늘었다. 통계청이 밝힌 전국 제과점 수는 지난해 기준 1만3,223개로 전국 빵집 3개 중 1개는 두 브랜드 빵집이 차지하는 셈이다.

▲ 대형 프랜차이즈 빵집들이 경쟁적으로 매장을 늘리면서 동네 빵집들이 설자리를 잃고 있다. 지난 5월 25일 서울 강남역 부근에 파리바게뜨가 오픈하자 이틀 뒤인 27일 뚜레쥬르가 바로 옆에 매장을 열었다. 대기업 프렌차이즈 빵집들의 시장 과점(寡占)은 당장 소비자들에게 부담으로 돌아온다. 1일 업계에 따르면 뚜레쥬르는 이날부터 케이크와 과자, 쿠키 등 총 49개 품목 가격을 평균 9% 인상했다. 특히 까망베르치즈피스 케이크는 1만3,500원에서 1만7,500원으로 30% 가까이 올랐다. 더구나 뚜레쥬르는 보름 전 빵 28종을 평균 8% 올린 데 이어 또다시 가격을 올린 것이다. 파리바게뜨도 지난달 24일 60여개 품목의 가격을 평균 9.2% 인상한 바 있다.

뚜레쥬르측은 "주요 재료인 설탕과 밀가루, 버터, 계란, 유지 등 원자재가 많이 올라 가격을 인상했다"고 설명했다. 하지만 실제 가격에서 재료비 비중은 20% 안팎에 불과한 것으로

알려졌다. 서울의 한 고급 제과점에 따르면 1,300원짜리 '크루아상'의 원재료비는 280원(21%)이었다. 식빵의 경우는 원재료비가 15% 수준이었다. 한 제빵업계 관계자는 "밀가루, 설탕 가격 인상을 감안하더라도 이들의 원가 비중이 10% 미만이어서 2% 정도 인상이 적정 수준"이라고 말했다.

그렇다고 프랜차이즈 가맹점주들이 모조리 이득을 차지하는 것도 아니다. 서울 서초구 잠원동의 한 대형 프랜차이즈 제과점 점주는 "소비자가격 1,000원짜리면 본사에다 600~700원을 주고 사온다"며 "각종 관리비, 인건비 떼면 가맹점주들은 기껏해야 10% 정도 남는다"고 말했다. 한국소비자시민모임 김재옥 회장은 "대기업 빵집들이 독점적인 지위를 이용해 가격을 대폭 올려 소비자들에게 경제적인 부담을 주고 있다"고 말했다. (조선일보 2011. 7. 2)

동냉면 한 그릇 1만원까지... 원가(식재료)는 많아야 2,000원

음식재료 비용 20% 차지… 마진율 30~35% 정도
유명 냉면집 대부분 중국산 메밀과 섞어 사용
"선두 업체가 가격 올려주면 나머지 업체 따라 올려"

요즘 서울 시내 냉면 한 그릇은 대체로 1만원이다. 냉면으로 유명한 우래옥이나 한우리, 봉피양 등의 가격은 더 비싸 1만1,000원에 달한다. 서민들은 그 가격을 쉽게 납득하지 못한다. 메밀과 전분을 섞은 면에다 육수와 수육, 계란 반쪽, 오이나 무 고명이 전부인 냉면 한 그릇이 어떻게 그 가격이 나올 수 있을까.

업주들은 "원재료가 비싸기 때문"이라고 말하지만 오랜 식당 운영 경험을 가진 사람들과 각종 프랜차이즈 업체 등을 통해 조사한 결과, 음식 재료의 비중은 판매 가격의 10~30% 정도에 불과한 것으로 나타났다.

▲ 1만원짜리 냉면의 식재료 원가는 대체 어느 정도일까. 30년 넘게 식당을 꾸리며 직접 식당 컨설팅 작업을 해온 강영덕 식당 컨설턴트와 함께 확인해 보았다. 그와 함께 국내 유명 식당 업자 10명에게 물어 원가 조사를 했다. 몇몇 식당은 식당 상호를 밝히지 않는 조건으로 원가를 밝혔다.

이번 조사에 따르면 1만원짜리 냉면의 식재료 비용은 많이 잡아야 2,000원 정도였다. 그 중 면 가격은 700~800원 선. 유명 냉면 전문점들도 중국산과 국산을 섞어 쓰는 경우가 많은데, 국산 메밀 가격이 중국산에 비해 많게는 5배 비싸다고 한다.

1만원짜리 냉면을 파는 서울 장충동 A식당의 경우 면의 주 원료인 메밀을 모두 중국산 메밀을 쓴다. 강영덕 컨설턴트는 "현재 식당들에 납품되는 가격은 18㎏에 6만 5,000원 정도에 거래되는데, 면발을 뽑는 장인들에 따라 18㎏짜리 반죽에서 100~150인분 정도 양을 뽑아낼 수 있다"고 말했다. 이것을 기준으로 계산하면 1인분 냉면 면발 가격은 700~800원 선이다.

유명 냉면집 P 식당 관계자는 "80㎏에 20만원씩 들어오던 메밀이 30만원씩 하기 때문에 가격을 안 올릴 수가 없다"고 했지만 그 정도 분량이면 500~600인분은 만들어낼 수 있기 때

문에 1인분 면값 인상분은 200원 정도밖에 안 된다.

고명으로 올라가는 고기의 원가는 300원 정도였다. 강씨는 "A식당의 경우 고기 고명은 육우와 삼겹살을 썼는데, 삼겹살 가격은 올랐지만 육우 가격은 내려가 가격 변동에 큰 영향을 주지 않았다"고 말했다. 냉면의 반찬과 고명으로 나오는 무절임의 경우 가락동 기준 무 가격이 18㎏에 6,000~8,000원 정도 하는데, 한 테이블에 1인당 60g 정도 나오기 때문에 많아야 100원 정도다. 특히 무의 경우 지난해 18㎏에 1만2,000~1만6,000원 하던 것이 올해 그 절반 가격으로 내려간 상태다.

서울 중구의 한 냉면집 주인은 "다른 데 눈치 보고 가격을 올리려다 인상 시기를 놓쳤다"며 "처음 올리는 게 어려워서 그렇지 일단 선두업체가 가격을 올려주면 나머지 업체들도 자연스럽게 가격을 올리게 된다"고 말했다.

한 그릇에 6,000~7,000원을 받는 일반 분식집의 경우 면값은 300~400원, 육수 역시 300~400원 수준이라고 조사됐다. 고명을 합쳐도 1,000원을 안 넘긴다. 자장면, 칼국수 등 면값도 300~500원 선이다.

유명 고깃집에서도 고기 구매 원가는 판매가의 15~25% 수준이었다. 고깃집 주인은 "예년보다 채소와 한우 가격은 내려갔지만 가격을 내리면 품질도 같이 내려가는 느낌이 들어서 가격을 내릴 수 없다"며 "인건비, 가스비, 임대료 등이 오른 점도 고려해야 한다"고 말했다.

강영덕 컨설턴트는 "음식재료 비용은 20%가 채 안 되고 인건비가 대부분을 차지한다고 한다지만 인건비를 감안하더라도 유명 식당은 보통 마진율이 30~35%에 달한다고 생각하면 된다"며 "유명한 집은 브랜드 파워가 있어 가격 저항이 덜하고 이 때문에 최근 '고물가' 시류에 편승해 가격을 올리는 현상이 있다"고 말했다. (조선일보 2011. 6. 27)

헉! 맥도날드 '빅맥' 원가는 고작 877원?

중국 맥도날드 원가표, 일본 네티즌이 인터넷 유출
치즈버거는 472원…"일본-한국과 큰 차이 없을 것"

맥도날드 메뉴의 원가표가 인터넷에 유출됐다. 14일 프레스1에 따르면 일본에서 공개된 원가표는 중국 맥도날드를 기준으로 하고 있다. 하지만 식품업계 관계자는 이 원가표가 중국과 일본, 또 한국의 경우 맥도날드 가격을 비교해볼 때 커다란 차이가 없을 것이라고 설명했다.

일본의 한 뉴스 블로거는 "원가표는 기업 비밀에 해당되는 것으로 특히 맥도날드의 경우 외부에 공개하지 않고 싶은 데이터일 것"이라고 꼬집기도 했다.

유출된 원가표가 이미 전 세계 인터넷 사이트로 퍼져나가 화제가 되고 있다.

원가표에 따르면 포테이토(S사이즈)는 14엔(약 189원), 포테이토(M사이즈) 19엔(약 256원), 햄버거 약 28엔(약 378원), 치즈버거 약 35엔(약 472원), 빅맥 약 65엔(약 877원), 치킨 맥너겟(4개) 약 25엔(약 337원), 치킨 맥너겟(10개) 약 61엔(약 823원), 콘스위트(S사이즈) 약 8엔(약 108원), 콘스위트(M사이즈) 약 14엔(약 189원), 초콜렛 쉐이크 약 17엔(약 229원) 등

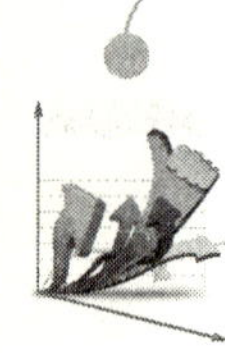

이다.

현재 한국에서 포테이토(S사이즈)는 1,300원, 포테이토(M사이즈) 1,700원, 치즈버거 2,200원, 빅맥 3,800원, 치킨 맥너겟(4개) 1,500원, 치킨 맥너겟(10개) 5,300원, 쉐이크 1,500원에 판매되고 있다.

프레스1은 "중국 한정 메뉴로 출시된 철판 데리야키 치킨버거는 약 53엔(약 689원), 매운 철판 데리야키 치킨 버거는 약 54엔(약 702원)이었다"며 "상당수는 일본 맥도날드 메뉴와 크게 다르지 않았으며 한국과도 큰 차이는 없다"고 밝혔다. (뉴데일리 2011. 2. 14)

아메리카노 1잔 원가중..원두가격은 '150원'

우유수급 부족과 원두 가격이 상승하면서 커피전문점들이 원가 부담을 호소하고 있다. 실제로 최근 미국 뉴욕상업거래소의 아라비카 품종 원두 가격은 파운드당 258.6센트(3월 인도분)로 전년 대비 2배 이상 올랐다. 이에 따라 탐앤탐스, 더카페 등 국내 일부 커피전문점들이 가격 인상을 단행했다.

그렇다면 실제 커피 한 잔의 원가는 얼마나 올랐을까. 국내에서 로스팅(커피 볶기)을 하는 커피전문점 브랜드의 부담 역시 2배가량 상승했다. 그러나 금액적인 부분은 그리 크지 않은 것으로 나타났다.

22일 파이낸셜뉴스가 국내 로스팅 업체를 통해 입수한 아메리카노의 원가 중 원두가 차지하는 금액은 150원에 불과했다. 원두 가격 인상 전 가격은 70~80원 수준이었다.

하지만 주요 커피 전문점에서 가장 많이 판매되는 아메리카노의 판매가격은 3,600원부터 4,000원까지 다양했다 주요 원재료 가격의 24~26배에 판매되고 있는 셈이다.

우유가 들어가 아메리카노보다 원가 부담이 큰 카페라떼 한잔의 원재료 비용은 670원 수준이다. 이는 원두 가격에 1L기준 우유 한 팩으로 2.5잔의 카페라떼를 만들 수 있는 것을 감안할 때 520원의 우유 가격이 더해진 것이다.

커피전문점들은 탐앤탐스 가격 인상 이후 식사 한 끼와 맞먹는 커피가 또 가격을 올렸다는 비난이 이어지면서 당분간 가격 인상을 자제하는 분위기다.

한 커피전문점 관계자는 "커피 가격이 거품이 많다는 것은 오해"라며 "실제로 전체 커피 메뉴에서 원재료인 커피와 우유 등이 차지하는 원가는 평균 10% 선이지만 인건비와 매장임대료, 매장 관리비 등 부대 비용의 부담이 크다"고 설명했다.

그러나 시설투자비와 인건비 부담이 높은 패스트푸드전문점의 아메리카노 가격은 같은 원두커피임에도 불구하고 맥도날드가 1,500원, 롯데리아가 2,000원에 팔고 있다.

두 회사는 100% 아라비카 원두를 사용중이다.

롯데리아는 엔제리너스와 미국의 원두 공급처에서 같은 원두를 공급받고 있다. 단 로스팅, 블렌딩(커피혼합) 등이 다르다.

이에 대해 롯데리아 관계자는 "커피전문점은 바리스타가 직접 원두를 분쇄하고, 압력을 가하는 수작업을 하는데 반해 패스트푸드 전문점은 반자동 에스프레소 기계가 이를 대체하기 때문에 인건비가 절감되는 것이 가장 큰 이유"라고 말했다. (파이낸셜뉴스 2011. 2. 22)

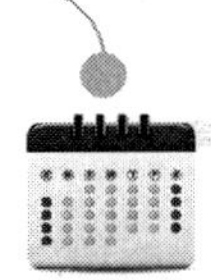

790원 '통큰커피'의 원가는 464원, 커피시장 가격 거품 빠질까?

밥 한끼 수준의 커피 값을 밀어내고 원가를 궁금케 하는 '통큰커피'가 화제가 되고 있다. 저렴한 가격의 대명사 '통큰'의 이름을 달고 나온 '통큰커피'. 한잔에 790원의 놀라운 가격으로 소비자는 물론 네티즌의 눈길까지 잡았다.

SBS뉴스에서는 머핀 전문점 마노핀(manoffin)은 중남미산 고급 원두를 쓴 아메리카노 한 잔을 현재 지하철 역 안에 위치한 매장에 한해 790원에 판매하고 있다고 전했다. 이 커피는 컵 가격 100원을 포함해 890원에 팔며 레귤러 사이즈는 1,290원에 판매 중이다.

최근 원두가격이 올라 이번 주부터는 990원에 판매하지만 편의점 커피도 1천원은 하는 점을 감안하면 여전히 매력적인 가격이다.

스타벅스, 커피빈 등 커피 전문점들의 4천원 수준의 아메리카노와 790원 하는 '통큰커피'의 맛을 비교해 본 결과 소비자들은 맛도 괜찮다는 반응을 보이고 있다.

'마노핀' 측은 "하와이 빅아일랜드에서 재배하는 코나 커피를 이용해 맛과 품질면에서 만족도를 높였다"며 맛에 대한 자부심을 나타냈다.

한편 1천원도 안되는 가격의 원두커피 한 잔의 원가는 얼마나 될까?

'마노핀'의 매장 임대료와 인테리어 비용을 빼면 커피원액을 빼는 기계값이 14원, 인건비 250원, 컵 값이 100원 그리고 원두 값 100원 그래서 모두 464원이라는 계산이 나온다. 따라서 '마노핀'측은 박리다매 전략으로 수익을 남긴다고 밝혔다.

790원짜리 '통큰 커피'의 등장이 밥 한 끼 하는 커피값의 거품을 뺄지 귀추가 주목 된다.

(한국경제신문 2011. 01. 10)

치킨업계 "삼겹살 7배. 커피 30배 판매... 왜 우리만?"

롯데마트의 '통큰치킨'으로 촉발된 치킨 원가논쟁에 관련 치킨업계가 "삼겹살·커피 등은 원가의 수배 ~ 수십배에 팔리고 있다."며 이들 품목의 원가까지 비교·거론해 파장이 커지고 있다. 시민들은 "서민들이 즐겨먹는 음식에 엄청난 수익률 단위가 나오는 것은 너무나 납득이 안 된다."며 "유통 구조에 큰 구멍이 있고, 당국은 이참에 철저한 조사에 나서 이를 공개해야 한다."고 목소리를 높이고 있다. 한국가금산업발전협의회 전국 영세 치킨사업자 일동'은 최근 보도자료를 통해 "삼겹살은 7배 폭리를 취하고, 커피와 스테이크는 원재료 가격보다 30배 비싸게 팔리고 있다."며 "치킨은 원재료 가격의 6배 정도인데 왜 치킨 가격만 문제가 되는 것이냐."는 입장을 표명했다. '롯데마트의 통큰치킨 가격산정 논리대로 한다면'이란 단서를 붙였다.

협의회는 "일반적으로 원가라 하면 일반 운영비 등을 포함하는데 롯데마트 통큰치킨을 일

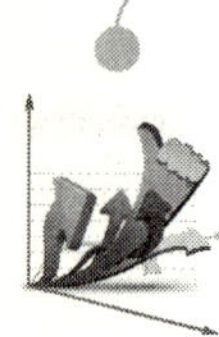

반적인 원가 산정방식으로 계산하면 1만400원이어야 맞다."고 설명했다. 이어 "롯데의 방식대로 원재료 가격만 따진다면 롯데제과의 빼빼로(700원)는 원가가 100원 이하가 될 것이므로 현재의 7분의1 이하로 가격을 낮출 수 있을 것"이라며 "롯데삼강 월드콘은 9분의1, 롯데칠성사이다는 10분의 1로 인하 가능하다."고 밝혔다. 또 "삼겹살 1인분은 원재료 가격이 180g에 1,260원인데, 판매가는 9,000원 수준으로 약 7배의 폭리를 취하는 것"이라며 "한우는 1인분(150g) 원재료 가격이 7,000원인데 5만 5,000원에 팔아 8배 수익을 낸다."고 주장했다. 이어 "커피와 스테이크는 각 원재료가 대비 30배의 소비자 가격을 형성하고 있다."며 "왜 치킨 가격만 문제 삼는 것이냐."고 되물었다.

협의회는 서울지역 한 곳의 치킨 원가도 공개했다. 이에 따르면 치킨 1마리의 원재료 가격은 생닭(4,300원), 튀김가루(970원), 기름 (1,000원) 등 7,450원. 여기에 임차료·인건비 등 5490원을 더해 원가는 총 1만 2,940원이 됐다. 그러고서는 "치킨 1마리당 1,500 ~ 2,000원 밖에 남지 않는다."고 주장했다. 이들 주장의 요지는 치킨 원가는 원재료 가격만으로 따져선 안 된다는 것이다. 자신들이 내건 가격에는 원재료 가격 외에도 인건비·임차료 등 기타 비용이 추가되고 거기에 소매업자의 이윤이 더해져야 한다는 뜻이다. 하지만 가격 정당성을 강화하기 위한 협의회의 이 같은 주장이, 커피와 삼겹살, 한우 등 다른 식품의 원가까지 거론되면서 주요 서민 품목의 원가 논란으로 번지는 상황에 이르렀다. 이하 생략 (서울신문 2010. 12)

참고 : 한국프랜차이즈 협회의 비공식적 원가내역

닭고기 한마리 4000원, 식용유 350~400원, 파우더 250원, 무 300원, 소스 300원, 콜라 450~500원, 쿠폰 600원, 박스 300원, 임대료 1100원을 비롯, 카드수수료를 매출의 3%로 감안하고 기타 비용 및 배달비 인건비 등을 포함하면 실제 치킨 판매가격은 1만2000원 꼴이라고 말했다.

한국가금산업발접협의회와 영세치킨사업자들도 지난 16일 신문 등에 광고를 내 치킨 한 마리에 투입되는 비용이 총 1만2940원이라고 밝혔다. 광고에서 밝힌 서울 은평 응암동의 한 치킨집 실제 원가를 보면 닭고기 한 마리(1kg) 4300원, 튀김가루 970원, 닭 튀기는 비용 1000원, 포장용상자와 무, 음료가 1180원이다. 임차료와 수도광열비, 감가상각비를 합쳐 3268원이고, 배달비와 인건비가 2222원으로 총 1만2940원이라 밝혔다.

치킨 원가 논란으로 궁지에 몰리자 한국프랜차이즈 협회는 지난 17일 "협회는 치킨 한 마리당 800원 정도, 가맹점은 4000원 정도의 마진을 보고 있다"고 밝혔다. (일요서울 869호)

치킨 원가는 얼마? 영세업자 원가공개로 '맞불'

롯데마트가 판매 중인 5천원대의 '통큰' 치킨 가격이 관심을 모으는 가운데 한 치킨집 주인이 원가를 공개해 눈길을 끌고 있다.

지난 9일 인터넷 생활정보 커뮤니티 '82cook'엔 "치킨집 주인입니다"라는 제목의 글이 게시됐다. 작성자는 영세치킨 업자임을 밝히며 "국내산 냉장 생닭을 사용하는데 닭값이 한참 올랐을 때 5천~5천700원 정도였고 지금은 4천300~4천800원대"였다고 가격을 공개했다.

그는 이어 "치킨 한마리에 1만4천원을 받으니 9천원의 마진을 보겠다고 생각하겠지만 그렇지 않다"며 "18L 통에 들어가는 기름이 3통인데 대충 5~6일에 한 번 꼴로 기름을 갈기 때문에 5~6일에 11만7천원이 든다. 또 닭을 튀길때 쓰이는 파우더 2종은 3일정도 쓰는데 6만원 정도"라고 설명했다.

그는 이밖에도 치킨 포장박스 330원, 무 한통 300원, 콜라 500mL 650원, 소스 500원, 소금 담는 비닐 5원, 비닐봉지 장당 45원 등을 언급하며 이것들을 모두 계산해야 원가가 맞다고 밝혔다. 영세 치킨점주의 하소연을 접한 네티즌들은 엇갈린 반응을 보이고 있다.

일부 네티즌들은 "신세계 이마트 피자에 이어 롯데마트 통닭까지 해도 너무 한다" "영세상인은 모두 죽으라는 것 같다" "대기업의 횡포다. 롯데마트 불매운동을 벌이자" 등 옹호하는 반응을 보이고 있다.

반면 다른 네티즌들은 "보다 저렴하고 싼값에 살 수 있는 것에 소비자가 끌리는 건 당연하다" "인건비, 임대비 등 치킨집 주인이 부담해야할 비용까지 소비자에게 전가시키나" 등 부정적 견해를 보였다.

일각에서는 롯데마트가 지나치게 통닭을 싸게 파는 배경을 놓고 "일시적인 낚시성 상품" 등 여러 추측이 제기되고 했다. (csnews 2010. 12. 10)

청바지 7900원 · 치킨 3980원 · 마스크 팩 300원 · 초밥 290원… '할인점 파격가'의 비밀은?

비성수기에 원자재 대량구매… 해외에서 싼 공급처 찾아
"품질관리 신경써야" 지적도

7900원짜리 청바지와 9900원짜리 골프채(신세계 이마트), 보통 프라이드 치킨 가격의 3분의 1 수준인 3980원짜리 치킨과 1개당 290원짜리 초밥(롯데마트), 300원짜리 마스크 팩(홈플러스)…. 대형마트들이 최근 상상하기 어려울 정도의 '초저가' 제품을 내놓고 있다. 가격 경쟁력에서 앞선다는 인터넷쇼핑몰조차도 쫓아오기 힘든 가격이다. 일부 품목이기는 하지만, 대형마트가 이처럼 초저가 제품을 내놓을 수 있는 비결은 무엇일까?

◆ 대량 제작으로 원가 인하

이마트가 1일부터 14일까지 판매하는 7,900원짜리 청바지의 가격 경쟁력은 '비수기 공략'과 '대량 제작'이다. 청바지 제조업체에 주문이 몰리지 않는 때 대량으로 제작, 제조 비용을 낮춘 것. 이마트 패션담당 박은장 상무는 "겨울 상품 제작이 끝나는 9월 말부터 봄 신상품 제작이 시작되는 11월 초 사이는 청바지 제조업체의 비수기"라며 "지난해 10월 초 제작에 들어가 성수기 생산에 비해 10% 정도 원가를 낮추는 게 가능했다"고 말했다. 제품 생산은 중국에서 이뤄졌다. 박 상무는 "대량 주문을 할 경우에 제조업체들이 10만장 단위로 임가공 비용을 5~10% 깎아주는데, 이번에 18만장이란 대량 주문으로 비용을 또 한 번 줄일 수 있었다"고 말했다. 이마트가 1년간 파는 청바지가 120만~150만장 정도.

롯데마트가 7일까지 판매하는 3,980원짜리 프라이드 치킨(1마리 기준)의 가격은 지난달 생닭 평균 시세인 4,729원보다 낮다. 중량은 600g 안팎으로 일반 치킨 전문점에서 판매하는 닭과 비슷하다. 롯데마트 김상현 조리식품담당 MD(상품기획자)는 "지금보다 생닭 시세가 20% 쌌던 지난해 12월 경북 상주, 전북 익산 등 지역의 농가를 찾아 7만마리의 병아리를 사전 계약, 대규모 물량을 미리 확보했기 때문에 가능했다"고 설명했다.

◆ 산지(産地)와 직접 거래

산지(産地)와 직접 거래해 중간 유통 비용을 줄이거나, 조금이라도 더 싼 값으로 공급받을 수 있는 곳을 찾는 것도 대형마트들이 가격 경쟁력을 확보하는 비결이다.

이마트가 팔고 있는 5,900원짜리 피자는 이탈리아 피자 업체로부터 직접 납품을 받아 값을 낮췄다.

이마트 관계자는 "2008년 11월 미국 시카고에서 열린 세계 PL(자체브랜드)박람회에서 이 피자를 발굴해 1년 동안 상품화 과정을 거쳤다"고 말했다. 롯데마트가 지난달 중순 판매했던 250원짜리 초밥(1개 기준)도 해외에서 재료를 직접 들여온 경우다. 롯데마트는 초밥에 쓰는 회의 70% 이상을 대만·태국·베트남 등에서 들여온다. 롯데마트 관계자는 "그동안 중간 유통업체를 통해 외국으로부터 회를 들여왔는데, 해외 산지와 직접 거래하는 게 좋다는 판단에서 지난해 12월 직거래를 시도했다"고 말했다.

◆ 고객 유인 위해 마진도 줄여

이같은 초저가 상품은 대형마트가 자체 마진을 줄여서 나오는 측면도 있다. 홈플러스가 화장품 생산업체 한국콜마와 함께 내놓은 화장품 브랜드 '테라피아'의 경우 마스크팩 1장이 300원이다. 홈플러스 화장품담당 이다혜 바이어는 "제조회사와 1년 넘게 공동 기획을 해 원가를 낮출 수 있는 방법을 연구했으며 중간 유통 마진을 없애 일반 브랜드에 비해 가격이 최저 50%에서 최고 80%까지 저렴하다"고 말했다.

하지만 이같은 초저가 제품에 대한 품질 관리가 제대로 이루어져야 한다는 지적도 나오고 있다. 소비자시민모임 우혜경 팀장은 "대형마트들이 가격 경쟁력에만 치중한 나머지 품질을 소홀히 해서는 안 된다"며 "대형마트들이 소비자를 현혹하기 위한 '미끼상품'을 내놓는다는 차원에서 접근하지 말고 싸면서도 좋은 제품을 공급할 수 있는 방법을 고민해야 한다"고 말했다. (조선일보 2010. 4. 2)

제품의 단위당원가를 계산하는 원가계산제도의 종류는 여러 가지 기준에 의해 구분할 수 있으며 기업이 수행하는 생산활동의 기본적 성격에 따라 개별원가계산과 종합원가계산으로 나눌 수 있다.

개별원가계산은 제품원가를 개별작업별로 구분하여 집계하는 원가계산제도로서 주로 조선업, 건설업, 항공기산업 등 고객의 주문에 따라 특정제품을 개별적으로 생산하는 주문생산형태의 기업에서 사용하는 원가계산 방식이며, 종합원가계산은 제품원가를 제조공정별로 구분하여 집계하는 원가계산제도로서 주로 정유업, 화학공업, 제지업 등 동종제품을 연속적으로 대량생산하는 연속생산형태의 기업에서 사용하는 원가계산방식이다.

원가계산제도를 여러 가지 기준에 의해 분류해 보면 다음과 같다.

〈표 2-1〉 원가계산제도의 종류

제품생산형태에 따라	원가계산방법에 따라	원가측정방법에 따라
개별원가계산	전부원가계산	실제원가계산
종합원가계산	변동원가계산	정상원가계산
		표준원가계산

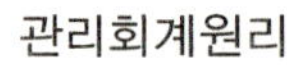

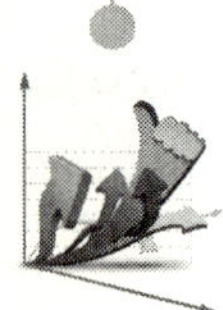

제 1 절 개별원가계산제도

개별원가계산(job-order costing)이란 조선업이나 건설업 등과 같이 특정의 제품을 개별적으로 생산하는 주문생산형태의 제품원가계산에 적용되며, 이 경우 제품마다 종류, 수량, 규격등이 다르므로 원가는 하나의 제품(예 : 유조선 1척) 또는 묶음생산방식의 동종의 여러 제품(예 : 동일책상 10개)으로 구성된 특정제품별로 분류, 집계해야 한다.

개별원가계산은 제품원가를 개별작업별로 구분하여 집계하기 때문에 원가의 추적가능성 여부에 따른 제조직접비와 제조간접비의 구분이 매우 중요하며 기말에 제조간접비를 배부하고 나면 완성품원가와 기말재공품의 원가를 바로 파악할 수 있어 기말재공품의 추가적인 평가문제가 발생하지 않는다.

1 단순개별원가계산의 회계처리

단순개별원가계산은 부문별 원가계산을 거치지 않고 집계된 직접재료비, 직접노무비, 제조간접비를 제조지령서별로 작성된 작업원가표에 분류, 집계하여 제조지시서별로 즉, 제품별로 원가계산을 실시한다.

이때 제조직접비는 개별제품(제조지시서)에 직접 부과하고 제조간접비는 적절한 배부기준에 따라 개별제품(제조지시서)에 배부하게 된다.

〈표 2-2〉 단순개별원가계산의 계정흐름 요약

원재료

	직접비(a,b,c)
	간접비(d)

노무비

	직접비(e,f,g)
	간접비(h)

재공품(#101)

직접재료비(a)	제 품(l)
직접노무비(e)	
제조간접비(i)	

재공품(#102)

직접재료비(b)	제 품(m)
직접노무비(f)	
제조간접비(j)	

제품(#101)

재공품(l)	매출원가(o)

제품(#102)

재공품(m)	

(계속)

제조간접비	
간접재료비(d)	재공품(i, j, k)
간접노무비(h)	

재공품(#103)	
직접재료비(c)	
직접노무비(g)	기말재공품(n)
제조간접비(k)	

매출원가	
제품(o)	

[예제 2-1] 단순개별원가계산

올해 초 영업을 개시한 (주)춘천의 1월중 발생한 거래내용은 다음과 같다.

원재료 외상구입		₩150,000
노무비 발생액		₩400,000 (₩350,000현금지급, ₩50,000미지급)
#101작업으로 인한 원가(완성)	직접재료비	₩50,000
	직접노무비	₩150,000
#102작업으로 인한 원가(완성)	직접재료비	₩30,000
	직접노무비	₩80,000
#103작업으로 인한 원가(미완성)	직접재료비	₩30,000
	직접노무비	₩30,000
제조간접비 발생액(직접노무비 기준으로 배부)		
간접노무비		₩140,000
수선비(현금지급)		₩100,000
감가상각비		₩200,000
수도료(미지급)		₩70,000
#101외상판매		₩500,000

[예제 2-1]에 의하여 회계처리를 해보자

(1) 직접재료비

① 원재료 구입시

(차) 원재료 150,000 (대) 매입채무 150,000

② 원재료 사용시

(차) 재공품(#101)	50,000	(대) 원재료	110,000
재공품(#102)	30,000		
재공품(#103)	30,000		

(2) 직접노무비

① 노무비 발생시

(차) 노무비	400,000	(대) 현　　금	350,000
		미지급임금	50,000

② 직접노무비 대체시

(차) 재공품(#101)	150,000	(대) 노무비	260,000
재공품(#102)	80,000		
재공품(#103)	30,000		

(3) 제조간접비

① 제조간접비 발생시

(차) 수　선　비	100,000	(대) 현　　금	100,000
감가상각비	200,000	감가상각누계액	200,000
수　도　료	70,000	미지급비용	70,000

② 제조간접비 집계시

(차) 제조간접비	510,000	(대) 노무비	140,000
		수선비	100,000
		감가상각비	200,000
		수도료	70,000

③ 제조간접비 배부시

(차) 재공품(#101)	294,231[*1]	(대) 제조간접비	510,000
재공품(#102)	156,923[*2]		
재공품(#103)	58,846[*3]		

[*1] 510,000×150,000/260,000

[*2] 510,000×80,000/260,000

[*3] 510,000×30,000/260,000

(4) 당기 제품 제조원가

	#101 (완성,매출)	#102(완성)	#103 (미완성)	계
기초재공품	0	0	0	0
당기발생원가				
직접재료비	₩50,000	₩30,000	₩30,000	₩110,000
직접노무비	150,000	80,000	30,000	260,000
제조간접비	294,231	156,923	58,846	510,000
계	₩494,231	₩266,923	₩118,846	₩880,000
	제품₩761,154		(기말재공품)	

제품 완성시

(차) 제품 761,154 (대) 재공품 761,154

(5) 매출원가

제품판매시

(차) 매출채권	500,000	(대) 매 출	500,000
매출원가	494,231	제 품	494,231

지금까지의 원가흐름을 T계정을 이용하여 도해해 보면 다음과 같다.

원 재 료

차변	대변	
150,000	재공품(#101)	50,000
	재공품(#102)	30,000
	재공품(#103)	30,000
	기말원재료	40,000
150,000		150,000

노 무 비

차변	대변	
400,000	재공품(#101)	150,000
	재공품(#102)	80,000
	재공품(#103)	30,000
	제조간접비	140,000
400,000		400,000

감가상각비

차변	대변	
200,000	제조간접비	200,000
200,000		200,000

수선비

차변	대변	
100,000	제조간접비	100,000
100,000		100,000

수도료

	70,000	제조간접비	70,000
	70,000		70,000

제조간접비

노무비	140,000	재공품(#101)	294,231
수선비	100,000	재공품(#102)	156,923
감가상각비	200,000	재공품(#103)	58,846
수도료	70,000		
	510,000		510,000

재공품(#101)

원 재 료	50,000	제품(#101)	494,231
노 무 비	150,000		
제조간접비	294,231		
	494,231		494,231

제품(#101)

재공품(#101)	494,231	매출원가	494,231
	494,231		494,231

매출원가

제품(#101)	494,231		

재공품(#102)

원 재 료	30,000	제품(#102)	266,923
노 무 비	80,000		
제조간접비	156,923		
	266,923		266,923

제품(#102)

재공품(#102)	226,923	기말제품	226,923
	226,923		226,923

매 출

	500,000

재공품(#103)

원 재 료	30,000	기말재공품	118,846
노 무 비	30,000		
제조간접비	58,846		
	118,846		118,846

상기계정을 이용하여 재공품계정과 제품계정을 하나의 계정으로 요약하고 제조원가명세서와 약식 손익계산서를 작성해 보면 다음과 같다.

재공품

기초재공품	0	당기제품제조원가	761,154
직접재료비	110,000	기말재공품	118,846
직접노무비	260,000		
제조간접비	510,000		
	880,000		880,000

제 품

기초제품	0	매출원가	494,231
당기제품제조원가	761,154	기말제품	266,923
	761,154		761,154

제조원가 명세서

Ⅰ.직접재료비		
1.기초원재료재고액	₩0	
2.당기원재료매입액	150,000	
3.기말원재료재고액	(40,000)	₩110,000
Ⅱ.직접노무비		260,000
Ⅲ.제조간접비		
1.간접노무비	140,000	
2.수선비	100,000	
3.감가상각비	200,000	
4.수도료	70,000	510,000
Ⅳ.당기총제조원가		880,000
Ⅴ.기초재공품재고액		0
합 계		880,000
Ⅵ.기말재공품재고액		(118,846)
Ⅶ.당기제품제조원가		761,154

손익계산서

Ⅰ.매출액		₩500,000
Ⅱ.매출원가		
1.기초제품재고액	₩0	
2.당기제품제조원가	761,154	
계	761,154	
3.기말제품재고액	266,923	494,231
Ⅲ.매출총이익		₩5,769

2 부문별 개별원가계산의 회계처리

부문별 개별원가계산제도는 단순개별원가계산절차와 유사하나 제조간접비를 제품별로 직접 배부하지 않고 일단 원가부문(제조부문과 보조부문)별로 파악한 뒤 이들 부문비를 제품별로 배부하여 결국 부문비 계산 과정이 하나 더 추가되는 형태이다.

즉, 원가를 요소별로 집계하고 직접비는 제품별로 직접배부하고 제조간접비에 대해서는 부문개별비와 부문공통비로 나누어 부문개별비는 부문별로 집계하고 부문공통비는 일단 집계한 후 부문별로 부문공통비를 배부한다. 그리고 난 후 집계된 보조부문비를 제조부문에 배부하고 마지막으로 제조부문비를 제품별(제조지령서별) 배부한다.

〈표 2-3〉 부문별 개별원가계산 흐름도

제조간접비	부문				
	제조부문		보조부문		
	X부문	Y부문	A부문	B부문	C부문
부문개별비	a	b	c	d	e
부문공통비	F(f+g+h+i+j)				
부문공통비배부	f	g	h	i	j
보조부문비를 제조부문에 배부	(c+h)′ (d+i)′ (e+j)′	(c+h)″ (d+i)″ (e+j)″	c+h	d+i	e+j
	X합계	Y합계			

X합계와 Y합계를 제품별로 배부 → 제품 #101, 제품 #102, 제품 #103

직접재료비, 직접노무비 —제품별로 직접배부→ 제품 #101, 제품 #102, 제품 #103

결국 부문별 개별원가계산은 보조부문원가를 다음과 같이 제품에 배부하는 과정을 거치게 되는 것이다.

〈표 2-4〉 보조부문의 제품별 배부과정

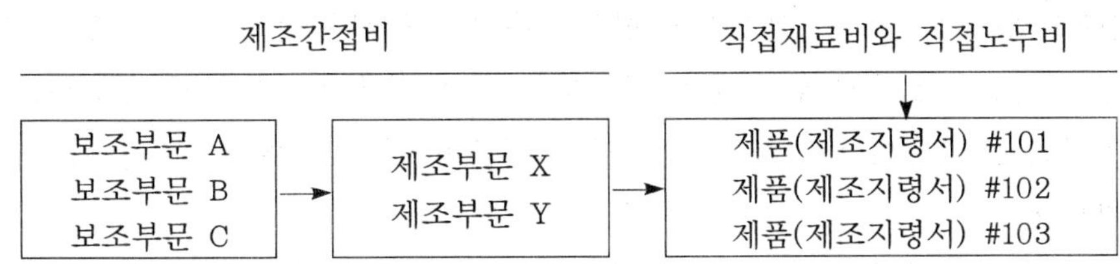

이상에서 살펴본 전체적인 흐름을 토대로 보조부문원가를 제조부문으로 배부하는 과정에 대해 자세히 살펴보도록 하자.

1) 보조부문원가의 배분

기업의 제조활동은 제조부문에서 이루어지고 보조부문은 제품을 직접가공하지 않고 제조활동을 보조하기 위한 용역을 제공한다. 그러나 보조부문도 제조부문에 용역을 제공함으로써 간접적으로 제조활동에 참여하므로 보조부문에서 발생한 원가도 제조원가에 포함시켜야 한다. 따라서 제조간접비를 보조부문과 제조부문의 부문별로 집계한 후 집계된 보조부문원가를 제조부문에 배분하고, 제조부문 자체의 원가와 보조부문에서 배부된 원가의 합을 개별 제품(제조지시서)에 배부하게 된다. 보조부문원가를 다른 부문에 배부할 때는 그 보조부문의 용역제공활동을 가장 잘 반영해 주고 배부기준 자료를 용이하게 이용할 수 있는 배부기준을 선택해야 한다.

2) 보조부문원가의 배분방법

보조부문원가의 배분방법은 보조부문상호간의 용역수수에 따라 직접배분법, 단계배분법, 상호배분법으로 구분할 수 있다.

(1) 직접배분법

직접배분법은 보조부문상호간의 용역수수는 전혀 고려하지 않고, 각 제조부분에 제공한 용역의 상대적 크기(비율)에 따라 보조부문의 원가를 제조부문에 바로 배분하는 방법이다. 이 방법은 간편하다는 장점은 있으나 보조부문 상호간의 용역

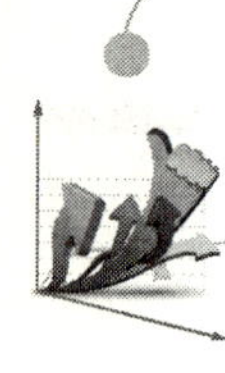

수수를 무시함으로써 원가배분이 왜곡되어 결국 제품원가와 제품가격결정이 잘못 될 수 있다.

(2) 단계배분법

단계배분법은 보조부문 상호간의 용역수수관계를 부분적으로 고려하여 배분하는 방법으로, 보조부문간의 우선순위를 정하여 그 배분순서에 따라 제조부문과 다른 보조부문에 순차적으로 배분하며 일단 배분이 완료된 보조부문은 재배분되지 않는 방법이다.

따라서 이 배분방법은 보조부문원가의 배분순서가 어떻게 되느냐에 따라 배분결과가 달라지며, 배분순서가 부적절할 경우 직접배분법보다도 원가왜곡이 더 크게 나타날 수도 있다.

일반적으로 보조부문의 배분우선순서는 다른 보조부문에 대한 용역제공비율이 큰 보조부문부터, 다음으로 총원가가 큰 보조부문부터 배분을 시작한다.

(3) 상호배분법

상호배분법은 보조부문 상호간의 용역수수를 완전하게 반영하는 방법으로 각 보조부문원가를 그 보조부문이 제공하는 용역을 소비한 다른 보조부문과 제조부문에 모두 배분하는 방법이다. 이 방법은 원가배분이 정확히 이루어진다는 장점이 있으나 계산이 복잡하여 많은 시간과 비용이 소요된다는 단점이 있다.

[예제 2-2] 보조부문원가의 배분방법 비교

(주)한양은 다음과 같은 보조부문과 제조부문으로 구성되어 있다. 각 부문의 용역수수관계와 발생원가가 다음과 같을 때 ①직접배분법, ②단계배분법(동력부 먼저, 수선부 먼저), ③상호배분법을 적용하여 보조부문원가를 제조부문에 배분하시오.

부문	제조부문		보조부문	
	절단부문	조립부문	수선부문	동력부문
수선부문	40%	50%	-	10%
동력부문	10%	30%	60%	-
발생원가	₩800,000	₩1,000,000	₩500,000	₩200,000

풀이

(1) 직접배분법

	제조부문		보조부문	
	절단부문	조립부문	수선부문	동력부문
배분전원가	₩800,000	₩1,000,000	₩500,000	₩200,000
수선부문*1	222,222.2	277,777.8	(500,000)	-
동력부문*2	50,000	150,000	-	(200,000)
배분후 원가	₩1,072,222.2	₩1,427,777.8	₩0	₩0

*1 40 : 50
*2 10 : 30

(2) 단계배분법

① 동력부문 먼저 배분

	제조부문		보조부문	
	절단부문	조립부문	수선부문	동력부문
배분전원가	₩800,000	₩1,000,000	₩500,000	₩200,000
동력부문*1	20,000	60,000	120,000	(200,000)
수선부문*2	275,555.6	344,444.4	(620,000)	
배분후 원가	₩1,095,555.6	₩1,404,444.4	₩0	₩0

*1 10 : 30 : 60
*2 40 : 50

② 수선부문 먼저 배분

	제조부문		보조부문	
	절단부문	조립부문	동력부문	수선부문
배분전원가	₩800,000	₩1,000,000	₩200,000	₩500,000
수선부문*1	200,000	250,000	50,000	(500,000)
동력부문*2	62,500	187,500	(250,000)	
배분후 원가	₩1,062,500	₩1,437,500	₩0	₩0

*1 40 : 50 : 10
*2 10 : 30

위에서 보는 바와 같이 보조부문내의 각 부문 중 어느 보조부문을 먼저 배분하느냐에 따라 제조부문내의 각 부문에 배부되는 원가가 달라져 결국 배분후의 원가가 다르게 집계되었고 결과적으로 제품원가가 다르게 계산된다.

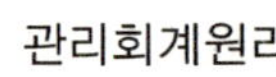

(3) 상호배분법

	제조부문		보조부문	
	절단부문	조립부문	수선부문	동력부문
배분전원가	₩800,000	₩1,000,000	₩500,000	₩200,000
수선부문[*1]	263,829.8	329,787.2	(659,574.5)	65,957.5
동력부문[*2]	26,595.75	79,787.25	159,574.5	(265,957.5)
배분후 원가	₩1,090,425.55	₩1,409,574.45	₩0	₩0

배분될 총 수선부문원가(A) = 500,000 + 0.6 × 동력부문원가(B)
배분될 총 동력부문원가(B) = 200,000 + 0.1 × 수선부문원가(A)
이를 연립방정식으로 풀면 A = ₩659,574.5 B = ₩265,957.5
[*1] 40 : 50 : 10
[*2] 10 : 30 : 60

3) 기타의 배분방법

보조부문의 원가를 제조부문에 배분할 때 위에서 살펴본 세 가지 배분방법을 단일배분율법이라고 하는데, 이러한 방법 이외에도 보조부문의 원가를 변동비와 고정비로 구분하여 이들 원가에 대하여 각각 다른 배분기준을 적용하여 배분하는 이중배분율법이 있다. 이중배분율법에서는 일반적으로 변동비는 실제 사용량을 기준으로 배분하고 고정비는 최대사용가능량을 기준으로 배분한다. 따라서 직접배분법, 단계배분법, 상호배분법 모두에 대하여 이중배분율법을 적용할 수 있다.

4) 제조부문원가의 제품별 배부

지금까지 우리는 보조부문에 집계된 원가를 제조부문에 배분하는 방법을 살펴보았는데 그 다음 단계는 보조부문으로부터 배부받아 제조부문 자신의 원가와 합산된 제조부문의 원가를 제품에 배부하는 것이다.

제조부문원가의 제품별 배부는 둘 이상의 제조부문이 있는 경우에는 모든 제조부문에 대하여 단일의 배부율을 적용하여 제품에 배부하는 공장전체 제조간접비 배부율과 제조부문별로 상이한 배부율을 적용하여 제품에 배부하는 부문별 제조간접비 배부율로 나눌 수 있다. 공장전체 제조간접비 배부율을 적용할 경우에는 공장전체 제조간접비를 하나의 단일계정에 집계하고 이 금액을 공장전체 배부기준으로 나누어 계산하기 때문에 보조부문원가를 포함한 공장전체 제조간접비를 파악하게 된다. 따라서 보조부문원가를 제조부문에 배분할 필요가 없게 된다.

반면 부문별 제조간접비 배부율을 사용할 경우에는 보조부문원가를 제조부문에 배분하고 제조부문의 각 부문별로 각기 다른 배부율을 적용하여 제품에 배부하므로 보조부문원가를 제조부분으로 배분하는 방법의 선택이 중요하게 된다.

〈표 2-5〉 공장전체 배부율과 부문별 배부율

① 공장전체 제조간접비 배부율을 사용시

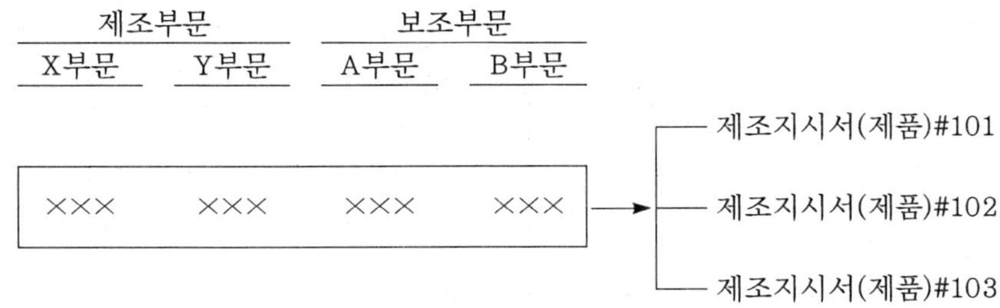

② 부문별 제조간접비 배부율을 사용시

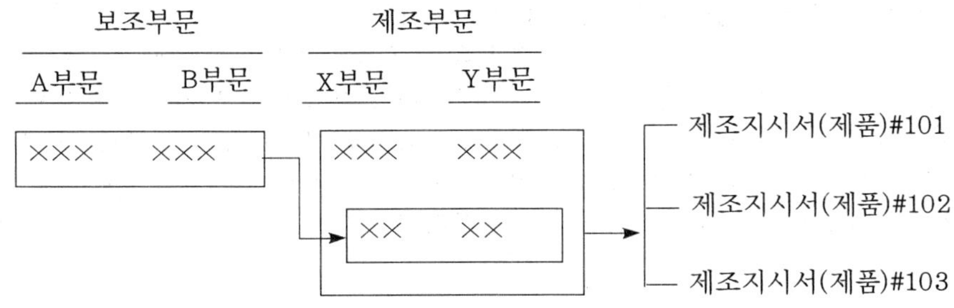

[예제 2-3]

두 개의 제조부문 X,Y를 가동하는 (주)밀양은 2003년 7월중 작업 #101, #102, #103을 착수하여 완성하였으며 7월중 발생된 원가계산관련 자료는 다음과 같다.

자료

항 목	제조지시서			합 계
	#101	#102	#103	
직접재료비	300,000	300,000	400,000	1,000,000
직접노무비	500,000	300,000	800,000	1,600,000
기계시간(X부문)	400시간	500시간	300시간	1,200시간
기계시간(Y부문)	1,200	600	200	2,000
직접노동시간(X부문)	200시간	200시간	600시간	1,000시간
직접노동시간(Y부문)	60	40	100	200
제조간접비	X부문: 600,00 Y부문: 800,000			1,400,000

<요구사항>

다음 물음이 각각 독립적일 때 다음을 계산하시오.

1. (주)밀양은 공장전체 제조간접비 배부율을 사용하며 제조간접비배부는 직접노무비를 기준으로 삼는다. ①제조간접비 배부율과 ②작업별 제조원가를 계산하시오.
2. (주)밀양이 X부문에 대해서는 직접노동시간을, Y부문에 대해서는 기계시간을 기준으로 제조간접비를 배부하는 부문별 제조간접비 배부율을 사용할 때 ①제조간접비 배부율과 ②작업별 제조원가를 계산하시오.

풀이

1. 공장전체 제조간접비배부율을 사용할 경우

(1) 공장전체 제조간접비 배부율

$$\frac{\text{공장전체 제조간접비}}{\text{공장전체 직접노무비}} = \frac{1,400,000}{1,600,000} = \text{직접노무비의 } 87.5\%$$

(2) 작업별 제조원가

	#101	#102	#103	합계
직접재료비	300,000	300,000	400,000	1,000,000
직접노무비	500,000	300,000	800,000	1,600,000
제조간접비*	437,500	262,500	700,000	1,400,000
합계	1,237,500	862,500	1,900,000	4,000,000

*작업별 직접노무비×87.5%(배부)

2. 부문별 제조간접비배부율을 사용할 경우

(1) 부문별 제조간접비배부율

X부문	: $\frac{\text{X부문 제조간접비}}{\text{X부문 직접노동시간}}$	= $\frac{600,000}{1,000\text{시간}}$	=	X부문 직접노동시간당 600

Y부문	: $\frac{\text{Y부문 제조간접비}}{\text{Y부문 기계시간}}$	= $\frac{800,000}{2,000\text{시간}}$	=	Y부문 기계시간당 400

(2) 작업별 제조원가

	#101	#102	#103	합계
직접재료비	300,000	300,000	400,000	1,000,000
직접노무비	500,000	300,000	800,000	1,600,000
제조간접비				
X부문*	120,000	120,000	360,000	600,000
Y부문**	480,000	240,000	80,000	800,000
합계	1,400,000	960,000	1,640,000	4,000,000

*작업별 X부문 직접노동시간×@600(배부)

**작업별 Y부문 기계시간×@400(배부)

한편 제조간접비의 실제발생액에 대하여 제조간접비 실제배부율을 사용하여 제조지시서(제품)에 배부하는 제조간접비 실제배부와 제조간접비 예정원가인 예산에 대하여 제조간접비 예정배부율을 사용하여 제조지시서(제품)에 배부하고 원가계산 기말에 예정배부액과 실제발생액의 차이를 조정해 주는 제조간접비 예정배부로도 구분하여 계산할 수 있다.

[예제 2-4]

(주)서울은 직접노무비를 기준으로 예정배부율을 설정하여 제조간접비를 제품에 배부하고 있으며 2003년 3월과 4월의 원가자료는 다음과 같다.

① 연초 설정한 제조간접비 예정총액 ₩507,000 예정 직접노무비 ₩390,000

② 4월중 발생한 원가자료

제조지시서	날짜	직접재료비	직접노무비	합계	완성여부
#101	3/31	40,000	28,000		3.31 미완성 4.30 완성
#101	4월	–	80,000	80,000	4.30 완성
#102	4월	100,000	140,000	240,000	4.30 완성
#103	4월	160,000	100,000	260,000	4.30 완성
#104	4월	40,000	60,000	100,000	4.30 미완성
#101과 #102는 제조원가에 30% 이익을 가산하여 4월중에 외상판매함.					

③ 4월중 실제 발생한 제조간접비

간접재료비	96,000	간접노무비	90,000
기계감가상각비	80,000	공장감독자급료	70,000
공장수선유지비	72,000	공장건물감가상각비	48,000

④ 4월 말 직접재료비 재고액 ₩60,000

<요구사항>

1. 각 제조지시서 별로 제조원가를 구하시오.

1. 제조지시서별 제조원가
   (1) 제조간접비 예정배부율: ₩253,000÷₩195,000= 130%/직접노무비
   (2) 제조지시서별 제조원가

	#101	#102	#103	#104	합계
기초재공품원가	104,400①	-	-	-	104,400
직접재료비	-	100,000	160,000	40,000	300,000
직접노무비	80,000	140,000	100,000	60,000	380,000
제조간접비	104,000②	182,000	130,000	78,000	494,000
제조원가	288,400	422,000	390,000	178,000	1,278,400
	완성(판매)	완성(판매)	완성(미판매)	미완성	

① ₩40,000+₩28,000+₩28,000×130%= 104,400

② ₩80,000×130%=₩104,000

3 활동기준 개별원가계산

앞에서 살펴본 전통적인 원가계산에서는 제조간접비를 조업도에 비례한다는 가정하에 직접노무비, 직접노동시간, 기계시간과 같은 조업도와 비례관계가 있는 단일배부기준을 사용하여 제조간접비를 배부하였다. 그러나 최근에 생산기술의 발전과 공장자동화 그리고 다품종 소량생산체제 등 제조환경이 변화하면서 직접노무비는 감소하고, 제조간접비의 비중이 급격히 증가하고 있을 뿐만 아니라, 조업도 또는 생산량과 관계없는 원가도 많이 발생함에 따라 전통적인 원가배부방법은 제품원가를 왜곡시키는 경향이 증가하고 있다. 이러한 전통적인 원가배부방법의 원가왜곡 현상을 감소시키기 위해 등장한 것이 활동기준원가계산이다.

활동기준원가계산(Activity Based Costing)은 제조간접비를 제품에 정확히 배부하고 효과적으로 관리하기 위하여 제조간접비의 발생원인(원가유발요인)인 활동별로 활동원가를 추적·집계한 후 다양한 배부기준을 사용하는 특징을 지니고 있다.

제조기업의 경우 활동기준원가계산에서는 제조간접비의 발생원인을 연구개발, 구매주문, 재료운송, 작업준비, 품질검사, 고객서비스 등의 세부적인 활동으로 구분하여 원가를 집계하고 이 활동의 원가발생요인인 원가동인(cost driver)을 배부기준으로 사용하여 제조간접비를 제품에 배부하도록 하고 있다.

원가동인은 활동원가를 발생시킨 활동의 수준을 측정하는 양적 지표로써, 예를 들어 연구개발의 경우 제품종류 수, 구매주문의 경우 주문횟수, 재료운송의 경우 운송횟수, 품질관리의 경우 검사횟수 등을 들 수 있다.

활동기준원가계산에서는 활동분석과 각 활동에 대한 원가동인의 적절한 파악이 대단히 중요하다.

[예제 2-5]

(주)목원은 20X3년 7월중 작업 #101, #102을 착수하여 완성하였으며 7월중 발생된 원가계산관련 자료는 다음과 같다.

자료

항목	제조지시서		합계
	#101	#102	
직접재료비	₩300,000	₩300,000	₩600,000
직접노무비	500,000	300,000	800,000
직접노동시간	200시간	300시간	500시간
제조간접비			₩1,000,000

이 회사는 전통적인 원가계산에 문제점이 많다는 주장에 따라 새로운 원가계산 방식인 활동기준원가계산에 관심을 갖게 되었다. 이에 따라 활동을 분석해본 결과 작업활동을 구매주문, 작업준비, 품질검사, 공장관리 활동으로 구분하였으며, 활동별 원가동인과 제조지시서별 배부내용은 다음과 같다.

활 동	원가동인	금액
구매주문	주문회수	₩100,000
작업준비	준비횟수	200,000
품질검사	검사횟수	200,000
공장관리	기계시간	500,000

	#101	#102
주문회수	6회	4회
준비횟수	4회	6회
검사횟수	7회	3회
기계시간	30시간	20시간

<요구사항>

1. 공장전체 제조간접비 배부율을 사용하며 제조간접비배부는 전통적인 배부기준의 하나인 직접노동시간을 기준으로 할 경우 ①제조간접비 배부율과 ②작업별 제조원가를 계산하시오.
2. 활동에 따른 원가동인을 배부기준으로 사용할 경우의 ①제조간접비 배부율과 ②작업별 제조원가를 계산하시오.

풀이

1. 공장전체 제조간접비배부율을 사용할 경우

(1) 공장전체 제조간접비 배부율

$$\frac{\text{공장전체 제조간접비}}{\text{공장전체 직접노동시간}} = \frac{₩1,000,000}{500\text{시간}} = \text{직접노동시간당 ₩2,000}$$

(2)작업별 제조원가

	#101	#102
직접재료비	₩300,000	₩300,000
직접노무비	500,000	300,000
제조간접비*	400,000	600,000
합계	₩1,200,000	₩1,200,000

*작업별 직접노동시간×₩2,000(배부)

2. 활동별 원가동인을 제조간접비배부율을 사용할 경우

(1)활동별 제조간접비배부율

$$\text{구매주문}: \frac{\text{구매주문 활동원가}}{\text{총주문횟수}} = \frac{₩100,000}{10\text{회}} = \text{구매주문 횟수당 ₩10,000}$$

$$\text{작업준비}: \frac{\text{작업준비 활동원가}}{\text{총작업준비횟수}} = \frac{₩200,000}{10\text{회}} = \text{작업준비 횟수당 ₩20,000}$$

$$\text{품질검사}: \frac{\text{품질검사 활동원가}}{\text{총검사횟수}} = \frac{₩200,000}{10\text{회}} = \text{검사횟수당 ₩20,000}$$

$$\text{공장관리}: \frac{\text{공장관리 활동원가}}{\text{총기계시간}} = \frac{₩500,000}{50\text{시간}} = \text{공장관리 기계시간당 ₩10,000}$$

(2)작업별 제조원가

		#101		#102
직접재료비		₩300,000		₩300,000
직접노무비		500,000		300,000
제조간접비				
구매주문	₩60,000		₩40,000	
작업준비	80,000		120,000	
품질검사	140,000		60,000	
공장관리	300,000	580,000	200,000	420,000
합계		₩1,380,000		₩1,020,000

제 2 절 종합원가계산제도

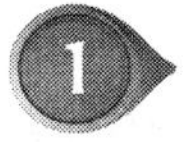

1 종합원가계산의 의의와 절차

종합원가계산(Process Costing)은 정유업, 화학공업, 제지업 등 동일한 종류의 제품이 동일 재료와 동일 공정처리를 거쳐 연속적으로 반복하여 대량생산되는 제조업에서 제품원가를 제조공정별로 구분하여 집계하는 원가계산제도이다.

〈표 2-6〉 개별원가계산과 종합원가계산의 비교

항 목	개별원가계산	종합원가계산
원가집계와 단위당 원가계산	개별작업별로 원가집계 후 그 작업의 생산량으로 나누어 단위당 원가 계산	제조공정별로 원가집계 후 그 공정의 생산량으로 나누어 단위당 원가계산
적용 가능한 생산형태	주문생산 형태	연속적 대량생산 형태
원가구분	제조직접비와 제조간접비로 구분	재료비와 가공비(노무비와 경비)로 구분
기말 재공품 평가	원가의 개별작업별 집계로 기말 재공품 평가문제가 불필요	원가의 제조공정별 집계후 완성품과 기말재공품에 배분 필요

종합원가계산에서는 공정별로 생산량과 원가자료를 요약하여 기말재공품원가와 완성품원가를 계산하기 위한 제조원가 보고서를 작성하는 데 일반적으로 5단계로 이루어지며 재료비와 가공비로 구분 기록한다.

1단계 : 물량의 흐름을 파악

2단계 : 완성품환산량의 계산

3단계 : 배분할 원가를 집합

4단계 : 완성품환산량 단위당원가 계산

5단계 : 원가를 배분하여 완성품과 기말재공품원가 계산

(1) 물량의 흐름 파악(1단계)

(차) 재공품(수량파악) (대)

차변	대변
기초재공품 수량	당기완성량
당기착수량	기말재공품 수량
×××	×××

제조원가보고서를 작성하기 위한 첫 번째 단계로 물량의 흐름을 파악하는 단계이며 재공품계정의 차변과 대변을 수량으로 기록한 것이다. 물론 차변의 합계수량과 대변의 합계수량은 일치해야 할 것이다.

(2) 완성품환산량 계산(2단계)

완성품환산량은 그 기간동안 공정에 투입된 모든 노력이 완성품으로 되었을 경우 생산되는 완성품의 수량으로 수량(물량)에 원가의 투입관점에서 공정이 진척된 정도를 의미하는 완성도(진척도)를 곱하여 계산하게 되는데, 물량흐름 파악단계의 재공품 계정에서 대변항목인 당기완성량과 기말재공품수량에 대해서만 수행된다.

일반적으로 재료는 공정의 시작시점에서 전량 투입되지만 가공비는 공정전반에 걸쳐 균등하게 투입되기 때문에 완성품환산량을 재료비와 가공비로 나누어 계산하게 된다.

(차)	재공품		(대)
		재료비	가공비
기초재공품수량	당기완성량	완성품환산량(l개)	완성품환산량(m개)
당기착수량	기말재공품수량	완성품환산량(n개)	완성품환산량(o개)
××		××	××

(3) 배분할 원가의 집합(3단계)

종합원가계산에서는 제품원가를 제조공정별로 집계한 후 이를 그 공정의 완성품과 기말재공품원가로 배분하게 되는데 이를 위해 제조공정별로 배분할 원가가 얼마인지를 파악해야 한다. 따라서 재공품계정의 차변 항목인 기초재공품과 당기착수분에 대한 원가를 재료비와 가공비로 나누어 집합시킨다.

(차)	재공품		(대)
	재료비	가공비	당기완성
기초재공품	a	b	
당기착수	c	d	기말재공품

(4) 완성품환산량 단위당 원가계산(4단계)

완성품환산량 단위당 원가는 3단계에서 집합시킨 배부할 원가를 2단계에서 계산한 완성품환산량으로 나누어서 계산한다.

$$\text{완성품환산량 단위당 원가} = \frac{\text{배분할 원가(3단계)}}{\text{완성품환산량(2단계)}}$$

(5) 원가배분(5단계)

마지막 5단계에서는 완성품과 기말재공품의 완성품환산량(2단계)에 완성품환산량 단위당원가(4단계)를 곱하여 완성품원가와 기말재공품원가를 계산한다.

$$\text{완성품(기말재공품)원가} = \text{완성품환산량(2단계)} \times \text{완성품환산량 단위당원가(4단계)}$$

이때 5단계에서 계산된 완성품과 기말재공품원가의 합계는 3단계의 배분할 원가의 합계와 일치해야 한다.

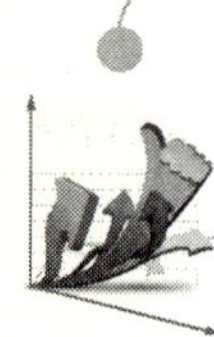

[예제 2-6] 종합원가계산(5단계법)

1월 초 영업을 시작한 (주)수원의 원가계산을 위한 자료는 다음과 같다. 자료를 이용하여 1월말의 완성품과 기말재공품의 원가를 계산하고 분개하시오.

자료

1월중 착수량	:	500단위
1월중 완성량	:	300단위
원재료	:	공정 초 전량투입
가공비	:	공정전반에 균등발생
기말 재공품 완성도	:	50%
1월중 재료비	:	₩30,000
1월중 가공비	:	₩15,000
완성품 판매	:	200개

풀이

① 물량흐름의 파악(1단계)과 완성품환산량 계산(2단계)

	물량흐름파악	완성품환산량 계산(2단계)	
		재료비	가공비
기초재공품	0		
당기착수	500		
	500개		
당기완성	300	300	300
기말재공품	200(50%)	200	100*1
	500개	500개	400개

*1 : 200×50%=100개

② 배분할 원가집합(3단계)

	원가집합		
	재료비	가공비	합계
기초재공품	0	0	0
당기발생원가	₩30,000	₩15,000	₩45,000
	₩30,000	₩15,000	₩45,000

③ 완성품 환산량 단위당 원가계산(4단계)

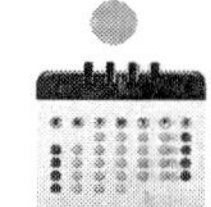

완성품 환산량 단위당 원가	
재료비	가공비
₩30,000÷500개=@60	₩15,000÷400개=@37.5

④ 원가배분을 통한 완성품과 기말재공품 원가 계산(5단계)

		원가배분			
		재료비	가공비		
완성품 원가	=	300개×@60	+ 300개×@37.5	=	₩29,250
기말재공품 원가	=	200개×@60	+ 100개×@37.5	=	₩15,750
합계					₩45,000

*3단계 원가집합의 합계액 ₩45,000과 5단계 원가배분의 합계액 ₩45,000이 일치함을 볼 수 있다.

(차) 제　　품	29,250	(대) 재공품	29,250
(차) 매출원가	19,500*1	(대) 제　품	19,500

*1 : ₩29,250×200개/300개=₩19,500

2 종합원가계산 방법

종합원가계산제도를 이용하여 원가계산을 할 때 기초재공품이 존재하지 않을 경우에는 당기투입된 원가를 당기완성품원가와 기말재공품 원가로 배분하면 된다. 그러나 기초재공품이 존재하게 되면 이 기초재공품이 모두 당기에 완성되었는지 아니면 일부는 완성되지 못하고 기말재공품으로 남아있는지 여부를 파악하여 적절하게 처리하여야 하므로 원가흐름의 가정이 필요하게 된다. 원가흐름의 가정에는 평균법, 선입선출법, 후입선출법이 있으나 후입선출법은 실제의 물량흐름과 반대되는 가정이며 거의 사용되지 않기 때문에 여기에서는 평균법과 선입선출법을 설명하기로 한다.

1) 평균법

평균법은 기초재공품의 기 완성도를 완전히 무시하고 당기에 처음 착수(발생)된 것처럼 간주하는 방법이다. 따라서 전기에 발생되어 이미 기초재공품에 포함되어 있는 기초재공품 원가를 당기제조원가와 동등하게 당기에 발생된 것으로 생각하여 기초재공품 원가와 당기제조원가를 합한 총원가를 가중평균하여 완성품과 기

말재공품에 배분하는 방법이다. 결과적으로 평균법은 기말재공품 원가에도 기초재공품 원가가 포함되어 있다고 가정된다.

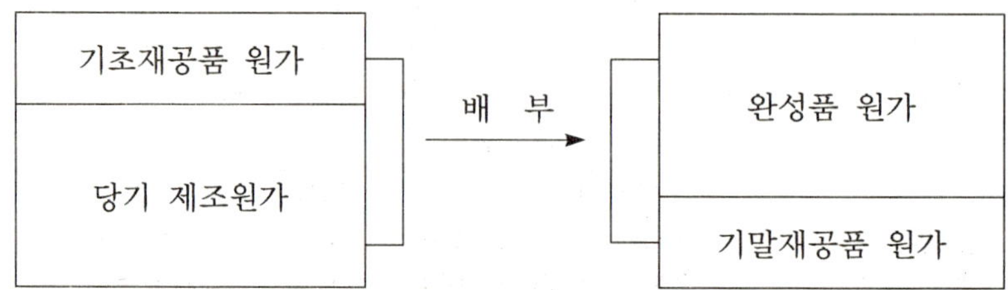

이 방법은 계산이 쉽고 실무의 많은 기업들이 적용하므로 제품원가에 대한 상호비교가능성이 있다. 그러나 기초재공품의 기 완성도를 무시하고 기초재공품원가가 당기에 발생한 것으로 간주하여 기초재공품원가와 당기제조원가를 합한 총원가를 당기의 완성품과 기말재공품에 배분하므로 기초재공품 속에 있는 능률이나 비능률이 당기원가계산에까지 영향을 미쳐 당기업적과 능률을 정확히 평가할 수 없다.

[예제 2-7] 종합원가계산(평균법)

미래(주)의 3월 달 원가계산자료는 다음과 같다. 이 자료를 이용하여 평균법에 의한 완성품 원가와 기말재공품 원가를 계산하시오.

자료

항목	수량	완성도	재료비	가공비
기초재공품	200개	40%	₩12,000	₩2,810
당기착수	800개	–	–	–
당기완성	700개	–	–	–
기말재공품	300개	70%	–	–
당기발생	–	–	₩40,000	80,000
원재료는 공정초에 전량 투입되고 가공비는 공정전반에 균등발생함				

풀이

제조원가보고서

(평균법)

	[1단계] 물량의 흐름	[2단계] 완성품환산량 재료비	가공비	합 계
기초재공품	200개(40%)			
당기착수	800개			
	1,000개			
당기완성	700개	700개	700개	
기말재공품	300(70%)	300개	210개	
	1,000개	1,000개	910개	
[3단계] 총원가의 요약				
기초재공품원가		₩12,000	₩2,810	₩14,810
당기발생원가		₩40,000	₩80,000	₩120,000
합 계		₩52,000	₩82,810	₩134,810
[4단계] 환산량 단위당 원가				
완성품환산량		÷1,000개	÷910개	
환산량단위당원가		@52	@91	
[5단계] 원가의 배분				
완성품원가	700개 × @52 + 700개 × @91 =			₩100,100
기말재공품원가	300개 × @52 + 210개 × @91 =			₩34,710
합 계				₩134,810

*총원가집합(3단계)의 합계액과 원가배분(5단계의 합계액이 ₩134,810으로 일치한다.

2) 선입선출법 (FIFO)

선입선출법은 기초재공품을 우선적으로 가공하여 완성품으로 만든 다음 당기에 착수된 것을 가공하는 것으로 가정하여 기초재공품은 모두 완성품에 포함시키고 당기 발생원가는 완성품과 기말재공품에 배분하는 방법이다.

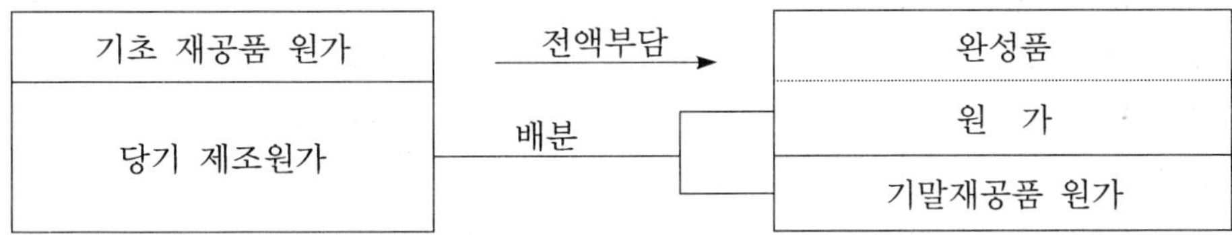

이 방법에 따르면 기초재공품의 당기완성분은 전기원가와 당기원가로 구성되어 있고 당기착수완성분은 모두 당기원가만으로 구성되어있다고 보기 때문에 완성품의 원가구성이 기초재공품 완성분인가 또는 당기착수 완성분인가에 따라 제품단위당 원가가 달라지게 된다.

따라서 선입선출법은 인과관계에 따라 원가를 대응시킬 수 있어 당기업적과 능률을 정확히 파악하는데 유리하다. 그러나 상대적으로 계산이 번거롭고 원가계산에 노력과 시간이 많이 소요된다는 단점을 가지고 있다.

[예제 2-8] 종합원가계산(선입선출법)

[예제 2-7]의 자료를 이용하여 선입선출법에 의한 완성품원가와 기말재공품원가를 계산하시오

제조원가보고서

(선입선출법)

		[1단계]	[2단계] 완성품환산량		
		물량의 흐름	재료비	가공비	
기초재공품		200개(40%)			
당기착수		800개			
		1,000개			
당기완성	기초재공품	200개	0개	120개	
	당기착수	500개	500개	500개	
기말재공품		300(70%)	300개	210개	
		1,000개	800개	830개	
[3단계] 총원가의 요약					합 계
기초재공품원가					₩14,810
당기발생원가			₩40,000	₩80,000	₩120,000
합 계			₩40,000	₩80,000	₩134,810
[4단계] 환산량 단위당 원가					
완성품환산량			÷800개	÷830개	
환산량단위당원가			@50	@96.368	

[5단계] 원가의 배분

완성품원가	₩14,810＋500개×@50＋(120＋500)개×@96.368＝	₩99,569*1
기말재공품원가	300개×@50＋210개×@96.368＝	₩35,241*2
합 계		₩134,810

*1 *2 소수점 이하 단수를 조정함

*총원가집합(3단계)의 합계금액과 원가배분(5단계)의 합계금액이 ₩134,810으로 일치한다.

3) 연속되는 복수의 제조공정

일반적으로 제품은 하나의 공정을 통해서만 완성되는 것이 아니라 여러 개의 공정을 거쳐서 생산되며 이러한 경우 한 공정의 산출물이 다음 공정으로 대체되게 된다. 따라서 두 번째 공정부터는 앞의 공정에서 대체되어오는 물량과 관련되는 전공정 대체원가를 추가적으로 고려하여야 한다.

〈표 2-7〉 연속적인 복수제조공정의 원가흐름

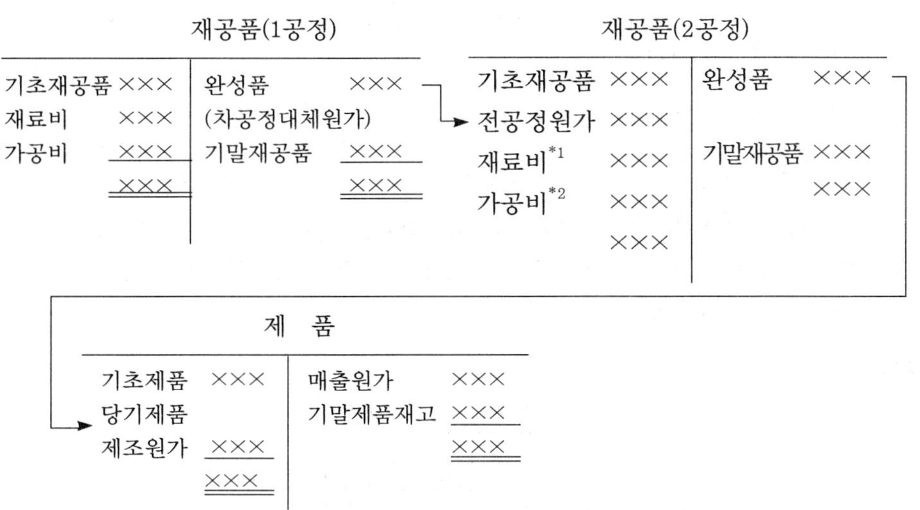

*1 *2 자공정 즉, 제 2공정에서 새로이 투입된 원가이다.

대부분의 경우 앞 공정의 완성품이 다음 공정의 착수시점에 대체 · 투입되어 가공되기 때문에 다음 공정의 관점에서는 전공정 대체원가가 공정착수시점에서 전량 투입되는 재료비와 비슷한 성격을 가진다. 또한 제1공정과 제2공정 등 각 공정별로 원가흐름의 가정(평균법, 선입선출법)은 같을 수도 있고 다를 수도 있다.

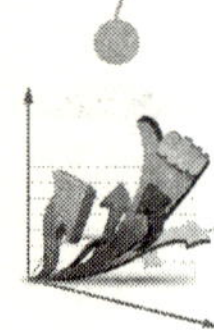

[예제 2-9] 종합원가계산(연속공정)

미래(주)는 X, Y 두 개의 연속된 제조공정을 통하여 하나의 제품을 생산하고 있는데 X공정의 원가관련 자료는 [예제 2-5]와 같으며, Y공정의 원가관련 자료는 다음과 같다.

<Y공정자료>

항 목	수 량	완성도	전공정원가	재료비	가공비
기초재공품	400개	30%	₩20,000	₩0	₩5,000
당기착수	600개	-	-	-	-
당기완성	900개	-	-	-	-
기말재공품	100개	40%	-	-	-
당기발생	-	-	₩99,569	₩15,000	₩30,000
원재료는 50%완성시점에서 전량 투입되고 가공비는 공정전반에 균등발생함					

1. 평균법에 의한 Y공정의 완성품 원가와 기말재공품 원가를 계산하시오.
2. 선입선출법에 의한 Y공정의 완성품 원가와 기말재공품 원가를 계산하고 제조원가명세서를 작성하시오.

풀이

1. 제조원가보고서 (평균법)

Y공정

	[1단계] 물량의흐름	[2단계] 완성품환산량 전공정비	재료비	가공비	합 계
기초재공품	400(30%)				
당기착수	600				
	1,000개				
당기완성	900	900	900	900	
기말재공품	100(40%)	100	0	40	
	1,000개	1,000개	900개	940개	
[3단계] 총원가의 요약					합 계
기초재공품원가		₩20,000	₩0	₩5,000	₩25,000
당기발생원가		99,569	15,000	30,000	144,569
합 계		₩119,569	₩15,000	₩35,000	₩169,569
[4단계] 환산량 단위당 원가					
완성품환산량		÷1,000개	÷900개	÷940개	
환산량 단위당 원가		@119.569	@16.667	@37.234	
[5단계] 원가의 배분					
완성품원가	900개×@119.569＋900개×@16.667＋900개×@37.234＝				₩156,123
기말재공품원가	100개×@119.569＋0개×16.667＋40개×@37.234＝				13,446
합 계					₩169,569

총원가집합(3단계)의 합계액과 원가배분(5단계)의 합계액이 ₩169,569으로 일치하고 있다.

2. ① 제조원가보고서 (선입선출법)

	[1단계] 물량의 흐름	[2단계] 완성품환산량 전공정비	재료비	가공비	합 계
기초재공품	400(30%)				
당기착수	600				
	1,000개				
당기완성					
┌ 기초재공품	400	0	400	280	
└ 당기착수	500	500	500	500	
기말재공품	100(40%)	100	0	40	
	1,000개	600개	900개	820개	
[3단계] 총원가의 요약					
기초재공품원가					₩25,000
당기발생원가		₩99,569	₩15,000	₩30,000	144,569
합 계		₩99,569	₩15,000	₩30,000	₩169,569
[4단계] 환산량 단위당 원가					
완성품환산량		÷ 600개	÷ 900개	÷ 820개	
환산량 단위당 원가		@165.948	@16.667	@36.585	

[5단계] 원가의 배분

완성품원가 ₩25,000 + 500개 × @165.948 + 900개 × @16.667 + 780개 × @36.585 = ₩151,511[*1]

기말재공품원가 100개 × @165.948 + 0개 × 16.667 + 40개 × @36.585 = 18,058[*1]

합 계 ₩169,569[*1]

*1 소수점 이하 단수처리 하였음

*총원가집합(3단계)의 합계액과 원가배분(5단계)의 합계액이 ₩169,569으로 일치함

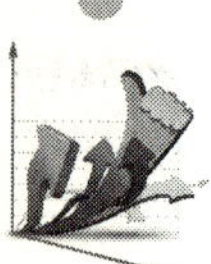

②

제조원가명세서

Ⅰ. 직접재료비	₩40,000 + ₩15,000 =	₩55,000
Ⅱ. 직접노무비 Ⅲ. 제조간접비	₩80,000 + ₩30,000 =	110,000
Ⅳ. 당기총제조원가		165,000
Ⅴ. 기초재공품재고액	₩14,810 + ₩25,000 =	39,810
합계		204,810
Ⅶ. 기말재공품재고액	₩35,241 + ₩18,058 =	(53,299)
Ⅷ. 당기제품제조원가		₩151,511

이상에서 종합원가계산의 일반적인 부분을 살펴보았고, 본 관리회계에서는 공손과 감손부분을 제외하기로 하며 이 내용은 원가회계를 참고하면 될 것이다.

2-1 객관식 문제

01 다음 중 개별원가계산제도를 채택하는 것이 적절한 업종은?

① 석유정제업 ② 제분업
③ 화학공업 ④ 제지공업
⑤ 조선업

02 개별원가계산하에서 예상조업도와 예상고정비를 기초로 제조간접비 예정배부율을 결정할 경우 연말에 제조간접비가 과소배부되었다면, 다음 어떤 현상이 나타났기 때문인가?

	실제조업도	실제고정비
①	예상초과	예상초과
②	예상초과	예상미달
③	예상미달	예상초과
④	예당미달	예상미달

03 개별원가계산제도에서 간접재료의 사용은 총계정원장의 어떤 계정이 증가되는가?

① 원재료 통제계정 ② 재공품 통제계정
③ 공장제조간접비 통제계정 ④ 배부제조간접비계정
⑤ 제품통제계정

04 개별원가계산하에서 공장에서 요구한 직접재료를 다시 창고로 반송할 경우의 분개는?

①	(차) 재 료	XXX	(대) 재 공 품	XXX
②	(차) 재 료	XXX	(대) 공장제조간접비	XXX
③	(차) 매입환출	XXX	(대) 재 공 품	XXX
④	(차) 재 공 품	XXX	(대) 재 료	XXX
⑤	(차) 재 료	XXX	(대) 매입환출	XXX

05 진영회사는 개별원가시스템을 채택하고 있으며, 직접노무비를 기준으로 제조간접비를 배부한다. 20X4년도의 제조간접비율은 A부문에 대해서는 200%, B부문에 대해서는 50%이다. 제조명령서 #101은 20X4년 중에 시작되어 완성되었으며, 다음과 같이 원가가 발생하였다.

	A부문	B부문
직접재료비	₩50,000	₩10,000
직접노무비	?	₩40,000
제조간접비	₩60,000	?

제조명령서 #101에 관련된 총제조원가는 얼마인가?

① ₩200,000　② ₩210,000　③ ₩230,000
④ ₩300,000　⑤ ₩350,000

06 다음의 개별원가계산 자료에 의한 당기총제조원가는?

> (가) 직접재료비는 ₩3,000이며 직접노동시간은 30시간이고 기계시간은 100시간이다.
> (나) 직접노무비의 임률은 직접노동시간당 ₩12이다.
> (다) 회사는 기계시간을 기준으로 제조간접비를 배부한다.
> (라) 제조간접비 예정배부율이 기계시간당 ₩11이다.

① ₩4,460　② ₩4,530
③ ₩4,600　④ ₩4,670

07 ㈜한국은 개별원가계산제도를 사용하고 있으며, 직접노무비를 기준으로 제조간접비를 예정배부하고 있다. 20X4년 6월의 제조원가 관련 정보가 다음과 같을 때, 과소 또는 과대 배부된 제조간접비에 대한 수정분개로 옳은 것은? (단, 과소 또는 과대 배부된 금액은 매출원가로 조정한다)

> (가) 직접노무비와 젠조간접비에 대한 예산은 각각 ₩200,000과 ₩200,000이다.
> (나) 직접재료비 ₩520,000과 직접노무비 ₩180,000이 발생되었다.
> (다) 실제 발생한 총제조간접비는 ₩233,000이다.

	차 변		대 변	
①	제조간접비	8,000	매출원가	8,000
②	매출원가	8,000	제조간접비	8,000
③	매출원가	8,000	제조간접비	8,000
④	제조간접비	17,000	매출원가	17,000

08 다음 중 종합원가계산에 관한 설명으로 적합하지 않은 것은?

① 조선업과 같은 주문생산에 유리하다.
② 원가를 재료비와 가공비로 구분하여 계산한다.
③ 원가계산을 하기 위해 완성품환산량의 개념이 필요하다.
④ 연속하여 반복적으로 생산하는 제품형태에 적합하다.

09 다음 중 종합원가계산제도를 채택하는 것이 적절한 업종은?

① 시멘트제조업　　② 특별주문인쇄업
③ 조선업　　④ 설비제조업

10 종합원가계산에 사용하기 위한 제조간접비예정배부율을 계산하기 위해서는 다음의 어떤 항목이 분자 및 분모에 사용될 수 있는가?

	분　자	분　모
①	추정제조간접비	실제기계시간
②	실제제조간접비	실제기계시간
③	추정제조간접비	추정기계시간
④	실제제조간접비	추정기계시간

11 종합원가계산에서 제조간접비배부액은 다음 어느 계정의 증가로 기록되는가?

① 원재료통제　　② 재공품통제　　③ 제조간접비통제
④ 제품통제　　⑤ 매출원가

12 종합원가계산제도를 채택하고 있는 (주)한창은 단일공정에서 제조한 단일제품을 판매하는 제조업체이다. 만약 기말재공품에 대한 완성도가 실제보다 과대평가되고 있다면 이는 완성품환산량, 완성품환산량의 단위원가, 완성품의 제조원가에 어떤 영향을 주었겠는가?

	완성품환산량	완성품환산량 단위원가	완성품의 제조원가
①	과소평가	과대평가	과대평가
②	과소평가	과소평가	과대평가
③	과대평가	과대평가	과소평가
④	과대평가	과소평가	과소평가
⑤	과대평가	영향없음	영향없음

13 제2공정에서 재료A는 70% 진행시점에서 투입된다. 40%가 완료된 기말재공품은 다음의 완성품환산량에 포함되는가?

	재 료 비	가 공 비
①	YES	NO
②	NO	YES
③	YES	YES
④	NO	NO

14 종합원가계산에 대한 설명으로 옳은 것은?

① 평균법은 기초재공품의 제조가 당기 이전에 착수되었음에도 불구하고 당기에 착수된 것으로 가정한다.

② 선입선출법 또는 평균법을 사용할 수 있으며, 평균법이 실제 물량흐름에 보다 충실한 원가흐름이다.

③ 평균법은 기초재공품원가와 당기발생원가를 구분하지 않기 때문에 선입선출법보다 원가계산이 정확하다는 장점이 있다.

④ 선입선출법은 당기투입분을 우선적으로 가공하여 완성시킨 후 기초재공품을 완성한다고 가정한다.

15 기초재공품의 가공원가는 ₩ 250,000, 당기 발생 가공원가는 ₩2,250,000, 당기 완성품의 가공원가는 ₩2,400,000이다. 기초 재공품의 수량은 800단위, 당기 완성수량은 4,800단위일 때, 가중 평균법을 적용하는 경우 기말 재공품의 가공원가 완성품 환산량은? (단, 공손은 발생하지 않는다고 가정한다)

① 100단위　　② 150단위

③ 200단위　　④ 250단위

16 (주)한국은 선입선출법을 이용하여 종합원가계산을 실시한다. 다음 자료에 의한 재료원가와 가공원가의 완성품환산량은? (단, 재료는 공정 개시시점에서 전량 투입되고 가공원가는 공정 전체를 통해 균등하게 발생한다)

> 기초재공품수량 300개(완성도 30%)
> 당기착수량 3,500개
> 당기완성량 3,300개
> 기말재공품수량 500개(완성도 40%)

	재료원가 완성품환산량(개)	가공원가 완성품환산량(개)
①	3,510	3,300
②	3,600	3,200
③	3,800	3,010
④	3,500	3,410

17 (주)경상반도체의 제1공정의 기초재공품은 5,000개, 재료비와 가공비의 완성도는 각각 100 %와 30 %이다. 제1공정의 생산착수량은 50,000개이며, 당기에 40,000개가 완성되었다. 기말재공품의 재료비와 가공비 완성도는 각각 100%와 50%이다. 선입선출법과 평균법에 의한 가공비의 당기 완성품환산량은?

	선입선출법	평균법		선입선출법	평균법
①	47,500개	46,000개	②	45,000개	43,500개
③	43,500개	45,000개	④	46,000개	47,500개

18 도색부문은 공정시작 시점에 원료를 투입하며, 공정이 30% 완료되었을 때 불량품을 검사한다. 기말재공품 수량은 당기완성품 수량은 당기완성품 수량과 동일하였다. 만약, 기말재공품의 완성도가 70%라면 기말재공품에 배부되어야 하는 공손비는 정상공손원가 총액의 몇 %인가?

① 정상공손원가의 30%
② 정상공손원가의 50%
③ 정상공손원가의 재료비 중 50%와 가공비 중 30%
④ 정상공손원가의 70%
⑤ 정상공손원가는 일체 반영하지 않는다.

2-2 **경남(주)의 5월 중 원가계산 관련 자료는 다음과 같다.**

① 원가요소 소비내역

원가요소	직접소비액	간접소비액
재료비	₩1,200,000	₩400,000
노무비	800,000	240,000
경비	-	160,000

② 제조지시서별 소비내역

구 분	#101	#102
직접재료비	₩120,000	₩54,000
직접노무비	700,000	28,000
생산량	200단위	100단위

1. 제조간접비 배부율을 ①직접재료비법 ②직접노무비법 ③직접원가법으로 각각 계산하시오.
2. 직접재료비를 기준으로 제조간접비를 각 제조지시서에 배부할 경우 제조지시서별 제조원가와 단위당 제조원가를 계산하시오.

2-3 **(주)서울의 20X3년도 원가관련 자료는 다음과 같다.**

① 제조간접비는 기계작업시간을 기준으로 각 제품에 배부하며 기말재공품은 없다.

② 당기에는 #101을 20개, #102를 40개 생산하였다.

③ 재료소비액

항 목	전월이월액	당월매입액	차월이월액	직접소비액	
				#101	#102
주요재료	₩90,000	₩360,000	₩80,000	₩240,000	₩120,000
소모품	35,000	160,000	36,000	-	-

④ 노무비 소비액

항목	전월미지급액	당월지급액	당월미지급액	직접소비액	
				#101	#102
임금	₩30,000	₩255,000	₩30,000	₩90,000	₩70,000

⑤ 경비소비액

항목	전월소비액	당월지급액	당월선급액	직접소비액	
				#101	#102
경비	₩10,000	₩120,000	₩9,000	₩25,000	-

⑥ 작업시간

작업시간	#101	#102
직접노동시간	2,500시간	1,500시간
기계작업시간	6,500시간	8,500시간

1. 당기에 발생한 제조간접비 총액을 계산하시오.
2. #101과 #102의 총제조원가와 단위당 원가를 계산하시오.

2-4 **절단부문과 도색부문으로 구성된 제조부문을 운영하는 (주)제주는 연초에 직접노무비를 기준으로 예정배부율을 설정하여 제조간접비를 각 제조지시서에 배부하고 있으며 원가계산자료는 다음과 같다.**

① 20X3년 예산제조원가

원가요소	절단부문	도색부문	합계
직접재료비	-	-	-
직접노무비	₩140,000	₩80,000	₩220,000
제조간접비	84,000	32,000	116,000

② 20X3년 제조지시서 #101 제조관련 실제 소비액

직접재료비 : ₩16,000
직접노무비 : 절단부문 ₩6,000 도색부문 ₩5,000

#101의 제조원가를 구하시오.

2-5 **(주)경기는 보조부문 A(전력공급부), B(용수공급부)와 제조부문 X,Y로 구성되어 있으며 원가계산을 위한 자료는 다음과 같다.**

① 각 부문의 월간 최대 사용가능량과 실제 사용량

용역제공부문		보조부문		제조부문		합계
		A	B	X	Y	
최대사용가능량	A	-	1,000kwh	3,000kwh	1,000kwh	5,000kwh
	B	1,000L	-	600L	400L	2,000L
실제사용량	A	-	400kwh	1,000kwh	600kwh	2,000kwh
	B	500L	-	100L	400L	1,000L

② 당 원가계산기간중 발생한 제조간접비

원가항목	보조부문		제조부문		합계
	A	B	X	Y	
변동비	₩400,000	₩200,000	₩600,000	₩800,000	₩2,000,000
고정비	600,000	200,000	1,400,000	800,000	3,000,000
합계	1,000,000	400,000	2,000,000	1,600,000	5,000,000

1. 단일배분율법을 사용하여 다음 각 방법에 의한 보조부문원가를 제조부문에 배분하시오.
   (1) 직접배분법 (2) 단계배분법(A부문부터) (3) 상호배분법
2. 이중배분율법을 사용하여 다음 각 방법에 의한 보조부문원가를 제조부문에 배분하시오.
   (1) 직접배분법 (2) 단계배분법(A부문부터) (3) 상호배분법

2-6 **원주(주)의 원가관련 자료는 다음과 같다.**

기초재공품 30,000개(완성도 60%) 당기착수량 27,000개	당기완성량 25,000개 기말재공품 5,000개(완성도 40%)
원재료는 공정초기에 전량투입되고 가공비는 공정전반에 균등하게 발생	

1. 평균법에 의한 총 완성품 환산량을 구하시오.
2. 선입선출법에 의한 당기완성품 환산량을 구하시오.
3. 평균법의 총 완성품 환산량을 이용하여 선입선출법의 당기 완성품 환산량을

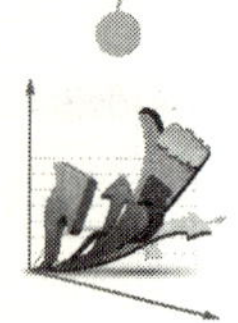

구하시오.

2-7 **(주)진주의 3월 중 원가관련 자료는 다음과 같다.**

재공품(물량의 흐름)

기초재공품	4,000개(70%, 80%)*	당기완성	25,000개
당기착수	26,000개	기말재공품	5,000개(30%, 40%)*
	30,000개		30,000개

* (,)속은 (재료비 완성도, 가공비 완성도)를 나타낸다.

3월 말 시점에서 평균법에 의한 총 완성품 환산량과 선입선출법에 의한 당기완성품 환산량을 구하시오.

2-8 **단일제품을 대량으로 생산하는 (주)울산의 5월 중 원가관련 자료는 다음과 같다.**

	수량	재료비	가공비	완성도		수량	완성도
기초재공품	2,000개	₩20,000	₩4,000	70%	당기완성량	30,000개	-
당기발생원가	?	₩300,000	₩150,000	-	기말재공품	10,000개	30%
원재료는 공정초기에 모두 투입되고 가공비는 전공정을 통해 균등히 발생한다.							

평균법과 선입선출법을 이용하여 완성품원가와 기말재공품원가를 계산하시오.

2-9 **(주)제주는 동일종류의 제품을 연속 생산하여 종합원가계산제도를 운영하고 있으며, 8월중 원가계산 관련 자료는 다음과 같다.**

월초재공품	: 300단위 완성도 40% 주요재료비 ₩80,000 가공비 ₩51,200	당월완성 월말재공품	: 1,800단위 : 200단위 완성도 50%
당월투입원가	: 1,700단위 주요재료비 ₩400,000 가공비 ₩800,000		
주요재료는 제조착수와 동시에 전량 투입되며 가공비는 완성정도에 비례하여 발생한다.			

1. 평균법과 선입선출법을 이용하여 8월의 완성품원가와 기말재공품원가를 계산하시오.
2. 평균법과 선입선출법을 적용하였을 경우 각각에 대하여 재공품계정에 수량과 원가를 기입하고 마감하시오.

2-10 **두 개의 연속된 제조공정 A, B를 통하여 제품을 생산하는 (주)청도의 4월 중 B공정의 원가관련 자료는 다음과 같다.**

기초재공품	당기발생원가	당기완성량	기말재공품
수량 : 500개 전공정원가 : ₩5,000 재료비 : ₩0 가공비 : ₩1,000 완성도 : 30%	착수량 : 1,200개 전공정원가 : ₩11,000 재료비 : ₩13,000 가공비 : ₩4,500	수량 : ?개	수량 : 300개 완성도 : 80%
B공정 원재료는 B공정 50%시점에서 전량투입되며 가공비는 B공정 전반에 걸쳐 균등발생한다.			

평균법과 선입선출법을 이용하여 B공정의 완성품 원가와 기말재공품 원가를 계산하시오.

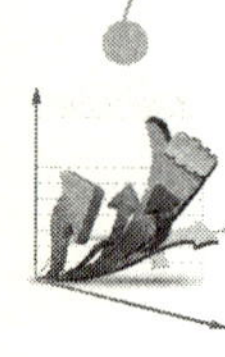

2-11 **공정별 원가계산제도를 사용하고 있는 (주)경남은 2개의 공정을 거쳐 제품을 생산하고 있는 바 5월의 원가계산 관련 자료는 다음과 같다.**

기초재공품: 1공정: 300개 완성도 80% 원가 ₩10,000 2공정: 300개 자공정비 완성도 60% 원가 ₩7,000 (전공정비 ₩3,000포함)	당기완성 : 1공정: 1,500개 2공정: 1,650개
당기투입 : 1공정: A재료비:₩36,000 B재료비:₩27,000 가공비: ₩20,160 2공정: 자공정비: ₩30,000	기말재공품: 1공정: 600개 완성도 70% 2공정: 150개 완성도 50%

- 1공정의 작업완료품은 전량 2공정으로 대체된다.
- 1공정에는 2종류의 재료가 투입되며, 재료 A는 공정초에 재료 B는 공정말에 일시 투입되고, 가공비는 완성정도에 비례 투입된다.
- 1공정은 선입선출법, 2공정은 평균법을 적용하여 재공품을 평가한다.

1. 1공정의 원가계산표를 작성하시오.
2. 2공정의 원가계산표를 작성하시오.

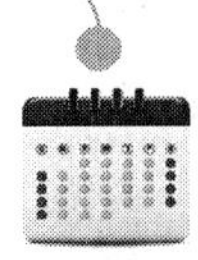

제 1 절 CVP와 손익분기점 분석의 기초개념

CVP와 손익분기점분석의 정의

원가행태정보와 더불어 CVP(cost-volume-profit) 분석은 경영자로 하여금 많은 유용한 분석을 할 수 있게끔 도와준다. CVP분석은 이익(profit)과 원가(costs)가 조업도(volume)의 변동에 따라 어떻게 변동을 하느냐를 다루는 것이다. 더 구체적으로 말해서 변동비, 고정비, 판매가격, 조업도, 그리고 판매제품의 배합과 같은 요인이 변동함에 따라 이익이 어떤 영향을 받느냐를 알아보는 분석방법인 것이다. 원가, 매출액, 그리고 순이익의 관계를 파악함에 의해서 경영자는 많은 계획의사결정(planning decisions)에 잘 대처할 수 있게 될 것이다.

손익분기점분석(break-even analysis)은 CVP분석의 한 부분으로서, 총비용이 총수익에 일치하는 손익분기매출수량이나 매출액(break-even sales)을 결정하는 것을 말한다.

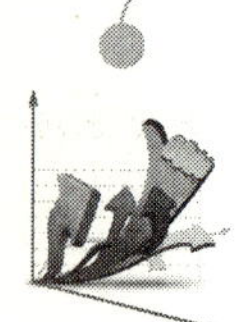

CVP분석에 의해 해결할 수 있는 문제

CVP분석은 다음과 같은 문제에 대해 해답을 제공하고자 한다.

① 손익분기점에 도달하는데 필요한 판매수량은 얼마인가?

② 목표이익을 획득하기 위해서는 얼마의 판매수량이 필요한가?

③ 일정 판매수량하에서는 얼마의 이익을 기대할 수 있는가?

④ 판매가격, 변동비, 고정비, 그리고 생산액에 있어서의 변동이 어떻게 이익에 영향을 미치는가?

⑤ 판매제품 배합(mix of products sold)의 변동이 손익분기점과 목표이익판매수량, 그리고 이익잠재력(profit potential)에 어떻게 영향을 미치는가?

공헌이익의 개념

CVP분석을 정확하게 하기 위해서는 비용을 변동비와 고정비로 분명하게 구분할 수 있어야 한다. 준변동비도 변동적인 부분과 고정적인 부분으로 구별하지 않으면 안된다.

손익분기점을 계산하기 위해서, 그리고 다양한 CVP분석을 수행하기 위해서는 다음과 같은 개념에 주의할 필요가 있다.

① 공헌이익(contribution margin) : 공헌이익은 제품의 변동비에 대한 매출액의 초과분을 말한다. 공헌이익은 고정비를 보상하고 이익을 창출해 내는 데 공헌하는 화폐액이라고 할 수 있다. 즉, 매출액에서 변동비를 차감하고 남은 금액으로, 공헌이익은 먼저 고정비를 회수하게 되며, 고정비를 회수하고 남은 금액의 크기가 얼마이든지간에 이익창출에 공헌하게 된다.
공헌이익을 산식으로 표시할 것 같으면 다음과 같다.

공헌이익(CM) = 매출액(S) − 변동비(VC)

② 단위당 공헌이익(unit CM) : 단위당 공헌이익은 단위당 변동비에 대한 단위당 판매가격의 초과분이라고 말할 수 있다.
이를 산식으로 나타내면 다음과 같다.

단위당 공헌이익(unit CM) = 단위당 판매가격(P) − 단위당 변동비(V)

③ 공헌이익비율(CM ratio) : 공헌이익비율은 공헌이익을 매출액으로 나눈 것이다. 공헌이익비율은 다음과 같이 단위당 자료를 사용하여 계산할 수도 있다.

$$\text{CM비율} = \frac{\text{단위당공헌이익}}{\text{단위당판매가격(P)}} = \frac{P-V}{P} = 1 - \frac{V}{P}$$

공헌이익비율이 1-변동비율인 점을 주목하라. 예를 들어 변동비가 가격의 70%에 해당된다면, 공헌이익비율은 30%가 되는 것이다. 공헌이익률은 단위당 공헌이익보다 사용하기가 간편하며, 특히 회사가 여러 제품라인을 가지고 있을 때는 더욱 용이하게 사용할 수 있다. 이는 비율을 사용하면 제품간의 비교가 더 용이하기 때문이다. 다른 조건이 동일하면 경영자는 공헌이익률이 가장 높은 제품라인을 선호하게 된다. 왜냐하면 공헌이익률이 높은 제품은 매출액이 증가할 때마다 고정비의 회수와 이익창출에 공헌하는 공헌이익을 더 많이 발생시키기 때문이다.

[예제 3-1] 공헌이익의 다양한 개념

공헌이익의 다양한 개념을 설명하기 위해서 도안회사의 다음과 같은 자료를 참고하라.

	단위당금액	총 액	백분율
매출액(1,500단위)	₩25	₩37,500	100%
차감 : 변동비	10	15,000	40
공헌이익	₩15	₩22,500	60%
차감 : 고정비		15,000	
순 이 익		₩ 7,500	

위에 제시된 자료를 가지고 공헌이익, 단위당 공헌이익, 그리고 공헌이익 비율을 계산하면 다음과 같다.

$$CM = S - VC = ₩37{,}500 - ₩15{,}000 = ₩22{,}500$$

$$\text{단위당 } CM = P - V = ₩25 - ₩10 = ₩15$$

$$\text{CM비율} = \frac{CM}{S} = \frac{₩22,500}{₩37,500} = 60\%$$

$$\text{또는 } 1 - \frac{VC}{S} = 1 - 0.4 = 0.6 = 60\%$$

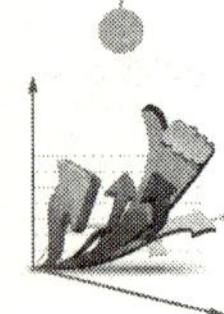

제 2 절 손익분기점 분석

1 손익분기점 분석

손익분기점은 ①이익도 손실도 보지 않는 매출(또는 조업)수준, ② 매출액과 총비용이 같아지는 매출수준, ③ 총공헌이익과 총고정비가 일치하는 매출수준 등으로 표현할 수 있다. 손익분기점은 경영자에게 이익계획에 대한 통찰력을 제공해주기 때문에 대단히 중요한 정보이다. 손익분기점은 3가지 방법에 의해 계산될 수 있다.

① 등식법(The equation approach)

② 공헌이익법(The contribution approach)

③ 도표법(The graphical approach)

등식법은 매출액, 변동비, 고정비, 그리고 순이익간의 관계를 나타내는 cost-volume 등식에 입각하고 있다.

매출액(S) = 변동비(VC) + 고정비(FC) + 순이익(NI)

손익분기점에서는 순이익이 0이므로 S = VC + FC + 0이 된다. x를 판매단위라고 한다면 위의 관계는 다음과 같이 정리할 수 있다.

$$Px = Vx + FC$$

손익분기매출수량을 구할려면 x에 대해서 풀면 된다.

[예제 3-2] 손익분기매출수량의 계산

[예제 3-1]의 자료에 의해 손익분기매출수량를 구하면 다음과 같다.

P = ₩25, V = ₩10, 그리고 FC = ₩15,000이므로

따라서 등식은 ₩25x = ₩10x + ₩15,000

₩25x − 10x = ₩15,000

(₩25 − ₩10)x = ₩15,000

$$x = \frac{₩15,000}{₩15} = 1,000\text{단위}$$

따라서 손익분기매출수량은 1,000단위이다.

공헌이익법에 의한다면 손익분기매출수량은

$$x = \frac{FC}{P-V}$$

의 공식에 의해서 구하면 된다.

여기서 P－V는 정의상 단위당 공헌이익이다.

손익분기점을 화폐액으로 계산하고 싶으면 다음과 같이 하면 된다.

손익분기매출액 = 손익분기매출수량×단위당 판매가격

또는

$$\text{손익분기매출액} = \frac{\text{고정비}}{\text{공헌이익비율}}$$

[예제 3-3] 단위당공헌이익과 공헌이익비율을 사용한 손익분기매출액의 계산

[예제 3-1]의 자료를 사용할 경우 단위당 공헌이익은 ₩25－₩10=₩15이며 공헌이익비율은 60%이다.

따라서

손익분기매출수량 = ₩15,000÷₩15 = 1,000단위
손익분기매출액 = 1,000단위×₩25 = ₩25,000

또는

손익분기매출액 = ₩15,000÷0.6 = ₩25,000

도표법은 <표 3-1>처럼 이른바 손익분기도표에 의해 손익분기점을 구하는 방법이다. 판매수익, 변동비, 그리고 고정비는 종축에 표시되며, 수량은 횡축에 표시되게 된다. 손익분기점은 총매출수익선과 총비용선이 교차하는 점이다. 한편 이 도표를 통해서 조업도범위에 걸쳐서 이익잠재력이 어떤지를 알 수가 있다.

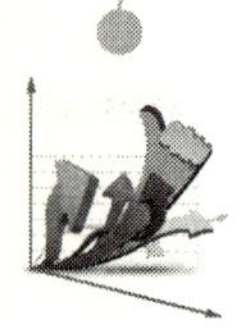

〈표 3-1〉 손익분기도표

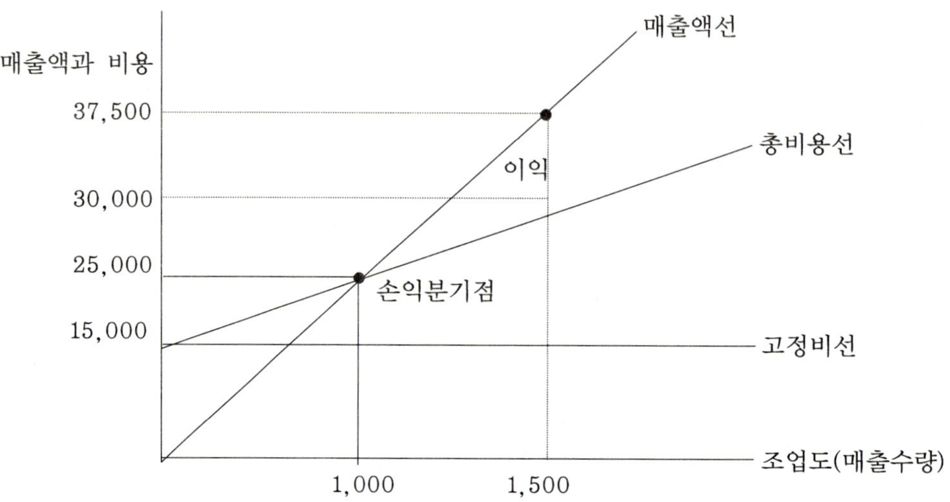

P－V도표(profit-volume chart)는 매출수량의 변화에 따라서 이익이 어떻게 변화하는가에 직접 초점을 맞춘 표이다. 〈표 3-2〉에서 알 수 있듯이 이익은 축에 표시되며 매출수량은 횡축에 표시되게 된다. 도표의 기울기가 단위당 공헌이익이란 점에 주목하라.

P－V도표를 작성하는 순서는 다음과 같다.

1단계 : 고정비(－₩15,000)를 수직축에 표시한다.

2단계 : 선택된 매출수준에서의 기대이익을 계산하여 표시한다.
선택된 매출수준(예를 들어 1,500개)에서의 기대이익을 계산하면 다음과 같다.

매출액(1,500개×₩25)	=	₩37,500
변동비(1,500개×₩10)	=	15,000
공헌이익		22,500
고정비		(15,000)
순이익		₩7,500

3단계 : 수직축에 고정비를 표시한 점(－₩15,000)과 선택된 매출수준에서의 기대이익(₩7,500)을 표시한 점을 잇는 직선을 그린다.

P－V도표상에서 손익분기점은 이익선과 손익분기선(판매수량을 나타내는 수평축을 말함)이 교차하는 점(1,000개)이 된다.

〈표 3-2〉 P-V도표

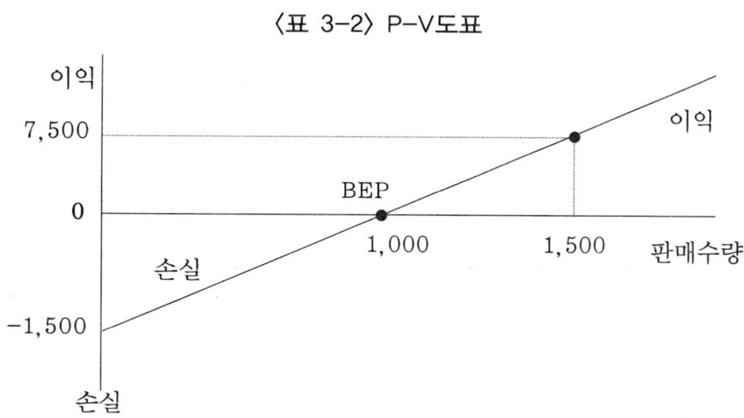

2 목표이익조업도와 안전한계

1) 목표이익조업도(Target income volume)의 결정

CVP분석은 특정의 이익수준, 즉 목표이익을 달성하는데 필요한 매출을 결정할 수 있다. 목표이익을 나타낼 수 있는 방법은 두 가지가 있다. 즉 첫 번째 방법은 특정화폐금액으로 나타내는 것이며, 두 번째 방법은 매출액에 대해 몇 %로 나타내는 것이다.

첫 번째 방법의 경우 등식은 다음과 같다.

$$Px = Vx + FC + \text{목표이익}$$

이를 x에 대해서 정리하면

$$x = \frac{FC + \text{목표순이익}}{P - V}$$

두 번째 방법의 경우는 다음과 같이 나타낼 수 있다.

$$Px = Vx + FC + \%(Px)$$

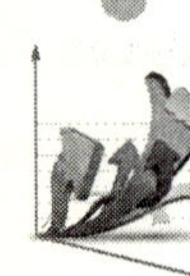

x에 대해서 정리하면

$$x = \frac{FC}{P - V - \%(P)}$$

[예제 3-4] 목표이익을 달성하기 위한 판매수량의 계산

[예제 3-1]의 자료를 그대로 사용하면서 도안회사는

제 1 안 : ₩15,000의 세차감전순이익
제 2 안 : 매출액의 20%

를 목표이익으로 정하고 있다고 가정하자.

제1안과 제2안의 목표이익을 달성하기 위한 판매수량을 계산하면 다음과 같다.
제1안의 목표이익을 달성하기 위해서는 2,000단위를 판매하여야 한다.
즉

$$x = \frac{FC + \text{목표이익}}{P - V} = \frac{₩15,000 + ₩15,000}{₩25 - ₩10} = 2,000\text{단위}$$

검산 :		
	매 출 액(2,000단위)	₩50,000
	변 동 비(2,000단위)	-20,000
	공헌이익	₩30,000
	고 정 비	-15,000
	순 이 익	₩15,000

제2안의 목표이익을 달성하기 위해서는 1,500단위를 판매하여야 한다.
즉

$$x = \frac{FC}{P - V - \%(P)} = \frac{₩15,000}{₩15 - (20\%)(₩25)} = \frac{₩15,000}{₩10} = 1,500\text{단위}$$

검산 :		
	매 출 액(1,500단위)	₩37,500(100%)
	변 동 비(1,500단위)	-15,000
	공헌이익	₩22,500(60%)
	고 정 비	-15,000
	순 이 익	₩ 7,500(20%)

2) 세금의 영향

목표이익의 세차감후기준으로 주어진다면 목표이익조업도 계산공식은 다음과 같다.

$$\text{목표이익조업도} = \frac{\text{고정비} + [\text{세차감후목표이익}/(1-\text{세율})]}{\text{단위당공헌이익}}$$

[예제 3-5] 세차감후 목표이익조업도(매출수량)의 계산

[예제 3-1]에서 도안회사는 세차감후이익 ₩6,000을 달성하고자 한다고 가정하자. 세율은 40%이다.

이 경우 목표이익조업도는 1,667 단위가 된다.

$$\text{목표이익조업도(매출수량단위)} = \frac{₩15,000 + [₩6,000/(1-0.4)]}{₩15}$$

$$= \frac{₩15,000 + ₩10,000}{₩15} = 1,667\text{단위}$$

3) 안전한계(Margin of Safety)

안전한계는 손실을 보지 않고도 감소시킬 수 있는 매출수준을 의미한다. 따라서 안전한계는 실제(또는 예상)매출액과 손익분기매출액과의 차이로 측정된다. 한편 안전한계율은 실제(또는 예상)매출액에 대한 백분율로써 다음과 같이 표시된다.

$$\text{안전한계율} = \frac{\text{실제(또는 예산)매출액} - \text{손익분기매출액}}{\text{실제(또는 예상)매출액}}$$

안전한계는 대개 위험의 척도로써 사용되기도 한다. 그렇기 때문에 이 비율이 높으면 높을수록 손익분기점에 도달하는데 위험이 별로 없는 것이기 때문에 상황이 더욱 더 안전한 것으로 볼 수 있는 것이다. 안전한계를 높이기 위해서는 매출수준을 높이거나, 손익분기점 수준을 낮추어야 한다.

[예제 3-6] 안전한계의 계산

도안회사는 예상매출액을 ₩30,000으로 보고 있으며, 손익분기매출액을 ₩25,000으로 보고 있다.

이 경우 기대안전한계는 ₩5,000(₩30,000 − ₩25,000)이며, 기대안전한계율은 16.7%가 된다.

$$\frac{₩30,000 - ₩25,000}{₩30,000} = 16.7\%$$

CVP분석의 적용

공헌이익개념은 이익계획(profit planning)과 단기 의사결정(short term decision making)에 잘 적용된다. 이러한 적용 예를 [예제 3-1]에 있는 자료를 가지고 설명하고자 한다.

[예제 3-7] 매출액 변동에 따른 이익의 증감계산

[예제 3-1]에서 보았듯이 도안회사는 60%의 공헌이익과 매년 ₩15,000의 고정비가 있다.

이 회사는 다음 연도에 ₩10,000만큼 매출액을 증가시키려고 하고 있다. 이 경우 이익은 얼마나 증가하는가?

우리는 공헌이익개념을 사용하여 매출액변동에 대한 이익의 영향을 신속하게 계산할 수 있다. 이 영향을 계산하는 공식은 다음과 같다.

순이익의 변동 = 매출액 변동액×공헌이익비율

이 공식에 의해 이 문제를 풀면

순이익의 증가 = ₩10,000×60% = ₩6,000

따라서 고정비의 변동이 없다고 가정할 경우 순이익은 ₩6,000만큼 증가하게 된다.

우리가 매출액이 아니고 매출수량의 변동으로 결정했을 경우에는 다음과 같은 공식으로 바꾸어 계산하여야 한다.

순이익의 변동 = 매출수량의 변동×단위당공헌이익

[예제 3-8]

매출액을 ₩47,500으로 했을 경우 세차감전순이익은 얼마인가?

이에 대한 해답은 공헌이익과 고정비간의 차이가 된다.

공헌이익	₩47,500 × 60%	₩28,500
차감 : 고정비		15,000
순 이 익		₩13,500

[예제 3-9] 광고예산증액의 타당성 결정

도안회사는 매출수익을 ₩8,000 증가시키기 위해서 광고 예산을 ₩5,000 증가시킬 것을 고려 중에 있다.

광고 예산을 과연 증가시켜야 되는가?

이에 대한 해답은 증가시키지 말아야 된다는 것이다. 왜냐하면 공헌이익의 증가가 비용의 증가분보다 크지 않기 때문이다.

공헌이익의 증가분	₩8,000 × 60%	₩4,800
광고비 증가분		5,000
순이익의 감소분		₩(200)

[예제 13-10] 임금인상을 정당화할 수 있는 매출액 계산

도안회사는 판매담당경영자는 판매원의 임금을 ₩2,000 인상할 것을 검토 중에 있다. 임금인상분을 회수하는데 필요한 추가적 판매액은 얼마인가?

고정비의 증가분과 공헌이익의 증가분이 동일하게끔 하면 필요한 추가적 판매액이 계산된다.

공헌이익의 증가분 = 고정비의 증가분
0.60×매출액 = ₩2,000
매출액 = ₩3,333

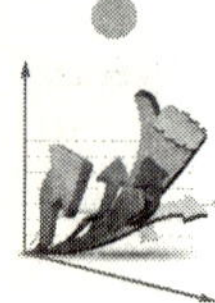

[예제 3-11] 매출액 증가방안 수락여부 결정

도안회사는 매년 1,500 단위를 판매해 오고 있다. 매출액을 신장시키기 위해서, 경영자는 단위당판매가격을 ₩5 낮추고 광고예산을 ₩1,000 증가시킬 것을 검토하고 있다. 이 경우 판매단위가 60% 신장될 것으로 기대하고 있다. 이 방안을 받아들여야 할 것인가?

판매가격을 ₩5 낮출 경우 단위당 공헌이익은 ₩15에서 ₩10으로 감소되게 된다. 따라서,

제안된 공헌이익 : 2,400단위 × ₩10	₩24,000
현재의 공헌이익 : 1,500단위 × ₩15	22,500
공헌이익의 증가분	₩ 1,500
광고비 지출증가분	1,000
순이익 증가분	₩ 500

그러므로 이 문제에 대한 답은 이 방안을 받아들이는 것이라고 할 수 있다. 이 문제에 대한 답을 구하는 대체적인 방법은 다음과 같다.

	현재안 (1,500단위)	새방안 (2,400단위)	차 이
매 출 액	₩37,500(@₩25)	₩48,000(@₩20)	₩10,500
차감 : 변동비	15,000	24,000	9,000
공헌이익	₩22,500	₩24,000	₩ 1,500
차감 : 고정비	15,000	16,000	1,000
순 이 익	₩ 7,500	₩ 8,000	₩ 500

4 매출배합분석

한 회사가 한 가지 제품 이상을 제조·판매한 경우에는 손해분기 및 CPV분석은 추가적 계산 및 가정이 필요하게 된다. 상이한 판매가격과 상이한 변동비는 상이한 단위당 공헌이익과 공헌이익비율을 초래시킨다.

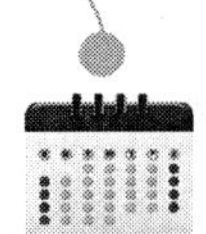

그 결과로 손익분기점은 판매된 제품의 상대적 비율(이를 sales mix라 함)에 따라 달라지게 된다. 이 경우 손익분기 및 CVP분석을 위해서는 매출배합(the sales mix)을 먼저 결정하고 그 다음에 가중평균공헌이익(weighted average CM)을 계산해야 한다. 또한 매출배합이 특정기간 동안에는 변동하지 않는다고 가정하는 것이 필요한다. 회사 전체에 대한 손익분기점 계산공식은 다음과 같다.

$$\text{회사 전체 손익분기 매출수량(또는매출액)} = \frac{\text{고정비}}{\text{가중평균단위당공헌이익(또는평균공헌이익비율)}}$$

[예제 3-12] 다제품 생산판매시의 손익분기매출수량 계산

X회사는 다음과 같은 공헌이익자료를 가진 2가지 제품을 생산 판매하고 있다.

	A	B
판 매 가 액	₩15	₩10
변 동 비	12	5
단위당공헌이익	₩ 3	₩ 5
매 출 배 합	60%	40%
고 정 비	₩76,000	

이 회사의 전체손익분기매출수량을 계산해보자.

먼저 2제품의 가중평균공헌이익을 계산하면 다음과 같다.

가중평균단위당공헌이익 = (₩3)(0.6) + (₩5)(0.4) = ₩3.80

따라서 이 회사의 전체손익분기매출수량은 다음과 같이 계산된다.

손익분기매출수량 = ₩76,000 / ₩3.80 = 20,000단위

이를 제품별로 분해하면 다음과 같다.

A : 20,000단위×60% = 12,000단위
B : 20,000단위×40% = 8,000
　　　　　　　　　　 20,000단위

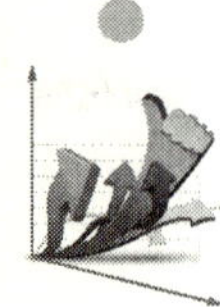

[예제 3-13] 다제품 생산·판매시의 손익분기매출액 계산

Y회사는 3가지 제품을 생산하여 판매하고 있다. 이에 관련된 자료는 다음과 같다. 단 총고정비는 ₩18,600이다.

	A	B	C	합계
매 출 액	₩30,000	₩60,000	₩10,000	₩100,000
매출 배합	30%	60%	10%	100%
차감: 변동비	24,000	40,000	5,000	69,000
공헌 이익	₩ 6,000	₩20,000	₩ 5,000	₩ 31,000
공헌이익비율	20%	$33\frac{1}{3}$%	50%	31%

이 회사의 전체손익분기매출액은 다음과 같이 계산된다.

Y회사의 공헌이익비율은 ₩31,000/₩100,000=31%이다. 그러므로 손익분기매출액은 ₩18,600/0.31=₩60,000이다. 따라서 3가지 제품의 손익분기매출액은 다음과 같이 계산된다.

A : ₩60,000 × 30% = ₩18,000
B : ₩60,000 × 60% = 36,000
C : ₩60,000 × 10% = 6,000
₩60,000

다제품생산기업의 CVP분석을 행하기 위한 가장 중요한 가정 중의 하나는 매출배합이 계획기간 동안에 변화하지 않는다는 것이다. 만일 이 매출배합이 달라진다면 손익분기점 역시 달라지게 되는 것이다.

[예제 3-14] 매출배합변동시의 손익분기매출액 계산

[예제 3-13]처럼 총매출액은 ₩100,000으로 변동이 없지만 B제품에서 C제품으로의 다음과 같은 매출배합상의 이동이 기대된다고 가정하자. 이 경우 손익분기매출액은 어떻게 변동되는가?

	A	B	C	합계
매 출 액	₩30,000	₩30,000	₩40,000	₩100,000
매출 배합	30%	30%	40%	100%
차감:변동비	24,000	20,000*	20,000**	64,000
공헌 이익	₩ 6,000	₩10,000	₩20,000	₩ 36,000
공헌이익비율	20%	$33\frac{1}{3}$%	50%	36%

* ₩20,000 = ₩30,000×$66\frac{2}{3}$% (또는 100% − $33\frac{1}{3}$%)

** ₩20,000 = ₩40,000×50%

수익성이 더 높은 C제품으로의 매출배합의 이동은 회사 전체의 공헌이익비율을 31%에서 36%로 증가시킨 점에 주목을 하라. 이에따라 새로운 손익분기점은 ₩18,600/0.36=₩51,667이 될 것이다. 따라서 손익분기매출액은 ₩60,000에서 ₩51,667으로 감소된 것을 알 수 있다.

5 영업레버리지

레버리지에는 재무레버리지(financial leverage)와 영업레버리지(operating leverage)가 있는데, 재무레버리지는 재무구조와 이익의 관계를, 영업레버리지는 원가구조와 이익의 관계를 설명해주는 중요한 개념이다.

재무레버리지는 자기자본 비중이 높은지 아니면 부채 비중이 높은지에 따라 매출액의 변동이 이익의 변화폭에 미치는 영향을 설명해주는 개념이다. 부채비중이 높은 기업은 경제상황이 호경기일 경우 매출증대에 비해 이자부담이 낮기 때문에 이익이 확대되고, 불경기일 때에는 매출축소와 함께 이자부담이 높아지기 때문에 이익이 축소되는 효과가 발생하는데, 이를 재무레버리지효과라고 한다.

영업레버리지는 원가구조의 차이 즉, 변동비 비중이 높은지 아니면 고정비 비중이 높은지에 따라 매출액의 변동이 이익의 변화폭에 미치는 효과를 설명해주는 개념이다. 고정비 비중이 상대적으로 변동비에 비해 높은 원가구조를 가지고 있는 기업은 공헌이익률이 높기 때문에 경제상황이 호경기일 경우 매출증대에 따라 이익이 확대되고, 불경기일 때에는 매출축소에 따라 이익이 축소되는 효과가 발생하는데, 이를 영업레버리지효과라고 한다. 결국 고정비 비중이 상대적으로 변동비에 비해 높은 원가구조를 가지고 있는 기업은 매출액의 증감에 따라 영업이익도 민감하게 반응하기 때문에 이익의 변동성이 크게 나타나며, 반대로 고정비 비중이 상대적으로 변동비에 비해 낮은 원가구조를 가지고 있는 기업은 매출액의 증감에 따라 영업이익이 덜 민감하게 반응하기 때문에 이익의 변동성이 낮게 나타나게 된다.

영업레버리지에 따른 이익의 민감성 정도는 영업레버리지도로 측정된다. 영업레버리지도(degree of operating leverage)는 일정한 매출수준에서 매출액의 변화율이 영업이익에 얼마나 영향을 미치는지를 측정하는 지표로서 공헌이익과 영업이익의 상대적인 비율로 계산된다.

$$\text{영업레버리지도} = \frac{\text{공헌이익}}{\text{영업이익}}$$

영업레버리지도를 이용하면 매출액의 증감율에 다른 영업이익의 증감율을 신속하게 추정할 수 있는데, 다음과 같은 산식으로 계산하면 된다.

$$\text{영업이익증감율(\%)} = \text{영업레버리지도} \times \text{매출액증감율(\%)}$$

예를 들어 매출액 증가율이 10%이 상황에서 영업레버리지가 4로 고정비 비중이 상대적으로 낮은 기업은 영업이익증가율은 40%가 될 것이며, 영업레버리지도가 7로 고정비 비중이 높은 기업은 영업이익증가율이 70%가 될 것이다.

영업레버리지도가 높은 기업은 매출액의 증감에 따라 영업이익이 민감하게 반응하므로 영업실적이 좋은 연도에는 이익이 더욱 증가하고, 반대로 실적이 나쁜 연도에는 이익이 더욱 감소하게 됨을 알 수 있다. 따라서 매출이 증가하는 호경기에서는 높은 영업레버리지를, 매출이 감소하는 불경기에서는 영업레버리지를 낮게 유지하는 원가구조정책을 실시하는 것이 유리할 것이다.

한편 영업레버리지도는 항상 일정한 것은 아니고, 현재의 매출액 수준에 영향을 받는다.

[예제 3-15] 영업레버레지도

도안회사의 다음 자료를 가지고 현재 매출수준에서의 영업레버리지도를 계산해보고, 다음 연도에 매출액이 10% 증가할 경우 영업이익 증가율도 계산해보자.

	단위당금액	총 액	백분율
매출액(1,500단위)	₩25	₩37,500	100%
차감 : 변동비	10	15,000	40
공헌이익	₩15	₩22,500	60%
차감 : 고정비		15,000	
영 업 이 익		₩ 7,500	

(1) 영업레버리지도 = $\dfrac{\text{공헌이익}}{\text{영업이익}} = \dfrac{₩\ 22{,}500}{₩\ 7{,}500} = 3$

(2) 영업이익증감율(%) = 영업레버리지도 × 매출액증감율(%)
= 3 × 10%
= 30% 증가

6 손익분기분석 및 CVP분석의 가정

기본적인 손익분기분석 및 CVP모델은 몇 가지 제약이 되는 가정하에서 사용이 된다. 그 가정은 다음과 같다.

① 매출손익와 비용의 행태는 조업도의 관련범위내에서는 선형이다.
② 모든 원가는 고정적인 것과 변동적인 것으로 분류할 수 있다.
③ 한 가지 제품 또는 일정한 매출배합으로 되어 있다.
④ 재고는 기간을 통해 크게 변동하지 않는다.
⑤ 판매는 변동비에 영향을 미치는 유일한 요소이다.

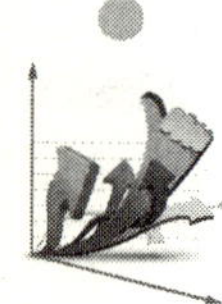

김밥가게의 변동비와 고정비 및 손익분기점

원가분류	원가 항목	예 산	
		단위당(원)	총액(만원)
변동비	김	100	
	밥	500	
	야채(당근, 노랑무, 시금치)	300	
	달걀	50	
	소시지	100	
	참기름	50	
	깨	20	
	포장용기, 소독저, 휴지, 기타 소모품	80	
	재료를 준비하고 김밥을 만드는 인건비	100	
	전기료, 수도료, 가스료	50	
	합계	1,350	
고정비	재료를 구입하여 운반하는 인건비		100
	가게 임차료		100
	설비 감가상각비		30
	합계		230

손익분기점 = 고정비 / (단위당 판매가 − 단위당 변동비)
= 고정비 / 단위당 공헌이익
5,111개 = 230만원 / (1,800원/개 − 1,350원/개)

제 3 절 원가행태의 분석

조업도(volume)의 변화에 따라 원가가 일으키는 반응을 원가행태(behavior of cost)라 한다.

관리회계에서는 조업도의 변화에 의해 움직이는 행태에 따라 원가를 고정비와 변동비로 구분하고 있다. 즉 관리회계에서는 제조원가를 다음과 같이 조업도에 관계없이 일정한 고정비와 조업도에 따라 비례적으로 움직이는 변동비로 분류하고 있다. 그러나 변동비와 고정비의 성격이 혼합된 혼합원가라는 것도 있다. 즉 조업도가 0이라 하더라도 일정액의 고정비가 발생되고 조업도가 증가함에 따라 변동비

가 선형으로 증가하는 원가를 말한다. 회계담당자들은 원가를 의사결정에 적절하게 활용하기 위해서는 반드시 혼합원가를 고정비요소와 변동비요소로 분리해내야 한다. 분리해내는 방법에는 고저점법, 산포도법 및 회귀분석에 의한 방법 등이 있다.

1 산포도법(scatter diagram method)

산포도법은 과거의 다양한 조업도하에서 발생한 실제원가를 도표에다 표시한 다음, 원가추세선을 그어서 원가함수를 추정하는 방법이다.

예를 들어 다음 도표는 차량유지비를 표시한 것이다.

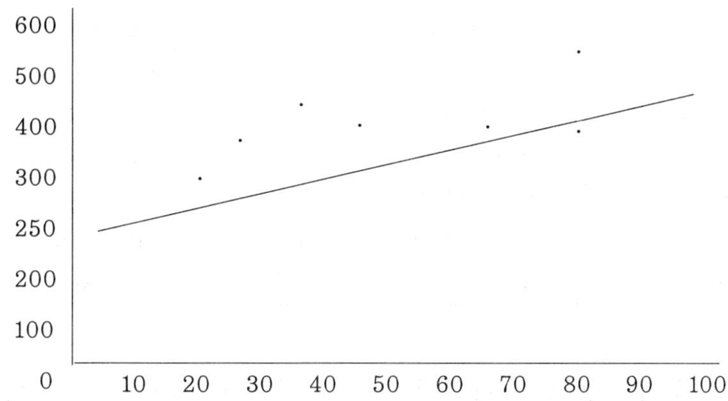

도표상에 표시된 점은 월간 실제 차량유지비를 나타내고 있다. 원가추세선을 그리는 것은 주관적일 수 있다. 따라서 산포도법을 이용해서 변동비와 고정비를 추정해내는 것은 주관적일 수밖에 없다. 위 도표에서 원가함수의 절편이 ₩250,000이고 주행거리 80,000마일에서의 원가가 ₩570,000이라면 변동비부분은 다음과 같이 계산된다.

$$\frac{₩570,000 - ₩250,000}{80,000 - 0} = ₩4$$

따라서 우리는 차량유지비의 원가함수를 ₩250,000 + ₩4X로 추정할 수 있게 된다.

2 고저점법(High-Low Method)

이 방법은 조업도가 가장 높았던 경우와 가장 낮았던 경우의 두 점에 대한 조업도와 원가금액을 사용하여 단위당 변동비율과 고정비를 산출해내는 방법이다. 이 방법은 과거의 원가발생자료 중 최고조업도와 최저조업도에서의 두 가지 자료만을 사용하여 원가함수를 추정하기 때문에 산포도법보다 정확성이 결여되는 단점이 있다. 왜냐하면, 두 조업도가 전체 자료의 대표값이 된다고 보기가 어렵기 때문이다. 예를 들어 위의 산포도에 표시되어 있는 조업도와 원가자료를 정리하면 다음과 같다.

월	조업도(주행거리)	차량유지비
1	30,000마일(최저)	₩380,000
2	40,000마일	420,000
3	70,000마일	480,000
4	60,000마일	450,000
5	80,000마일(최고)	600,000
6	75,000마일	520,000

여기서 최저조업도는 30,000마일에 발생 원가는 ₩380,000이고, 최고조업도는 80,000마일에 발생 원가는 ₩600,000이다. 따라서 마일당 변동비율은 다음과 같이 산출된다.

$$\frac{\text{원가변동액}}{\text{조업도변동분}} = \frac{₩600,000 - ₩380,000}{80,000\text{마일} - 30,000\text{마일}} = ₩4.4/\text{마일}$$

위에서 계산한 변동비율을 이용하여 고정비부분을 계산하면 다음과 같다.

80,000마일에서의 발생원가	₩600,000
차감: 80,000마일에서의 변동비 (80,000×₩4.4)	352,000
관련범위 내의 조업도에서의 고정비	₩248,000

따라서 우리는 차량유지비의 원가함수를 ₩248,000 + ₩4.4X로 추정할 수 있게 된다.

회귀분석법(Regression Analysis)

조업도(독립변수)와 발생원가 총액(종속변수)에 대해 회귀분석하여 산출된 회귀선을 원가함수로 사용하는 방법으로서 최소자승법(least square method)의 원리를 이용하게 된다. 회귀선의 절편이 고정비총액이 되며, 독립변수의 기울기가 변동비율이 되게 된다.

최소자승법의 장점은 결정계수(coefficient of determination, r^2)가 측정된다는 것이다. 관찰치(발생원가)가 회귀선에 가깝게 나타날수록 r^2은 1에 근접하게 된다.

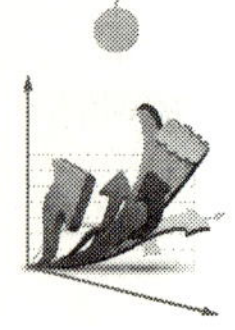

3-1 객관식 문제

01 경영자의 기능 중 CVP분석이 가장 많이 적용되는 분야는?

① 지휘 ② 통제
③ 계획 ④ 조직화

02 손익분기점에 대한 설명 중 적절한 것은?

① 총매출액이 총변동비와 총고정비를 합계한 금액가 일치되는 판매수준
② 공헌이익이 0과 일치되는 판매수준
③ 총변동비가 총고정비와 일치되는 판매수준
④ 총매출액이 총고정비와 일치되는 판매수준

03 다음 중 공헌이익을 나타내는 산식으로 적합하지 않은 것은?

① 매출액 - 변동비 ② 매출액 - 단위당원가
③ 단위당판매가격 - 단위당변동비
④ 단위당공헌이익 ÷ 단위당판매가격

04 다음 중 CVP도표를 적절하게 설명해주는 것은?

① CVP도표는 달성가능한 최대의 이익을 나타내준다.
② CVP도표는 매출액선과 총비용선과의 교차점을 손익분기점으로 표시한다.
③ CVP도표는 총비용이 판매수량과 직접적인 비례관계가 있다고 가정한다.
④ CVP도표는 변동비를 보상하는데 필요한 매출액을 파악하는데 유용하다.

05 어떤 회사가 손익분기점에서 영업을 한다면 다음 중 적절한 설명은?

① 그 회사의 공헌이익은 변동비와 일치한다.
② 그 회사의 안전한계는 0이 된다.
③ 그 회사의 고정비는 변동비와 일치한다.
④ 그 회사의 판매가격은 단위당 변동비와 일치한다.

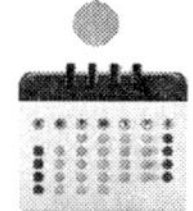

06 고정비가 증가하고 단위당 변동비가 감소한다면 손익분기점은 어떻게 될 것인가?

① 증가
② 감소
③ 변동없음
④ 고정비 증가액과 변동비 감소액이 얼마이냐에 따라 증가, 감소 또는 변동이 없을 수 있다.

07 다음 중 어느 경우에 손익분기점이 증가하는가?

① 총고정비의 증가　　② 단위당 판매가격의 증가
③ 단위당 변동비의 감소　　④ 총고정비의 감소

08 다음 중 손익분기점을 낮출 수 있는 방법은?

	고정비	공헌이익
①	증가	감소
②	감소	감소
③	감소	증가
④	증가	감소

09 다음 중 어느 경우에 손익분기점하의 판매수량이 증가하는가?

① 단위당 원가가 증가하고 단위당 판매가격이 불변인 경우
② 단위당 원가가 감소하고 단위당 판매가격이 불변인 경우
③ 단위당 원가가 감소하고 단위당 판매가격이 증가하는 경우
④ 단위당 원가가 증가하고 단위당 판매가격이 증가하는 경우

10 월간고정비가 ₩500,000이고, 단위당 변동비 ₩600 및 단위당 판매가격이 ₩800일 때, 월간손익분기매출액은? (감정사 기출문제)

① ₩2,500　　② ₩2,000,000
③ ₩1,500,000　　④ ₩2,500,000
⑤ ₩7,500

11 고정비가 ₩50,000, 변동비율이 65%인 회사에서 ₩20,000의 이익을 올리기 위해서는 얼마의 매출액을 실현해야 하는가? (세무사 기출문제)

① ₩107,692　　② ₩162,857
③ ₩200,000　　④ ₩220,000

12 A회사의 고정제조원가와 영업비는 연간 총 ₩400,000이다. 공헌이익율은 매출액의 40%이다. 이 회사의 손익분기점은 얼마인가?

① ₩1,000,000　　② ₩1,200,000
③ ₩400,000　　④ ₩100,000

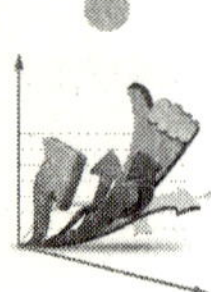

13 위의 문제에서 매출액을 ₩1,200,000으로 하면 순이익은 얼마인가?

① ₩480,000 ② ₩80,000
③ ₩400,00 ④ ₩100,000

14 위의 문제에서 순이익이 ₩200,000이 되려면 매출액은 얼마가 되어야 하나?

① ₩1,300,000 ② ₩1,400,000
③ ₩1,500,000 ④ ₩1,340,000

15-16 어느 회사에서 X제품을 제조하여 판매하고 있다. 판매부장은 현재의 판매가격을 인하하면 매출액이 30% 증가할 것이라고 제안하였다. 사장이 당신에게 판매부장의 이러한 제안을 분석하라고 지시하였으며 관련된 자료는 다음과 같다.

	현행	제안
단 가	₩2.50	₩2.00
판매단위	200,000단위	30%증가
변 동 비	₩350,000	단위당변동비는 동일함
고 정 비	₩120,000	₩120,000
이 익	₩30,000	?

15 판매부장이 제안한 대안의 순이익은 얼마인가?

① ₩55,000 손실 ② ₩55,000 이익
③ ₩20,000 손실 ④ ₩20,000 이익

16 현재의 ₩30,000의 이익을 유지하기 위하여 요구되는 판매단위는 얼마인가?

① 500,000 단위 ② 400,000 단위
③ 600,000 단위 ④ 700,000 단위

17-19 C회사의 원가행태는 다음과 같다.

생산량의 범위	고 정 비
0 ~ 20,000	₩160,000
20,001 ~ 65,000	190,000
65,001 ~ 90,000	210,000
90,001 ~ 100,000	250,000

연간 생산량 70,000 단위일 때의 총변동비는 ₩280,000이다. 연간 총생산능력은 100,000 단위이다.

17 현재의 연간 생산량은 50,000 단위이며, 판매단가는 ₩7.50이다. 판매단가 ₩5.50으로 순이익 ₩3,000을 얻기 위해서는 최소한 몇 단위가 추가적으로 판매되어야 하나?

① 10,000 단위 ② 12,000 단위
③ 14,000 단위 ④ 16,000 단위

18 현재의 연간 생산량은 60,000 단위이다. 판매단가가 ₩7.50이라고 할 때, 생산량을 80,000단위 수준으로 끌어올리고 총매출액의 5%의 순이익을 얻기 위해서는 판매촉진비가 얼마나 증대되어야 하나?

① ₩40,000 ② ₩50,000
③ ₩60,000 ④ ₩70,000

19 만일 현재의 순이익이 ₩10,000이고 고정비는 ₩160,000이며, 판매단가가 2% 인상되더라도 판매단위는 변화가 없으나 순이익은 ₩5,000이 증가한다고 하면, 현재의 판매단위는 몇 단위인가?

① 25,000 단위 ② 30,000 단위
③ 20,000 단위 ④ 35,000 단위

20 총매출액이 ₩8,000,000이고 총변동비가 ₩4,800,000이며, 고정비 총액이 ₩2,400,000인 경우의 M/S비율은 얼마가 되겠는가? (세무사 기출문제)

① 15% ② 20%
③ 25% ④ 30%

21 A회사는 단위당 ₩16에 판매하는 단일제품을 생산하고 있다. 고정비는 ₩76,800이며, 공헌이익률은 40%이다. 이 회사의 실제매출액이 ₩224,000이라면 안전한계는 얼마인가?

① ₩32,000 ② ₩96,000
③ ₩128,000 ④ ₩192,000

22-23 V회사의 이익구조는 다음과 같다.

V/P 비율(변동비율) 60%
고 정 비 ₩1,000,000(연간)

22 이 회사의 연간 ₩3,000,000의 판매를 기대하는 순이익은 얼마인가?

① ₩200,000 ② ₩300,000
③ ₩400,000 ④ ₩500,000

23 ₩4,000,000의 판매를 예상한다면 안전한계는 얼마인가?

① 32.5% ② 35.0%

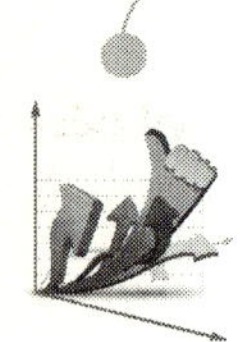

③ 37.5%　　④ 40.0%

24 T사는 A, B 두 제품을 생산하고 있는데 매출구성비율은 60%, 40%이다. A 및 B 제품의 변동비율은 각각 60%, 85%이다. 총고정비는 ₩150,000이며 기타 비용은 없다. T사의 손익분기점매출액은?

① ₩150,000　　② ₩214,286
③ ₩300,000　　④ ₩500,000

25 위 문제에서 총고정비가 30% 증가한다면, ₩9,000의 이익을 얻기 위한 매출액은 얼마인가?

① ₩204,000　　② ₩464,000
③ ₩659,000　　④ ₩680,000

26 다음 중 영업레버리지에 대한 설명으로 적절한 것은?

① 한 기업에서 변동비가 사용되고 있는 정도에 대한 측정치이다.
② 변동비의 비중이 높은 기업에서 크게 나타난다.
③ 영업레버리지가 높은 기업의 이익은 매출액변동에 매우 민감하다.
④ 영업레버리지도는 매출조업도의 변동이 고정비에 미치는 영향을 나타낸다.

27 A회사는 지난 해 영업이익이 ₩40,000이며, 영업레버리지는 3이다. 이 회사는 올해 매출액이 10% 증가를 예상하고 있다. 올 해의 영업이익은 얼마로 예상할 수 있나?

① ₩12,000　　② ₩52,000
③ ₩41,200　　④ ₩44,000

28 매출액 수준의 변동에 의해서 발생하는 이익의 변동성을 감소시키는 방법은?

① 재무레버리지 증가　　② 영업레버리지 증가
③ 영업레버리지 감소　　④ 재무레버리지 감소

29 목원여행사는 도원여행사보다 변동비에 비해 고정비 비중이 더 높다. 두 회사의 금년도 매출액이 10% 증가하였다. 두 회사의 규모와 제품 배합이 유사할 경우 목원여행사는 도원여행사와 비교해 어떤 상황이 발생할 것으로 예상하는가?

① 도원여행사보다 비용의 큰 폭의 증가
② 도원여행사는 비용이 증가하는 반면에 목원여행사는 비용이 감소
③ 도원여행사는 순이익이 증가하는 반면에 목원여행사는 순이익이 감소
④ 도원여행사보다 순이익의 큰 폭의 증가

30 목원음식점은 도원음식점보다 영업레버리지가 더 높다. 두 회사의 내년도 매출액이 똑같은 수준으로 증가할 경우 두 회사의 영업이익은 어떻게 될 것으로 예상하는가?

① 목원음식점은 도원음식점보다 영업이익이 더 큰 폭으로 증가
② 도원음식점은 목원음식점보다 영업이익이 더 큰 폭으로 증가
③ 도원음식점과 목원음식점의 영업이익 증가 폭은 동일함
④ 도원음식점은 증가하고, 목원음식점은 감소함
⑤ 도원음식점은 감소하고, 목원음식점은 증가함

31 CVP분석의 가정으로 적절치 않은 것은?
① 모든 원가는 변동비와 고정비로 분류된다.
② 원가의 행태는 관련범위내에서 선형이다.
③ 생산효율과 생산성은 변동하지 않는 것으로 가정한다.
④ 판매가격은 조업도의 증가에 따라 변동하는 것으로 가정한다.

32-34 MW회사의 원가행태는 다음과 같다.

월	운전시간	총비용
3	60,000	₩475,000
4	70,000	515,000
5	50,000	415,000
6	50,500	250,000

32 고저점법을 사용할 경우 몇 월 달이 고려 대상인가?
① 3월과 4월 ② 5월과 6월
③ 4월과 5월 ④ 5얼과 3월

33 고저점법을 사용할 경우 단위당 변동비는?
① ₩3.0 ② ₩3.25
③ ₩5.0 ④ 계산불능

34 고저점법을 사용할 경우 고정비는 얼마인가?
① ₩165,000 ② ₩90,000
③ ₩265,000 ④ ₩150,000

35 고저점법을 사용하는 목적으로 적절한 것은?
① 고정비의 행태를 분석하기 위해
② 혼합원가를 고정비와 변동비 부분으로 분리하기 위해
③ 변동비의 행태를 분석하기 위해
④ 총제조원가를 계산하기 위해

36 고저점법의 단점으로 적절한 것은?

① 경영자가 원가를 정확하게 분류하는 것으로 가정함
② 의문의 여지가 있는 분석기법을 사용함
③ 원가의 선형성을 가정함
④ 나머지 자료의 대푯값이 되지 못하는 극단적인 두 조업도 자료를 사용함

3-2 **아래의 P-V도표를 이용해서 다음 물음에 답하시오.**

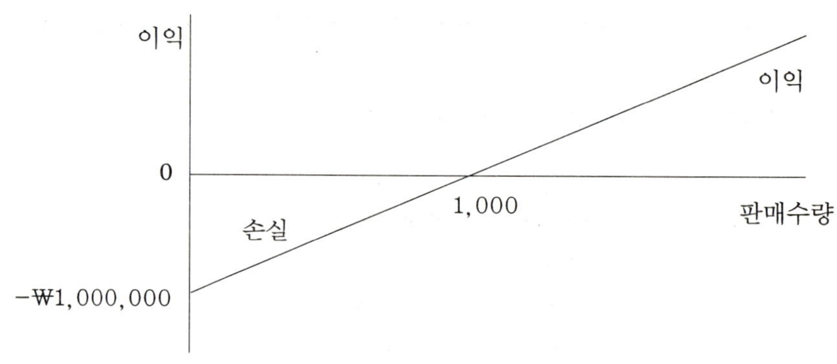

1. 손익분기점상의 판매수량은 얼마인가?
2. 이 회사가 ₩3,000,000의 이익을 창출하기 위해서는 대략 판매수량이 얼마가 되어야 하나?
3. 고정비는 얼마인가?

3-3 경영대학 학생회에서는 학생을 대상으로 취업특강을 실시하려고 한다. 특강을 시작하기 전에 회계과목에서 배운 CVP분석을 해보기로 하였다. 특강에 관련된 원가와 가격에 대한 자료는 다음과 같다.

1인당 등록금	₩1,000,000
1인당 변동비(교재대금)	600,000
고 정 비	
강사료(6개월분)	18,000,000
강의실 관리 아르바이트생 인건비	2,000,000

1. 손익분기점에 도달하기 위해서는 등록 인원이 몇 명이어야 하나?
2. ₩4,000,000을 이익으로 남기려면 몇 명이 등록하여야 하나?

3. 등록인원을 80명 예상하고 있는 것으로 가정한다.
   (1) 등록인원이 80명일 때의 예상이익은 얼마인가?
   (2) 수강생 1인당 등록금을 10% 인하할 경우의 이익은 얼마인가?
   (3) 수강생 1인당 변동비를 10% 인하할 경우의 이익은 얼마인가?

3-4 **사업경험을 쌓기 위해서 축제기간 중 떡볶이 장사를 하기로 하였다. 사업을 시작하기 전에 회계과목에서 배운 CVP분석을 해보기로 하였다. 원가와 가격에 대한 자료는 다음과 같다.**

떡볶이 1인분 판매가격			₩1,000
1인분에 소요되는 변동원가			
	떡	100	
	라 면	100	
	달 걀	100	
	어 묵	100	
	양 념	50	
	기 타	50	500
고 정 비			
임 차 료			300,000
아르바이트생 인건비			200,000

1. 손익분기점에 도달하기 위해서는 몇 인분을 판매하여야 하나?
2. 목표이익을 ₩500,000이라고 하면 몇 인분을 판매하여야 하나?
3. 판매수량을 늘리기 위해서 학교신문과 게시판에 광고하는 문제를 고려 중이다. 광고를 할 경우 판매수량이 현재 1,500인분에서 2,000인분으로 증가할 것으로 예상하고 있다. 광고비는 ₩200,000 이다. 광고를 하는 것이 유리한지를 분석하시오.
4. 판매가격을 현재 ₩1,000에서 ₩800으로 인하할 경우 현재 1,500인분에서 40%는 수요가 증가할 것으로 예상하고 있다. 가격을 인하하는 것이 유리한지를 분석하시오.
5. 현재의 판매량이 1,500인분일 경우의 M/S비율을 계산하시오.
6. P-V도표를 작성하시오.
7. 떡볶이와 함께 김밥도 추가해서 팔고자 한다. 김밥의 판매가격은 ₩1,000, 변동원가는 ₩400이며, 고정원가가 ₩500,000에서 ₩780,000으로 증가될 것으로 예상된다. 그리고 떡볶이는 ₩2,000,000 김밥은 ₩3,000,000 판매될 것으로 예상하고 있다. 점포전체수준에서의 손익분기매출액 및 떡볶이와 김밥의 손익분기매출액을 계산하시오.

3-5 **나열심 양은 학비를 벌기 위해서 4일간의 축제기간 중 장사를 하기로 하고 장소를 ₩150,000에 임차하였다. 그녀는 도너츠나 팝콘을 팔려고 한다. 도너츠는 12개가 들어있는 한 상자당 구입가격이 ₩120이며, 한 상자당 ₩240에 판매하고자 한다. 팝콘의 경우 팝콘기계를 임차하는데 ₩75,000이 들어가며, 팝콘 한 봉투 만드는데 재료비와 봉투값을 합쳐서 팝콘 한 봉투당 ₩50이 들어간다. 그리고 한 봉투당 ₩300에 판매할 수 있다.**

1. 도너츠만 팔 경우 손익분기점에 도달하기 위해서는 몇 상자를 판매하여야 하나? 또한 팝콘만을 팔 경우 손익분기점에 도달하기 위해서는 몇 봉투를 판매하여야 하나?
2. 나양은 축제기간(4일간 매일 10시간씩 장사함) 중 매 시간당 도너츠 50상자 또는 팝콘 30봉투를 판매할 수 있을 것으로 예상하고 있다. 어떤 물건을 판매하는 것이 좋은가?
3. 나양은 축제기간 중 판매하지 못한 도너츠를 제과점에 원가의 반값으로 팔 수 있다. 그러나 사용하지 못한 팝콘은 폐기처분하여야 한다. 나양이 원래 예상한 판매량의 80%만 판매가 가능하다면 어떤 것을 팔아야 하나(나양은 원래의 예상 판매량에 해당되는 만큼을 구입하거나 생산한다고 가정한다.)?

3-6 **최고맛 씨는 음식점을 경영하고 있다. 음식점의 월간 고정비는 ₩2,100,000이다. 최씨는 점심과 저녁음식을 제공하고 있다. 평균 음식가격은 고객 1인당 ₩1,800이다. 음식의 1인분의 평균 변동비는 ₩960이 들어간다.**

1. 월간 세차감전 목표이익 ₩840,000을 달성하려면 몇 인분을 판매하여야 하나?
2. 월간 손익분기점에 도달하기 위해서는 몇 인분을 판매하여야 하는가?
3. 음식점의 임차료 및 기타 고정비가 ₩2,992,500으로 올랐다. 그리고 변동비도 1인분당 ₩1,150으로 올랐다. 평균음식가격을 ₩2,200으로 인상할 경우 월간 목표이익 ₩840,000을 달성하기 위해 몇 인분을 판매하여야 하나?
4. 물음 3과 똑같은 상황을 가정하자. 최씨의 회계담당자는 가격을 인상할 경우 고객의 10%는 감소될 것이라고 주장했다. 최씨의 회계담당자 주장대로 될 경우 월간 순이익은 얼마나 될까? 최씨 음식점의 월간 고객수는 3,500명이라고 가정한다.
5. 물음 3과 똑같은 상황을 가정하자. 고객의 10% 감소효과를 상쇄시키기 위해서 최씨는 매일 저녁 시간대 4시간 동안 피아노 연주를 할 피아니스트를 매월 ₩200,000에 고용하기로 하였다. 이로 인해 월간 총고객이 3,150명에서

3,450명으로 증가할 것을 예상하고 있다. 최씨 음식점의 순이익이 얼마나 발생할지를 계산하시오.

3-7 **박 준 씨는 5명의 헤어디자이너를 고용하여 헤어샵을 운영하고 있다. 헤어디자이너들은 이발하는 사람의 수에 관계없이 시간당 ₩9,900을 받으며, 한 주에 40시간, 1년에 50주 근무를 하고 있다. 건물 임차료 및 기타 고정비는 월간 ₩1,750,000이다. 이발요금은 ₩12,000이다.**

1. 이발하는 사람 1인당 공헌이익을 계산하시오. 헤어디자이너의 급여는 고정비로 가정한다.
2. 연간 손익분기점에서의 이발하는 사람 수를 계산하시오.
3. 20,000명이 이발을 할 경우 순이익을 계산하시오.
4. 박씨는 헤어디자이너에게 시간당 ₩4,000 및 이발하는 사람 1인당 ₩6,000을 지급하는 방식으로 급여계산방식을 변경하고자 한다. 이 경우 이발하는 사람 1인당 공헌이익을 계산하시오. 또한 연간 손익분기점에서의 이발하는 사람 수를 계산하시오
5. 박씨는 헤어디자이너에게 시간당으로 지급하는 방식을 폐지하고 대신에 이발하는 사람 1인당 ₩7,000을 지급하는 방식으로 급여계산방식을 변경하고자 한다. 이 경우 이발하는 사람 1인당 공헌이익을 계산하시오. 또한 연간 손익분기점에서의 이발하는 사람 수를 계산하시오.
6. 5번과 관련해서 20,000명이 이발을 할 경우 순이익을 계산하시오. 그리고 3번의 경우와 비교해서 설명하시오.
7. 5번과 관련해서 20,000명이 이발을 할 경우 3번에서의 발생된 순이익과 동일한 순이익을 발생시킬 수 있도록 헤어디자이너 1인당 급여를 계산하시오.

3-8 **주 정남 씨는 대학교 근처에 호프집을 열고 운영하고 있다. 주 씨는 생맥주와 병맥주를 판매하고 있으며, 맥주 한 병당 공헌이익은 ₩60이다.**
주 씨는 특정 시간대에는 햄버거를 판매할 생각을 가지고 있다. 그 이유는 두 가지인데, 첫 째는 낮시간의 고객을 유치하여, 햄버거와 맥주를 식사메뉴로 판매할 수 있다는 것과, 둘 째는 다양한 메뉴를 제공하고 있는 근처 경쟁업소와의 경쟁을 할 수 있다는 것이다.
햄버거를 판매할 경우의 다음과 같은 원가자료가 발생될 것으로 예상된다.

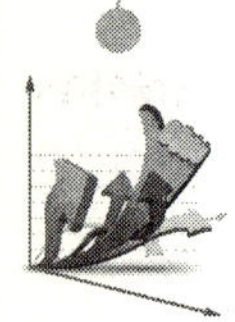

월간 원가정보		햄버거 1개당 원가정보	
고정비		변동비	
파트타임요리사 급여	₩120,000	빵	₩12
기타	36,000	쇠고기	40
합계	₩156,000	기타	18
		합계	₩70

주씨는 햄버거를 고객을 유치하기 위한 전략적 차원에서 가격을 ₩110에 책정해서 판매할 생각을 가지고 있다. 한 달은 30일로 가정한다.

1. 손익분기점에서의 햄버거 판매수량과 매출액을 월간 및 일간단위로 계산하시오.
2. 2개월 영업한 결과 햄버거가 3,600개 팔렸다. 이 경우의 월간 순이익은 얼마인가?
3. 주씨는 햄버거를 판매한 결과 적어도 맥주가 60병 정도가 추가적으로 판매된 것으로 파악되고 있다. 맥주의 추가적 판매로 인해 주씨 점포의 전체적인 월간 순이익에 미친 영향을 계산하시오.
4. 2번 관련해서 햄버거 판매로 인한 순이익이 ₩0이 될 수 있도록 하기 위해서는 햄버거 판매와 관련해서 몇 병의 맥주가 추가적으로 판매되어야 하나?

3-9 **MW리조트호텔은 매주말에 야외공연 이벤트를 개최하고 있다. 이 이벤트와 관련된 예산은 다음과 같다.**

음식 1인분 판매가격	₩1,800
1인당 프로그램비용	200
밴드초청비용	280,000
연예인 초청비	90,000
진행요원 인건비	100,000
광고비	130,000

1. 손익분기점에 도달하기 위해서는 몇 장의 티켓을 판매하여야 하나?
2. 지난 번 이벤트에는 300명이 참석하였다. 이 번 행사에도 동일한 인원이 참가할 것으로 예상될 경우 손익분기점 달성을 위해 티켓 요금을 얼마로 책정해야 하나?
3. 원래의 자료를 이용해서 티켓판매량 0 – 600장 범위에 대한 CVP그래프를 작성하시오.

3-10 **강정보 씨는 대학을 졸업한 후 창업을 하였다. 창업 첫 해에는 손익분기점 수준인 ₩22,500,000의 매출을 올렸으며, 발생된 고정비는 ₩9,000,000이였다. 강씨는 손익분기점 수준을 낮추기 위해서 두 가지 대안을 고려하고 있다. 대안 1안은 단위당 변동비에 영향을 주지 않으면서 고정비를 연간 ₩2,000,000 줄이는 것이다. 그러나 이 경우 판매수량은 변동이 없지만 제품의 품질이 약간 떨어지게 되어, 판매가격을 10% 인하하여야 한다. 대안 2안은 제조설비를 신형으로 대체하는 것인데, 이 경우 연간 고정비가 ₩3,000,000 증가되며, 단위당 변동비가 5% 감소된다. 그러나 제품의 질, 판매단가, 판매수량에는 영향을 끼치지 않는다.**

1. 1년 동안의 총공헌이익은 얼마인가?
2. 대안 1안을 채택할 경우 손익분기매출액은 얼마인가?
3. 대안 2안을 채택할 경우 손익분기매출액은 얼마인가?
4. 어떤 대안을 채택하는 것이 바람직한가?

3-11 **늘푸른회사는 다이어트식품을 개발하기로 하였다. 이 제품은 자본집약적인 방법과 노동집약적인 방법으로 제조가 가능하다. 제조방법은 제품의 질에는 영향을 끼치지 않는다. 두 방법에 따른 제조원가 추산액은 다음과 같다.**

	자본집약적 방법	노동집약적 방법
원재료	₩50(단위당)	₩56(단위당)
직접노무비	₩60(단위당)	₩72(단위당)
변동제조간접비	₩30(단위당)	₩48(단위당)
고정제조원가	₩23,000,000	₩12,850,000

이 회사의 마케팅조사부는 이 제품의 단위당 판매가격을 ₩300으로 책정해달라고 건의를 하였다. 증분판매비는 제조방법에 관계없이 연간 ₩5,000,000에 판매단위당 ₩20을 곱한 금액으로 추산되고 있다.

1. 두 방법하의 손익분기점 판매단위를 계산하시오.
2. 두 방법간의 차이가 없는 판매단위를 계산하시오.
3. 각각의 방법이 적합한 상황을 설명하시오.

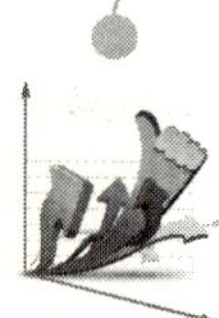

3-12 나바람은 절친한 대학 동창인 강태풍과 동업으로 회사를 창업하였다. 다음은 그들이 창업한 회사의 1년간 영업성과를 나타낸 손익계산서이다.

손익계산서

매출액(2,000단위)		₩1,200,000
매 출 원 가		800,000
매출총이익		400,000
판매비와 관리비		
판매비	320,000	
관리비	160,000	480,000
당기순손실		(₩80,000)

비용행태를 분석해본 결과 매출원가의 75%, 판매비의 50%, 관리비의 25%가 변동비였다.

1. 이 회사의 손익분기 매출단위 및 손익분기 매출액을 계산하시오.
2. 나바람은 적자에서 탈피하면서 수익성을 개선시킬 계획을 제안하였다. 그녀는 단위당 ₩55이 추가적으로 더 드는 양질의 원재료를 사용하여 제품의 질을 고급화하자는 생각을 갖고 있다. 단위당 판매가격은 경쟁회사 때문에 ₩650 정도로 책정될 수 있다. 그녀는 매출이 30% 증가될 것으로 예상하고 있다. 그녀의 계획에 따를 때의 당기순이익 및 손익분기점 매출액은 얼마인가?
3. 강태풍은 대학에서 마케팅을 전공하였다. 그는 집중적인 광고와 판매촉진활동에 의해서 매출이 증가할 것으로 믿고 있다. 그러므로 그는 나바람의 제안에 대한 대안으로 다음과 같은 제안을 제시하였다.
   (1) 변동판매비를 단위당 ₩85 증가시킨다.
   (2) 단위당 판매가격을 ₩20 낮춘다.
   (3) 고정판매비를 ₩20,000 증가시킨다.
   강태풍은 자기의 제안대로 할 경우 매출이 50% 증가될 것이란 예전의 마케팅보고서를 인용하였다. 그의 계획에 따를 때의 당기순이익 및 손익분기점 매출액은 얼마인가?
4. 누구의 제안을 수용하는 것이 좋은지를 설명하시오.

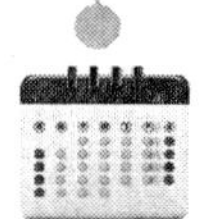

3-13 나목원씨는 최고맛 커피전문점을 운영하면서 베이글을 같이 판매하고 있다. 나씨는 커피 4잔을 판매할 때마다 베이글 한 개를 판매하고 있는 것으로 추산하고 있다. 나씨의 20X4년도 커피와 베이글에 대한 예산원가정보는 다음과 같다.

	커피		베이글
판매단가	₩2,500		₩3,750
재료비용(또는 구입원가)	250		500
판매직원인건비(한잔 또는 한 개)	500		1,000
포장비	500		250
고정비			
임차료와 설비		₩5,000,000	
판매비와 광고비		2,000,000	

1. 커피만을 판매할 경우 손익분기점은 얼마인가?

2. 커피 4잔과 베이글 1개를 판매하는 매출 배합하에서 손익분기점에 도달하기 위해 커피와 베이글을 얼마나 판매하여야 하나?

3. 커피 4잔과 베이글 1개를 판매하는 매출 배합하에서 8,000단위를 판매할 경우 안전한계율은 얼마인가?

4. 커피 4잔과 베이글 1개를 판매하는 매출 배합하에서 세차감전 순이익 ₩28,000,000을 달성하기 위해서는 커피와 베이글을 얼마나 판매하여야 하나?

5. 나씨는 그녀의 제품믹스에 머핀을 추가하기로 결정하였다. 머핀의 판매단가는 ₩3,000이며, 관련변동비는 ₩625이다. 커피 5잔과 베이글 3개 그리고 2개의 머핀을 판매하는 매출 배합하에서 손익분기점에 도달하기 위해 커피와 베이글 그리고 머핀을 각각 얼마나 판매하여야 하나? 또한 머핀을 추가하는 것이 유리한지에 대해서도 설명하시오.

3-14 **MW여행사는 7일간의 미주 서부지역 관광 패키지 상품을 전문으로 ₩5,000,000에 판매하고 있다. 1인당 변동비는 다음과 같다.**

항공권 요금	₩1,400,000
호텔숙박요금	1,100,000
식대	300,000
육로 교통요금	100,000
공원 입장료와 기타비용	800,000
합계	₩3,700,000

연간 고정비는 ₩520,000,000이 발생하는 것으로 예상한다.

1. 손익분기 관광 패키지 상품 판매수량은 얼마인가?
2. ₩91,000,000의 목표영업이익을 달성하기 위해서는 매출액이 얼마가 되어야 하나?
3. 고정비가 ₩32,000,000 증가할 경우 1번에서 계산된 손익분기점에 도달하기 위해서는 얼마의 1인당 변동비가 감소되어야 하나?

3-15 **JS여행사는 인천-LA 항공노선의 항공권 판매를 전문으로 하는 여행사이다. 이 여행사는 승객들에게 델타에어라인 항공사의 왕복항공권을 ₩1,800,000에 예약해 준다. 지난 달까지 델타에어라인은 승객 1인당 항공요금의 10%를 수수료로 JS여행사에게 지급해왔다. 이 수수료가 JS여행사의 유일한 수익원이다.**

JS여행사의 고정비는 급여와 임차료 등을 합해서 매월 ₩17,000,000이며, 변동비는 승객이 구매하는 항공권 1매당 ₩10,000이다.
델타에어라인 항공사는 최근에 여행사에 대한 수수료지급 방식의 변경을 통보해왔다. 변경된 방식에 따르면, 최고 ₩1,100,000 미만의 수수료는 항공권 요금의 10%를 계속해서 여행사에 지급하지만, 항공권 요금이 ₩1,100,000 이상 ₩2,000,000 미만까지는 ₩110,000, ₩2,000,000 이상부터는 ₩150,000까지만 수수료를 지급한다는 것이다.

1. 종전 방식에 따르는 경우 JS여행사의 (1)항공권 월간 손익분기 판매수량 (2)목표이익 ₩8,500,000을 달성하기 위한 항공권 월간 판매수량을 계산하시오.
2. 수수료 변경 방식에 따르는 경우 JS여행사의 (1)항공권 월간 손익분기 판매수량 (2)목표이익 ₩7,000,000을 달성하기 위한 항공권 월간 판매수량을 계

산하시오.

3. 수수료 변경 방식은 여행사에게 불리하게 작용할 것이므로 수수료 수익 증대 방안으로 여행사는 항공권 요금이 더 비싼 인천-뉴욕 항공노선의 항공권 판매를 추가하기로 하였다. 이 노선의 왕복항공권 요금은 ₩2,000,000이며, 변동비는 동일하다. 항공권 판매배합은 인천-LA 항공노선이 60%, 인천-뉴욕 항공노선은 40%가 될 것으로 예상하고 있다. 수수료 변경의 상황에서 JS 여행사의 (1)항공권 월간 전체 손익분기 판매수량 (2)각 노선의 손익분기 판매수량을 계산하시오.

3-16 **자영업체인 빵굼터와 프랜차이점인 성심당 제과의 영업활동에 관련된 자료는 다음과 같다.**

	빵굼터	성심당 제과
매 출	₩160,000	₩215,000
변동비	130,000	115,000
공헌이익	₩30,000	₩100,000
고정비	20,000	75,000
영업이익	₩10,000	₩25,000

1. 두 회사의 영업레버리지를 계산하시오.
2. 매출이 10% 증가할 경우 두 회사의 영업이익은 얼마나 증가하나?
3. 두 회사간의 영업이익 증가 차이를 가져다 준 원인을 무엇인지를 설명하시오.

3-17 **목원호텔의 투수객수와 수도광열비에 대한 지난 7개월간의 자료는 다음과 같다.**

월	투숙객수	수도광열비
3	4,000	₩45,000
4	6,500	49,500
5	8,000	63,000
6	10,500	72,000
7	12,000	81,000
8	9,000	64,500
9	7,500	58,500

1. 고저점법으로 수도광열비의 원가식을 산출하시오
2. 고객투숙객수가 11,000명이라면 수도광열비는 얼마가 발생하는가?

모바일 앱 손익분기점 '100만 다운로드'

모바일 앱 개발업체들의 손익분기점은 앱 다운로드 100만건인 것으로 나타났다.

25일 모바일 애플리케이션 업계에 따르면 약 100만명이 모바일 앱을 다운로드했을 때 입점 혹은 광고 수수료 등을 통해 수익을 낼 수 있는 기반이 마련된다. 대표적 모바일 앱이 '카카오톡' '오빠믿지' '배달통' 등이다. 이들 기업은 오는 31일 전자신문 CIO BIZ+와 데브멘토의 공동 주최로 열리는 '모바일 비즈니스 수익모델 분석' 콘퍼런스에서 자사의 수익창출 전략과 비결을 소개할 예정이다.

소셜커머스 메타서비스 '쿠폰모아'를 운영 중인 씽크리얼스는 쿠폰모아를 다운로드한 사용자가 80만명을 넘어선 이달 초부터 월 운영비(입점 수수료)를 받기 시작했다. 모바일 앱 서비스를 개시한 지 7개월 만이다.

전태연 씽크리얼스 이사는 "사용자를 많이 모은 뒤 사용자에게 돈을 받기보다는 콘텐츠를 제공하는 서비스 업체에 월 운영비를 받는 모델을 만들고 있다"면서 "다운로드 100만건에 육박하면서 인지도가 높아져 영업에 탄력이 붙었다"고 말했다.

'배달통'으로 유명한 스토니키즈도 다운로드 100만건을 돌파했을 때 본격적으로 월 광고비를 지불하는 음식점들이 급격히 늘기 시작했다고 밝혔다. 160만명 사용자를 넘어선 배달통은 모바일 광고 없이 매월 수억원대의 정기 매출을 발생시키고 있다.

김상훈 스토니키즈 대표는 "100만다운로드에 육박하면서 실제 매출로 연결되었다"며 "현재 월 40만번 이상의 실제 배달이 이뤄지면서 광고비를 지불하려는 음식점들이 늘고 있다"고 말했다. 배달통은 현재 배달음식점 6만~7만개 중 1만개 정도를 광고 가능한 업체로 판단하고, 연간 50억여원의 광고 매출을 목표로 세웠다.

100만다운로드는 모바일 광고 플랫폼 제공 업체들에도 의미가 있다. 카울리 서비스를 선보이고 있는 퓨쳐스트림네트웍스의 대표 고객 중 한 곳이 지하철 교통정보를 제공하는 '하철이' 앱이다. 앱스토어에서 100만다운로드를 돌파하면서 모바일 광고 매출이 급격히 늘어났다. (전자신문 2011. 3. 28)

앱개발 '쪽박 경고', 손익분기점 50여년 걸려

앱스토어 열풍이 정보기술(IT) 시장을 휩쓸고 있지만 스마트폰 애플리케이션(이하 앱) 개발로 대박을 터뜨릴 가능성은 지극히 낮다는 분석이 나와 주목된다.

전 세계 개발자와 기업이 앱 개발에 뛰어들고 있지만 앱 스토어가 기회의 땅이 되기는 커녕 개발자의 무덤이 될 것이라는 찬물을 끼얹는 경고다.

6일 미국의 IT컨설팅 전문가 토미 에이호넌이 발표한 보고서 '앱스토어 경제학'에 따르면 아이폰 앱스토어의 유료 앱 연간 평균 순수입은 682달러(약 83만원)인 반면 평균 개발비는 3만5천달러(약 4천280만원)로 나타났다. 무려 51년이 걸려야 손익분기점에 도달할 수 있으므로 개발자로서는 대박은 커녕 쪽박의 위험이 크다는 경고다.

각종 통계 자료를 분석해 앱스토어 생태계의 이면을 파헤친 이 보고서는 애플 앱스토어가 2008년부터 2010년 상반기까지 총 50억회의 다운로드 판매로 14억3천만달러의 매출을 올렸다는 공식 집계에서 출발한다.

우선 앱 다운로드 1회당 매출은 29센트. 여기서 수수료(30%)를 빼면 순매출은 20센트로 낮아진다. 각종 기관의 조사에 따르면 유료와 무료 앱의 비율은 73대 27 정도. 유료 앱 숫자로 총 매출을 나누면 유료 앱 1개당 평균 연간 매출은 3천50달러(수수료 제외)로 드러난다.

하지만 이 숫자는 현실보다 과장돼 있다는 주장이다. 베스트셀러 앱은 극소수뿐이고, 대다수 유료 앱은 수개월에 한 번 팔릴까하는 '롱테일'에 불과하기 때문이다.

에이호넌은 유료 판매율 분석을 위해 앱스토어에서 0.99달러짜리가 9.99달러짜리보다 월등히 더 팔리는 점에 주목했다. 최근 양키그룹이 분석한 평균 앱 가격 1.95달러도 이를 뒷받침한다.

평균 가격(1.95달러)으로 총매출을 나누면 총 유료 다운로드 횟수 7억3천300만건이 나온다. 결국 총 다운로드 50억회 중 14.7% 정도만이 유료 구매였던 셈.

그렇다면 유료 앱 한 건당 실제 매출은 얼마나 될까? 유료 앱 절반 이상이 지난 2년간 다운로드수 1천건 미만인 점이 열쇠가 됐다. 평균 다운로드 횟수를 999건으로 볼 경우 수수료를 뺀 연간 순수입은 682달러라는 계산이 나온다.

이는 대박을 기대하는 앱 개발자에게는 대단히 실망스러운 결과. 하지만 이 또한 극소수 베스트셀러 때문에 평균치가 높게 나온 것일 뿐이라고 에이호넌은 설명했다.

더 나아가 앱스토어의 비용 구조를 알면 개발자는 좌절할 수밖에 없다는 주장이다. 각종 조사에 따르면 앱 개발에 드는 평균 비용은 3만5천달러 정도. 업데이트 및 유지보수에 1만달러 정도 비용이 추가로 들 수 있다.

그런데 이는 앱 한 건당 연간 수입(682달러)으로 보면 51년이 걸려야 손익분기점에 도달할 수 있는 수준이다. 개발비를 절반으로 낮추더라도 손익분기점까지는 22년이 걸린다. 하지만 20년 후까지 앱스토어와 앱의 수명이 유지된다는 보장은 없다.

그는 몇몇 성공 사례에도 불구하고 평균적인 개발자의 성공을 보장하기에는 앱스토어 규모가 충분히 크지 못하다는 점을 강조한다.

애플 앱스토어의 대표적인 베스트셀러 게임인 '앵그리버드'는 400만건의 다운로드 판매로

400만달러(수수료 포함)를 번 것으로 유명하다. 하지만 테트리스 게임은 닌텐도 게임보이용 카트리지 게임으로만 무려 3천500만 카피가 판매된 바 있다. 모바일 판매는 세계적으로 1억 건을 넘어 아이폰 게임의 성공을 압도한다. 시청자 즉석 투표로 진행되는 '팝아이돌쇼'는 지난 2006년 29개국 방송을 통해 휴대전화 SMS 수수료로만 4억2천만달러를 벌어들였다.

아이팟터치, 아이폰, 아이패드 등 기기의 누적 판매량이 1억대를 넘어섰지만 이 또한 성공을 보장할 만큼 큰 숫자가 아니라는 설명도 덧붙였다. 실제 사용 중인 기기는 8천만대 수준인데 이는 전체 스마트폰 시장의 13%, 휴대전화 시장의 3%에 불과하다는 것.

이러한 분석을 통해 그는 아이폰 앱 개발보다는 개발비가 10분의 1 정도인 일반 휴대전화기를 위한 SMS 마케팅툴 개발이 효율적임을 강조했다.

기업의 앱 마케팅에 대해서도 의문을 제기했다. 앱스토어에는 이미 6만750여종의 기업 마케팅 앱이 있어서 아이폰 이용자가 앱을 둘러볼 때 2초씩만 쓰더라도 특정 기업의 앱을 발견하는 데 34시간이 걸릴 수 있다는 분석이다.

에이호넌은 "최근의 앱 개발 열풍은 IT 버블 시기와 닮았다"며 "앱 개발 시장은 아직 대다수의 개발자가 손실을 볼 수밖에 없는 구조여서 현 시점에서는 다른 대안을 찾는 게 성공 확률이 높다"고 권고했다. (아주경제 2010. 7. 6)

[재테크전략] MBA 유학자금 5년내 1억 모으기

유학을 꿈꾸는 직장 초년생 우모씨=나이: 26세, 남자, 미혼, 직업: 금융기관 근무(1년차), 연봉: 2700만원, 적립 가능금액 1700만원, 자산현황: 전세금 3000만원, 기타자산 없음, 단기목표: 5년후 MBA를 위한 유학 고려

대학을 졸업하고 어렵게 직장을 잡은 우씨는 동기중에는 비교적 상당한 연봉을 받고 있다. 경제적인 문제로 공부를 그만하고 직장에 취직하였지만 아직도 마음속에는 더 공부하고 싶은 생각이 가득하다. 현재 가지고 있는 현금은 전혀 없고 부모님이 주신 전세보증금 3000만원이 전재산이다. 우씨는 지금부터 5년간 열심히 목돈을 모아서 미국 유학을 결심한 상태다.

그의 계산으로는 약 1억원 정도의 목돈이 필요할 것으로 생각하고 있지만 지금은 현금이 전혀 없을 뿐만 아니라 재테크의 기본 지식도 거의 없다는 것이 걱정거리이다. 우씨는 자신의 꿈을 위한 일이라면 과감하게 도전할 수 있으며, 그 동안에는 어느 정도의 고통도 감내하겠다고 한다.

어떻게 계획을 세워야 목표 달성을 할 수 있을까?

■ 자신에 대한 투자는 최고의 투자수단 자기 자신에 대한 투자는 누구나 하고싶어 하는 것이다. 특히 무엇인가를 배우기 위한 목표로 자산을 축적하는 것은 가장 즐거운 재테크일 수도 있다.

우씨가 생각하는 미래 계획은 매우 훌륭해 보인다. 아직 인생 전체를 바라보면서 장기 계획을 세우기는 어렵겠지만 이렇게 단기적 목표를 설정하면 훨씬 달성가능성이 높아진다. 다

만, 자신에 대한 투자도 여러 가지 방법이 있는데 어떤 것이 가장 효과적인 투자 방법인지는 한번쯤 생각해 볼 필요는 있어 보인다. 우씨가 목표로 하는 MBA과정의 가치를 배움이라는 의미를 제외하고 판단하면, 역시 졸업후 자신이 얻게 될 기회를 최우선시 할 수 있다.

MBA과정의 대부분은 미국 대학에서 이루어지고 있는데, 최근 미국에서 일고 있는 변화는 MBA무용론, 붕괴론과 같은 비관적 견해에서부터 중도포기, 지원자 감소 등과 같이 예전과는 사뭇 다른 가치평가를 하고 있는 듯 하다. 다만, 아직도 아이비리그에 속하는 하버드대 비즈니스스쿨과 다트마우스대와 스탠퍼드대 MBA졸업생의 경우 상당한 지위를 보장받고 있는 듯 하다.

사견이지만 우리 나라의 경우에는 아직도 미국보다 MBA경력을 높게 인정하는 듯 한데, 과거와는 달리 그 위상은 조금씩 떨어지는 것이 아닌가 생각된다. 결국, 경쟁력 있는 대학에서 자신에 맞는 과정을 공부하는 것이 가장 효율적인 것은 분명한 듯 하다.

■ 유학의 가치를 돈으로 표현할 수 있을까? 배움에 대한 열정은 클수록 좋다. 그러나 순수한 학문이 아닌 이상, 배움에 결과에 따른 경제적 안정을 원하는 것은 너무도 당연하다. 배운다는 것은 돈으로 환산할 수 없는 가치지만 굳이 무리하게 돈으로 환산한다면 과연 어떤 손익계산서가 나올까? 포브스지에서 최근 발표한 재미있는 사례를 보자. 1994년 봄에 MBA과정을 마친 미국인 1만 4000명을 대상으로 1998년까지 5년 동안 받은 평균 연봉을 조사한 뒤 이를 MBA학위취득에 따른 '총수입'으로 간주했다.

이들이 경영대학원 입학 전에 받았던 연봉을 조사해 MBA과정을 거치지 않았더라도 지금 받았을 예상 수입을 추정하고 여기에다 각 경영대학원 MBA과정(2년 기준)의 수업료를 더해 '총비용'으로 삼았다. 이러한 '총 수입'에서 '총비용'을 뺀 것을 졸업생의 순수입으로 계산하였다.

조사 결과 하버드대 비즈니스스쿨 졸업생들이 최고의 순수입을 얻고 있는 것으로 나타났다. 하버드의 경우 2년간 수업료가 5만2500달러로 가장 높음에도 졸업 후 5년 후 평균연봉은 17만 1000달러, 평균 순수입은 10만 1000달러로 조사되었다. 결국 하버드대의 MBA 졸업 후 손익분기점의 시기는 약 3년 3개월로 가장 짧았다. 2위와 3위는 순수입이 각각 8만7000달러와 7만4000 달러로 현저히 떨어진다.

■ 유학자금 마련 전략 우씨가 우선 계획해야 할 것들을 순서대로 적어보면, 먼저 열심히 자산 을 적립하는 것과, 최고의 대학을 선택할 수 있는 자신의 능력을 기르는 것, 장기적으로 어떤 일을 할 것인가에 대한 계획을 세우는 것 등이라고 할 수 있다.

먼저, 우씨가 자산을 적립하기 위한 상품으로는 역시 적금형 상품이 가장 좋을 듯 하다. 먼저, 비과세인 근로자 우대저축에 월 50만원씩 가입하고 난 후, 정기 적금에 세금우대로 월 50만원씩 가입하면 좋을 듯 하다. 나머지 40만원 정도는 1년 단기로 신협이나 새마을 금고 예탁금을 불입하면 좋을 듯 하다. 우씨의 경우 계획이 확고하다면 미래 예측가능성이 높은 자산운용수단을 선택하여야 한다.

특히, 유학 준비를 위하여는 많은 시간이 소요될 것이므로 확정금리형 은행 상품을 이용하면 좋을 듯 하다. 연간 1700만원씩 적립하면 5년 후 대략 1억원 이상의 금융자산을 모을 수 있을 것이다. 이 정도의 금융자산 규모면 유학시 큰 부담은 없을 것이다.

한편, 특수한 사정으로 유학비를 충당하지 못할 경우에는 대출을 받을 수 밖에 없는데, 최근 해외유학자금대출상품이 판매되고 있다. 국내 손해보험사와 생명보험사, 상호신용금도,

카드사 등에서 대출을 취급하고 있는데, 대출금리는 보험사의 경우 연 10.5%선, 상호신용금고는 12.9%선을 제시하고 있다.

우씨는 특별히 고수익을 얻기 위한 자산운용에 관심을 기울이기 보다는 비과세, 세금우대 상품중 금리가 높은 상품을 선택한 후 지속적으로 납입하는 것이 좋으며, 이보다 더 관심을 가져야 할 사항은 역시, 최고의 대학을 선택할 수 있는 자신의 능력을 배양하는 것이다.

● 전문가의견/ 기회비용 감안해야

90년대 초반부터 각광을 받으며 부상하기 시작한 MBA취득 열풍은 아직도 이어지고 있다. 하지만 MBA에 무조건 장미빛만 있는 것은 아니다. 미국 사립학교의 경우 2년간 교육비와 생활비 등을 모두 합하면 대략 2년간 10만 달러 정도를 비용으로 감안하여야 한다.

직장을 그만두는 경우라면 기회비용까지를 포함하면 현재 환율로는 약 2억원 정도의 기회비용이 소요된다. 젊더라도 이러한 비용의 투자는 분명 매우 중요한 인생의 결정이다. 우씨와 같이 정말 자신이 필요성을 느끼고 MBA에 도전한다면 원하는 보상의 수준을 정한 다음, 소요되는 비용과 지원할 학교의 위상 등을 고려하여 결정하는 것이 중요하다.

지원자들이 흔히 저지르기 쉬운 오류 중 하나는 유학비용을 지나치게 과소평가한다는 사실이다. 30대 초반에 1억원 이상을 쓰고 MBA과정을 거친 후에 평범한 직장에 다니길 원하는 사람은 거의 없을 것이다. 그러나 현재 우리 나라와 같이 많은 MBA경력자들이 배출되는 경우를 감안하면, 단순히 MBA자격증만으로 모든 것을 이룰 수 있다는 생각은 잘못된 것으로 이미 입증되었다.

MBA를 도전하는 방법은 여러 가지가 있다. 우선 자신의 비용을 줄이려면 MBA스쿨 진학을 허용하거나 지원하는 직장을 찾아보는 노력도 할 수 있으며, 국내에 개설된 MBA 과정을 이용할 수도 있다. 예를 들어 최근 세종대와 시러큐스대가 개설한 글로벌MBA는 학기 당 등록금이 450만원으로 매우 저렴하다.

결론적으로 MBA는 요술 방망이가 절대 아니며, 선택시 반드시 기회비용을 고려할 것과, 비용을 줄이는 방안에 대하여 모색할 것, 꼭 원하는 학교에서 최선의 공부를 할 수 있는 마음자세를 가지는 것이 자신에 대한 최고의 미래 투자가 될 것이다.

<홍성민 · 네오머니 에셋투자자문 재테크팀장>(매일경제 2001/1/15)

손익분기점부터 꼼꼼히 따져봐야

모든 사업은 영업을 통해 투자한 돈 이상을 벌어야 의미가 있다. 이 원칙은 기업 경영뿐 아니라 소자본 창업에도 어김없이 적용된다.

예비 창업자들은 흔히 소자본 창업을 하려고 마음을 먹으면, 사업 전망과 성장 가능성만 따지는 경향이 있다. 전망 좋은 업종을 찾는 것은 물론 중요하다. 그러나 투자비를 언제 벌 수 있는가에 대한 고려가 없으면 장사를 해 봤자 소용이 없다. 다시 말해서 목이 좋은 자리에 잘 되는 업종으로 가게를 연다고 해도 얻을 수 있는 이익보다 더 많은 비용을 투자해야 한다면 아무런 의미가 없다.

보통 소자본 창업에서 내부장식비, 임차료 등은 창업 초기 단계에서 투입되는 비용이다. 대개 이 초기 자금에 수천만원의 비용이 든다. 물론 돈이 많아서 이 초기 투자비를 오랜 시간이 지난 다음에 빼도 상관이 없다면 좋겠지만, 대부분의 예비 창업자들은 빨리 투자한 만큼의 돈을 벌어야 자금을 융통할 수 있다.

경영에서는 이렇게 "언제쯤 사업에 소요된 비용이 회수될 수 있는가"라는 질문에 대답하는 방법을 '손익분기점 분석(break-even point analysis)'이라고 한다. 기초적인 손익분기점 분석은 소자본 점포 경영에서도 사업 방향·목표를 설정함에 있어 반드시 이뤄져야만 한다.

가장 간단한 손익분기점은 초기 투자비를 제품 하나 당 예상되는 이익으로 나눔으로써 얻어질 수 있다. 예를 들면 다음과 같다.

한 점포 창업자가 빵가게를 개업하면서 점포 임대료, 인테리어 비용으로 10만원을 썼다. 빵 하나의 가격은 100원. 빵 하나를 만드는 데 드는 재료비·연료비·소모품비용을 계산하니 80원이 들었다. '80원'이라는 비용은 시장 조사를 통해 계산해야 한다. 하나를 만드는 데 필요한 재료를 얼마에 살 수 있는지, 그 재료로 몇 개나 만들 수 있는지 확인해야 한다.

빵 한 개 제조 비용이 80원이라면, 20원의 이윤을 얻을 수 있다는 계산이 나온다. 이 경우 손익분기점에 이르려면 빵을 5000개 팔아야 한다. 다시 말해서 5000개를 넘게 팔아야 실제로 이익을 얻는 것이다.

이를 바탕으로, 어느 정도의 기간이 소요되는가를 따져봐야 한다. 하루에 10개를 판다면 500일 이후에 손익분기점에 다다를 수 있다. 250일 이내에 손익분기점에 도달하려고 한다면, 하루에 20개를 팔아야 한다는 계산이 나온다.

만약 10만원이 들어간 초기 투자비용을 줄이면, 손익분기점은 시간적으로 많이 앞당겨질 수 있다. 초기비용을 5만원만 썼다면, 250일 동안 하루에 10개만 팔아도 손익분기점에 도달할 수 있다.

개당 투입 비용을 낮춰도 같은 효과가 있다. 80원이 소요되는 비용을 원가 절감, 인건비 감축 등으로 60원으로 낮추면 적게 팔아도 손익분기점에 도달할 수 있다.

한 가지 잊어서는 안 되는 점은 손익분기점은 사업을 하는 동안에 항상 따져봐야 한다는 점이다. 재료비의 가격은 항상 변한다. 빵의 원료인 밀가루 값이 뛰었다면 손익분기점에 이르는 시간은 늦춰질 수밖에 없다. 반대로 얘기하면, 같은 품질의 재료를 싸게 살 수 있는 통로를 찾으면 빠른 시간 내에 이익을 볼 수 있다.

물론 이런 분석은 처음 시작하는 사람 입장에서 쉽지 않은 일이다. 하지만 이것은 사업에 있어서는 가장 기초적인 부분이다. 때로는 이런 분석이 업종을 선택하는 것보다 더 중요하다는 점을 알아야 한다. (조선일보, 2001.9.11)

'부채, 요람에서 무덤까지'

보편적 복지냐 선택적 복지냐? 복지가 사회의 거대 담론이 된 대한민국 사회.

그러나 대한민국 사회에선 입학과 결혼, 출산, 양육, 은퇴 등 인생의 변곡점마다 빚이 우리를 기다리고 있다.

경제적 인간, '호모 이코노미쿠스'처럼 아무리 합리적이고 이기적으로 살아도 부채는 넘을 수 없는 강이 됐다.

호모 이코노미쿠스로서 삶을 시작하는 대학 졸업생 중 등록금을 빚으로 틀어막아야 하는 대다수 서민들은 5년 안에 닥칠 결혼과 그 이후 출산, 자녀교육 등 끊임없는 지출의 쳇바퀴 속에 갇힌다. 이어 자녀의 결혼과 은퇴 이후 노년의 삶까지 호모 이코노미쿠스의 일생은 부채와의 전쟁으로 귀결된다.

사람의 일생과 가계부채의 관계를 설명하는 고전적 이론인 '생애주기가설'에 따르면 일생 동안 소비는 크게 변하지 않는 반면, 소득과 자산은 우상향하는 그래프를 그리기 때문에 역U자 형태를 보인다.

문제는 부채와의 전쟁에서 언제 우위를 점하느냐다. 즉 자산이 부채를 초과하는 인생의 손익분기점을 얼마나 앞당길 수 있느냐 하는 점이 부채와의 전쟁의 승패를 가르는 셈이다.

한국은행 산하 금융경제연구원이 10차 한국노동패널 자료를 토대로 지난 2009년 분석한 결과, 가구주 나이가 64세가 될 때까지 가구당 부채는 증가하다 65세가 돼야 감소하기 시작했다. 소득대비 부채비율(DTI)도 55세까지 늘어나다 이후 감소하는 것으로 분석됐다. 이는 퇴직에 임박한 50대 중반에 이를 때까지 부채의 올가미에서 벗어나기 어렵다는 것을 의미한다.

특히 소득이 적은 저소득층으로 갈수록 부채 부담은 더욱 커진다. 부채 보유 가구만을 기준으로 보면 소득분위 1분위는 처분가능 소득 중 대출로 인한 원리금 상환액이 70.2%를 차지한다. 최저 소득계층은 대부분의 소득을 빚을 갚는 데 쓴다는 얘기다. 그러나 5분위층은 이 비율이 24.6%밖에 되지 않는다. 부채의 압박은 저소득층으로 갈수록 무거워지는 것이다. 여기에다 저소득층의 경우 은행보다 금리 부담이 높은 제2금융권 대출에 대한 의존도가 높아 급격한 금리인상 시 부채의 노예로 전락할 가능성이 더욱 높은 편이다.

(파이낸셜뉴스 2011. 6. 14)

성형수술 프리미엄? 평균 연봉으론 손익분기점 도달 못해

성형수술을 동원해 외모를 준수하게 가꿨다해도 평균 수술 비용과 국내 직장인들의 평균 소득에 비춰보면 순수익을 창출하기 어렵다는 연구 결과가 나왔다.

류근관 서울대학교 경제학과 교수와 이수형 미국 메릴랜드 주립대 경제학과 교수가 252명을 대상으로 분석해 20일 발표한 논문에 따르면 성형수술로 준수한 외모를 얻은 경우 평균적으로 남성의 연봉을 0.1%, 여성은 1.5% 상승시키지만 이것만으로는 30년이 지나도 수술에 소요된 비용을 회수할 수 없다는 결과가 나왔다. 또 성형수술로 호감을 주는 외모를 갖게 됐다 해도 결혼 상대자의 연봉은 평균적으로 1% 증가해 결혼 시장에서의 이점 역시 크지 않다는 결과가 나왔다.

연구팀은 결혼정보회사 선우의 회원 2만여명 중 140여명의 사진을 추려 인상등급을 A(아주 매력적임), B(준수), C(보통), D(매력적이지 않음) 4등급으로 나눠 교육수준, 직종, 가정환경 등의 변수를 고려해 각 등급별 소득 수준을 조사했다. 그 결과 C등급 대비 A등급의 임금은 남성이 약 9%, 여성은 5% 정도 높았으나 남녀 모두 C등급과 D등급의 임금 차이는 없는 것으로 나타났다. 배우자를 만나는 상황에서는 A등급 남성은 C등급 남성에 비해 연소득이 약 15% 정도 높은 아내를 만났고, A등급 여성은 C등급 여성에 비해 소득이 약 6% 정도 많은 남성을 배우자로 맞는 것으로 드러났다. 그러나 C등급이나 D등급은 남녀 모두 배우자의 소득에 큰 차이가 없는 것으로 조사됐다.

연구팀은 성형수술의 경제적 효용을 확인하기 위해 성형수술 전후 사진이 공개된 112명을 대상으로 서울대 학부생 및 대학원생 50명이 평가해 1등급부터 5등급까지 등급을 분류했다. 사진별로 점수를 합산해 분석한 결과, 평균적으로 성형수술은 남성의 임금을 0.1% , 여성의 임금을 1.5% 상승시키지만 분석 대상자들의 수술 비용 평균이 700만원인 점을 고려하면 한국인의 연평균 소득 3200만원(2007년 통계청 자료 기준)으로는 30년이 지나도 수술비를 회수할 수 없는 것으로 나타났다. 특히 성형수술은 평균 이하 등급의 외모를 평균등급으로 만드는 데에는 효과적이지만 평균 수준의 외모를 매력적인 외모로 가꾸는 데에는 큰 효과가 없는 것으로 분석됐다. 그러나 예외적으로 성형수술이 성공해 외모 등급이 A등급까지 올라간 경우는 6년 안에 수술비용을 회수할 수 있는 것으로 밝혀졌다.

연구팀은 분석 결과를 토대로 "성형으로 외모가 개선되는 영역은 평균 이하에서 평균으로 오르는 경우에만 효과가 있고, 노동시장과 결혼시장에서 '외모 프리미엄'은 평균 이상 등급에만 적용된다"며 "외모 개선 영역과 외모 덕을 보는 영역이 달라 성형의 경제적 보상을 그다지 높지 않다"고 밝혔다. 류 교수는 "성형수술 효과는 개인 편차가 커 예외적으로 성공한 사례가 나올 수 있다"며 "성형수술로 인한 외모 프리미엄이 통한다는 인식은 예외적인 성공 사례가 부각되면서 형성된 것으로 볼 수 있다"고 전했다. (헤럴드경제 2010. 7. 20)

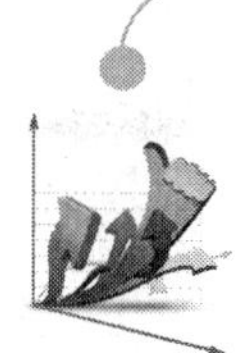

커피전문점들의 창업비용은 얼마나 될까

24일 공정거래위원회의 가맹사업거래 사이트에 등록된 커피전문점의 정보공개서를 분석한 결과 임대료를 제외하고 평균 2억원 이상의 비용이 소요되는 것으로 나타났다.

창업비용은 크게 예치가맹금과 설비비용, 초도물품비로 나눈다. 이를 기준으로 132㎡(40평) 매장을 오픈할 때 소요되는 창업비용은 카페베네가 가장 높았다. 일부 반환받을 수 있는 예치가맹금을 제외한 카페베네의 창업비용은 2억2318만원이다.

투썸플레이스도 인테리어 설비 비용만 2억원 이상이 소요되는 것으로 조사됐다. 인테리어 설비비용이 2억원을 넘은 브랜드는 카페베네와 투썸플레이스 뿐이었다.

이외의 브랜드들의 창업비용은 예치가맹금을 제외하고 1억원대 초반에서 중반선으로 큰 차이는 없었다.

가장 비용이 저렴한 자바시티는 동일면적 기준 인테리어 설비 비용이 1억1400만원으로 카페베네 절반의 비용으로 창업이 가능했다.

할리스는 자바시티와 비슷한 수준인 1억1670만원이다. 엔제리너스와 파스쿠치는 1억6000만원대 였다. 일부 비용을 돌려받을 수 있는 예치가맹금은 투썸플레이스가 3150만원으로 가장 높았으며 엔제리너스가 1144만원으로 가장 낮았다. 카페베네가 1300만원으로 그 뒤를 이었고 나머지 브랜드들은 2000만원대였다.

가장 창업비용이 낮은 자바시티는 초도물품 비용은 500만원으로 가장 낮은 편이었으며 엔제리너스 파스쿠찌, 할리스 등은 500만원에서 800만원대였다.

최근 월 임대료 1000만원의 매장에 입점한 한 커피전문점 관계자는 "초기 투자비와 운영비를 감안할 때 이 매장의 손익분기점을 맞추려면 하루평균 100만원의 매출을 올려야 한다"고 말했다.

한편 미국계 브랜드중 스타벅스와 커피빈은 직영점만 운영하기 때문에 정보공개서 등록 의무가 없어 이번 조사에서 제외 되었고 유일하게 가맹점 사업을 진행하는 자바시티가 최저 창업비용으로 본사에서 추천점포도 소개 받고 위탁운영도 할 수 있는 선진 프로그램으로 알려져 있고 건물주도 모집하고 있다. (문화저널21, 2011. 5. 2)

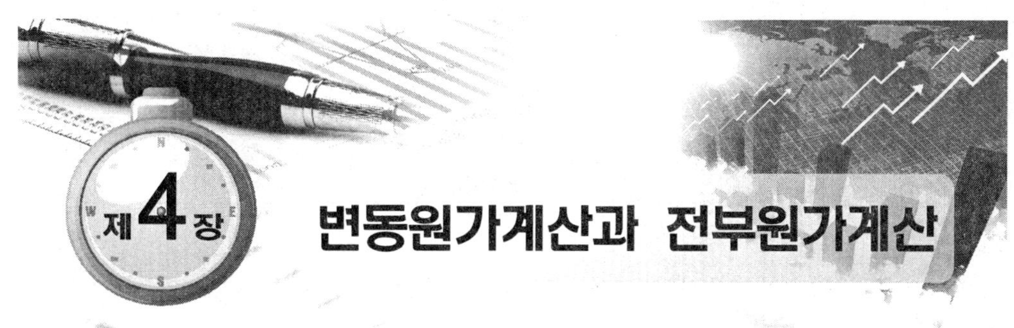

제 4 장 변동원가계산과 전부원가계산

원가계산제도는 제품의 생산형태(개별원가계산제도, 종합원가계산제도), 원가의 측정방법(실제원가계산제도, 정상원가계산제도, 표준원가계산제도)에 의한 분류뿐만 아니라 전부원가계산, 변동원가계산로 원가의 포함요소에 따라 구분할 수 있다.

제 1 절 변동원가계산과 전부원가계산의 의의

변동원가계산제도는 모든 고정제조원가는 제외하고 변동제조원가만을 제품원가에 포함시키는 원가계산방법이다. 따라서 고정제조간접비는 당기에 기간비용으로 처리하게 된다.

전부원가계산제도는 직접재료비, 직접노무비, 변동제조간접비, 고정제조간접비 등 모든 제조원가를 제품원가에 포함시키는 방법이다. 따라서 양자의 차이는 결국 고정제조간접비를 어떻게 처리하느냐의 차이라고 할 수 있다.

〈전부원가계산과 변동원가계산의 제품원가 구성상의 차이〉

원가요소	전부원가계산	변동원가계산
① 직접재료비	제품원가	제품원가
② 직접노무비	제품원가	제품원가
③ 변동제조간접비	제품원가	제품원가
④ 고정제조간접비	제품원가	기간원가

우리나라 기업회계기준에서는 전부원가계산에 의한 제품원가를 외부공표용 재무제표에 이용하도록 규정하고 있다.

〈전부원가계산과 변동원가계산에 의한 손익계산서〉

전부원가계산		변동원가계산		
매 출 액	XXX	매 출 액		XXX
매출원가	XXX	변 동 비		
매출총이익	XXX	변동매출원가	XXX	
판매관리비	XXX	변동판매관리비	XXX	XXX
영업이익	XXX	공헌이익		XXX
		고 정 비		
		고정제조간접비	XXX	
		고정판매관리비	XXX	XXX
		영업이익		XXX

전부원가계산에 의한 손익계산서는 원가를 기능별(제조원가, 판매관리비)로 분류하여 작성하므로 기능적 손익계산서라고도 하며 전통적으로 사용되어 왔기 때문에 전통적 손익계산서라고도 한다. 반면에 변동원가계산에 의한 손익계산서는 매출액에서 변동비를 차감하여 공헌이익을 산출하고 여기에서 고정비를 차감하여 영업이익을 산출하는 구조로 되어 있으며 공헌이익 손익계산서라고도 한다.

변동원가계산제도를 이용할 경우 모든 원가를 변동비와 고정비로 분류함으로써 원가를 보다 효과적으로 관리 통제 할 수 있으며, 단기적으로는 변동하지 않는 고정비를 제외한 변동비만을 이용하여 분석함으로 의사결정에서 보다 합리적 결론을 도출할 수가 있다.

제 2 절 전부원가계산과 변동원가계산의 비교

자료 1

20X2년 초 제품생산을 시작한 (주)경남의 제품단위당 판매 가격과 변동비 자료는 다음과 같다.

단위당 판매가격		₩60
단위당 변동비		
직접재료비	₩9	
직접노무비	16	
변동제조간접비	5	
변동판매관리비	6	36
단위당 공헌이익		₩24

연간 고정제조간접비는 ₩280,000이고, 고정판매관리비는 ₩200,000이다.

이 자료를 이용하여 다음 각 경우에 대하여 전부원가계산제도와 변동원가계산제도의 차이를 살펴 보도록 하자.

 생산량이 일정하고 판매량이 변동할 경우

1) 생산량이 판매량보다 많은 경우

(자료 1)의 원가구조를 가진 (주) 경남의 20X2년 생산량과 판매량이 다음과 같을 때 전부원가계산과 변동원가계산에 의한 손익계산서를 작성해 보면 다음과 같다.

	20X2년
기초제품	0개
생 산 량	40,000개
판 매 량	35,000개
기말제품	5,000 개

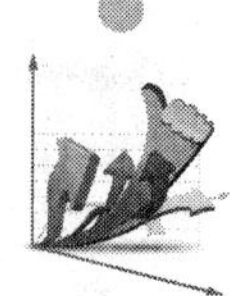

전부원가계산(20X2년)

매 출 액	35,000개×@60 =		₩2,100,000
매 출 원 가			
기초제품재고액		₩0	
당기제품제조원가	40,000개×@37[*] =	1,480,000	
계		1,480,000	
기말제품재고액	5,000개×@37 =	185,000	1,295,000
매출총이익			805,000
판매관리비	35,000개[**]×@6+200,000 =		410,000
영 업 이 익			₩395,000

[*]제품 단위당 원가

변동제조원가		₩30
고정제조간접비	₩280,000÷40,000개 =	7
합 계		₩37

[**]변동판매관리비는 판매량에 비례한다.

변동원가계산(20X2년)

매 출 액	35,000개×@60 =		₩2,100,000
변 동 비			
기초제품재고액		₩0	
당기제품제조원가	40,000개×@30[*] =	1,200,000	
계		1,200,000	
기말제품재고액	5,000개×@30 =	150,000	
변동매출원가		1,050,000	
변동판매관리비	35,000개×@ 6 =	210,000	1,260,000
공 헌 이 익			840,000
고 정 비			
고정제조간접비		280,000	
고정판매관리비		200,000	480,000
영 업 이 익			₩360,000

[*]제품 단위당 원가

변동제조원가 ₩30(매년 동일하다.)

생산량이 판매량보다 많아 기말재고자산이 기초재고자산보다 많은 경우, 변동원가계산에서는 당기고정제조간접비가 전액 기간비용으로 당기 비용처리되지만

전부원가계산에서는 당기 고정제조간접비의 일부가 기말재고자산에 포함되어 비용화되지 않기 때문에 전부원가계산에 의한 영업이익이 변동원가계산에 의한 영업이익보다 크게 된다. 즉 전부원가계산에서는 당기의 고정제조간접비 ₩280,000 중 ₩35,000(5,000×₩7)이 기말재고자산에 포함되어 차기 이후로 비용이 이연됨으로써 당기비용화된 고정제조간접비가 ₩245,000이지만 변동원가계산에서는 당기의 고정제조간접비 ₩280,000전액이 당기의 기간비용으로 처리됨으로써 그 차이인 ₩35,000만큼 전부원가계산에 의한 영업이익이 크다.

2) 생산량과 판매량이 동일한 경우

20X3년 (주)경남의 생산량과 판매량이 다음과 같이 동일할 경우의 전부원가계산과 변동원가계산에 의한 손익계산서는 다음과 같다.

	20X3년
기초제품	5,000개(2000년 기말재고)
생 산 량	40,000개
판 매 량	40,000개
기말제품	5,000개

전부원가계산(20X3년)

매 출 액	40,000개×@60 =		₩2,400,000
매 출 원 가			
기초제품재고액	5,000개×@37 =	₩185,000	
당기제품제조원가	40,000개×@37* =	1,480,000	
계		1,665,000	
기말제품재고액	5,000개×@37 =	185,000	1,480,000
매출총이익			920,000
판매관리비	40,000개×@6+200,000 =		440,000
영 업 이 익			₩480,000

* 제품 단위당 원가

변동제조원가		₩30
고정제조간접비	₩280,000÷40,000개 =	7
합 계		₩37

변동원가계산(20X3년)

매 출 액	40,000개×@60 =		₩2,400,000
변 동 비			
기초제품재고액	5,000개×@30 =	₩150,000	
당기제품제조원가	40,000개×@30 =	1,200,000	
계		1,350,000	
기말제품재고액	5,000개×@30 =	150,000	
변동매출원가		1,200,000	
변동판매관리비	40,000개×@6 =	240,000	1,440,000
공 헌 이 익			960,000
고 정 비			
고정제조간접비		280,000	
고정판매관리비		200,000	480,000
영 업 이 익			₩480,000

20X3년도 (주)경남은 생산량과 판매량이 동일하여 기초제품재고량과 기말제품재고량이 같다. 또한 2002년도의 생산량이 40,000개로써 20X3년의 생산량 40,000개와 동일하여 생산에 따른 제조원가는 같을 것이다. 이러한 경우에는 전부원가계산에 의한 영업이익과 변동원가계산에 의한 영업이익이 같다. 이는 20X3년의 고정제조간접비 ₩280,000이 두 원가계산방법 모두 당기에 비용화도기 때문이다.

3) 생산량이 판매량보다 적은 경우

20X4년의 경우 (주)경남의 생산량은 판매량보다 적어서 기초제품재고에 비해 기말재고가 적으며 구체적인 자료는 다음과 같을 때, 이 자료를 토대로 20X4년의 전부원가계산과 변동원가계산에 의한 손익계산서를 작성해보면 다음과 같다.

	20X4년
기초제품	5,000개
생 산 량	40,000개
판 매 량	45,000개
기말제품	0

전부원가계산(20X4년)

매 출 액	45,000개×@60 =		₩2,700,000
매 출 원 가			
기초제품재고액	5,000개×@37 =	₩185,000	
당기제품제조원가	40,000개×@37* =	1,400,000	
계		1,665,000	
기말제품재고액		0	1,665,000
매출총이익			1,035,000
판매관리비	45,000개×@6＋200,000 =		470,000
영 업 이 익			₩565,000

* 제품 단위당 원가

변동제조원가		₩30
고정제조간접비	₩280,000÷40,000개	= 7
합 계		₩37

변동원가계산(20X4년)

매 출 액	45,000개×@60 =		₩2,700,000
변 동 비			
기초제품재고액	5,000개×@30 =	₩150,000	
당기제품제조원가	40,000개×@30 =	1,200,000	
계		1,350,000	
기말제품재고액		0	
변동매출원가		1,350,000	
변동판매관리비	45,000개×@ 6 =	270,000	1,620,000
공 헌 이 익			1,080,000
고 정 비			
고정제조간접비		280,000	
고정판매관리비		200,000	480,000
영 업 이 익			₩600,000

판매량이 생산량보다 많은 경우 즉, 기말제품재고가 기초제품재고에 비해 적은 경우에는 전부원가계산의 경우 기초제품재고에 포함되어 있던 고정제조간접비가 당기의 고정제조간접비와 함께 비용화되지만 변동원가계산의 경우에는 당기에 생산된 제품에 포함된 고정제조간접비만 비용화되기 때문에 전부원가계산에 의한 영업이익이 변동원가계산에 의한 영업이익보다 작다. 즉 전부원가계산에서는 기초제품재고에 포함된 고정제조간접비 ₩35,000(5,000×₩7)과 당기의 고정제조간접비 ₩280,000이 모두 당기의 비용으로 처리되지만 변동원가계산에서는 당기의 고정제조간접비 ₩280,000만이 당기의 비용으로 처리되어 전부원가계산에 의한 영업이익이 변동원가계산에 의한 영업이익보다 ₩35,000만큼 작아진다.

(주)경남의 20X2년부터 20X4년까지 매 연도별 영업이익을 종합하면 다음과 같다.

	20X2년	20X3년	20X4년
생 산 량	40,000개	40,000개	40,000개
판 매 량	35,000개	40,000개	45,000개
전부원가계산에 의한 영업이익	₩395,000	₩480,000	₩565,000
변동원가계산에 의한 영업이익	₩360,000	₩480,000	₩600,000

여기에서 보는 바와 같이 생산량이 매년 동일한 경우, 판매량의 증감에 따라 전부원가계산에 의한 영업이익과 변동원가계산에 의한 영업이익 모두 증감 변동한다. 또한 각년도 별로 변동원가계산상의 영업이익과 전부원가계산상의 영업이익을 비교하고 그 영업이익의 차이를 조정해보면 다음과 같다.

	20X2년	20X3년	20X4년	계
변동원가계산에 의한 영업이익	₩360,000	₩480,000	₩600,000	₩1,440,000
(+) 기말재고에 포함된 고정제조간접비	35,000	35,000	0	
(−) 기초재고에 포함된 고정제조간접비	(0)	(35,000)	(35,000)	
전부원가계산에 의한 영업이익	₩395,000	₩480,000	₩565,000	₩1,440,000

전부원가계산 방법에 의하면 기말재고와 기초재고에 고정제조간접비의 일부가 포함되어 있으므로 변동원가계산제도에 의한 영업이익에서 전부원가계산방법에 의한 영업이익으로 환원하기 위해서는 기말재고에 포함된 고정제조간접비를 가산하고 기초재고에 포함된 고정제조간접비를 차감하면 된다.

한편, 본 예제의 경우 20X2년 기초재고가 0이고 20X4년 기말재고가 0이므로 이 3년간을 하나의 단위로 볼 때 생산된 모든 제품이 전부 판매되었다는 의미이며 따라서 3년간의 영업이익 합계액은 전부원가계산에 의한 방법과 변동원가계산에 의한 방법 모두 ₩1,440,000으로 동일하다.

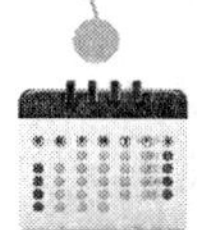

2 생산량이 변동하고 판매량이 일정할 경우

이번에는 앞의 경우와는 달리 판매량이 일정한 경우 생산량의 변동에 따라 전부원가계산제도와 변동원가계산제도에 의한 영업이익의 차이에 대해 살펴보기로 하자.

자료 2

(주)부산은 20X2년초에 영업을 시작하였으며 그에 대한 원가자료는 다음과 같다.

단위당 판매가격		₩60
단위당 변동비		
변동제조원가	₩30	
변동판매관리비	6	36
단위당 공헌이익		₩34

연간 고정제조간접비는 ₩280,000이고, 고정판매관리비는 ₩200,000이다. (단, 재고자산의 평가는 선입선출법을 적용한다.)

1) 생산량이 판매량보다 많은 경우

(자료 2)의 원가구조를 가지는 (주)부산의 20X2년 생산량과 판매량이 다음과 같을 때 전부원가계산과 변동원가계산에 의한 손익계산서는 다음과 같다.

	20X2년
기초제품	0개
생 산 량	50,000개
판 매 량	40,000개
기말제품	10,000개

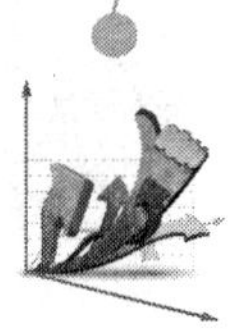

전부원가계산(20X2년)

매 출 액	40,000개×@60 =		₩2,400,000
매 출 원 가			
기초제품재고액		₩0	
당기제품제조원가	50,000개×@35.6* =	1,780,000	
계		1,780,000	
기말제품재고액	10,000개×@35.6 =	356,000	1,424,000
매출총이익			976,000
판매관리비	40,000개×@6+200,000 =		440,000
영 업 이 익			₩536,000

* 제품 단위당 원가

변동제조원가		₩30
고정제조간접비	₩280,000÷50,000개 =	5.6
합 계		₩35.6

변동원가계산(20X2년)

매 출 액	40,000개×@60 =		₩2,400,000
변 동 비			
기초제품재고액		₩0	
당기제품제조원가	50,000개×@30* =	1,500,000	
계		1,500,000	
기말제품재고액	10,000개×@30 =	300,000	
변동매출원가		1,200,000	
변동판매관리비	40,000개×@ 6 =	240,000	1,440,000
공 헌 이 익			960,000
고 정 비			
고정제조간접비		280,000	
고정판매관리비		200,000	480,000
영 업 이 익			₩480,000

* 제품 단위당 원가

변동제조원가 ₩30 (매년 동일하다.)

생산량이 판매량보다 많아서 기말제품재고가 기초제품재고보다 많은 경우에는 앞서 논의한 바와같이 당기 고정제조간접비의 일부가 기말재고자산에 포함되어 비용화 되지 않기 때문에 전부원가계산에 의한 영업이익이 변동원가계산에 의한 영업이익에 비해 크다.

2) 생산량과 판매량이 동일한 경우

(자료 2)의 원가구조를 가지고 있는 (주)부산의 20X3년 생산 및 판매 내역이 다음과 같을 때, 전부원가계산과 변동원가계산 방법에 의한 손익계산서를 작성해 보자.

	20X3년
기초제품	10,000개
생 산 량	40,000개
판 매 량	40,000개
기말제품	10,000개

전부원가계산(20X3년)

매 출 액	40,000개×@60 =		₩2,400,000
매 출 원 가			
기초제품재고액	10,000개×@35.6 =	₩356,000	
당기제품제조원가	40,000개×@37* =	1,480,000	
계		1,836,000	
기말제품재고액	10,000개×@37** =	370,000	1,466,000
매출총이익			934,000
판매관리비	40,000개×@6+200,000 =		440,000
영 업 이 익			₩494,000

* 제품 단위당 원가

변동제조원가		₩30
고정제조간접비	₩280,000÷40,000개 =	7
합 계		₩37

**선입선출법에 의하여 재고자산을 평가하므로 당기의 제품 단위당 원가를 적용한다.

변동원가계산(20X3년)

매 출 액	40,000개×@60 =		₩2,400,000
변 동 비			
기초제품재고액	10,000개×@30 =	₩300,000	
당기제품제조원가	40,000개×@30 =	1,200,000	
계		1,500,000	
기말제품재고액	10,000개×@30 =	300,000	
변동매출원가		1,200,000	
변동판매관리비	40,000개×@6 =	240,000	1,440,000
공 헌 이 익			960,000
고 정 비			
고정제조간접비		280,000	
고정판매관리비		200,000	480,000
영 업 이 익			₩480,000

(주)부산의 전부원가계산방식과 변동원가계산방식에 의해 산출한 20X3년 영업이익을 보면 생산량과 판매량이 각각 40,000개로 동일하고 따라서 기초제품 수량과 기말제품 수량이 각각 10,000개로 동일 하지만 영업이익이 각각 다르다. 왜냐하면 전부원가계산제도의 경우 기초제품재고 10,000개는 20X2년도에 생산된 제품으로 단위당원가가 ₩35.6이며 기말제품재고 10,000개는 20X3년에 생산된 제품으로 ₩37이기 때문에 기초제품재고액과 기말제품재고액이 다르게 되기 때문이다.

3) 생산량이 판매량보다 적은 경우

(자료 2)의 원가구조를 가지고 있는 (주)부산의 20X4년 생산량과 판매량은 다음과 같다. 이 경우 전부원가계산과 변동원가계산 방법에 의한 손익계산서를 작성해 보면 다음과 같다.

	20X4년
기초제품	10,000개
생 산 량	30,000개
판 매 량	40,000개
기말제품	0

전부원가계산(20X4년)

매 출 액	40,000개×@60 =		₩2,400,000
매 출 원 가			
기초제품재고액	10,000개×@37 =	₩370,000	
당기제품제조원가	30,000개×@39.333* =	1,180,000	
계		1,550,000	
기말제품재고액		0	1,550,000
매출총이익			850,000
판매관리비	40,000개×@6+200,000 =		440,000
영 업 이 익			₩410,000

* 제품 단위당 원가

변동제조원가		₩30
고정제조간접비	₩280,000÷30,000개 =	9.33…
합 계		₩39.33…

변동원가계산(20X4년)

매 출 액	40,000개×@60 =		₩2,400,000
변 동 비			
기초제품재고액	10,000개×@30 =	₩300,000	
당기제품제조원가	30,000개×@30 =	900,000	
계		1,200,000	
기말제품재고액		0	
변동매출원가		1,200,000	
변동판매관리비	40,000개×@ 6 =	240,000	1,440,000
공 헌 이 익			960,000
고 정 비			
고정제조간접비		280,000	
고정판매관리비		200,000	480,000
영 업 이 익			₩480,000

(주)부산의 20X4년 영업이익은 기초제품재고가 ₩370,000 존재하고 기말제품재고는 0이므로 고정제조간접비 중 기초제품재고에 포함된 부분이 당기의 비용화되어 전부원가계산 방법에 의한 경우의 영업이익이 변동원가계산방법에 의한 경우의 영업이익에 비하여 적다.

20X2년부터 20X4년까지 연도별로 (주)부산의 영업이익을 전부원가계산과 변동원가계산에 의한 경우를 정리해보면 20X2년 기초재고가 0이고 20X4년 기말재고가 0으로 3년간 총생산한 160,000개의 제품이 모두 판매되었다. 따라서 전부원가계산에 의한 영업이익 총합 ₩1,440,000은 변동원가계산에 의한 영업이익 총합 ₩1,440,000과 동일하게 된다. 다만 3년간 연도별로 생산량이 변화하더라도 판매량이 일정하면 변동원가계산의 경우에는 연도별 영업이익이 ₩480,000으로 동일하여 앞의 (주)경남의 영업이익결과를 함께 고려해 보면 변동원가계산에 의한 영업이익의 경우 생산량에 관계없이 판매량이 일정하면 영업이익이 일정하고 판매량이 증가하면 영업이익이 증가하여 결국 변동원가계산방식의 영업이익은 판매량에 대한 함수관계에 있다는 것을 알수 있다. 한편, 전부원가계산방법의 경우에는 (주)경남에서 보는 바와 같이 생산량이 일정할 때 판매량의 증가에 따라 영업이익이 증가하지만 (주)부산에서 보는 바와 같이 판매량이 일정하여도 생산량이 증가되면 영업이익이 증가하여 결국 전부원가계산에 의한 경우 영업이익은 생산량과 판매량 모두에 대한 함수관계에 있다고 할 수 있다.

변동원가계산제도에 의한 영업이익 = f(판매액)

전부원가계산제도에 의한 영업이익 = f(판매액, 생산량)

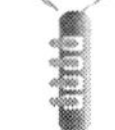

	20X2년	20X3	20X4	합 계
생 산 량	50,000개	40,000개	30,000개	160,000개
판 매 량	40,000	40,000	40,000	160,000개
전부원가계산에 의한 영업이익	₩536,000	₩494,000	₩410,000	1,440,000
변동원가계산에 의한 영업이익	480,000	480,000	480,000	₩1,440,000

	20X2년	20X3년	20X4년
변동원가계산에 의한 영업이익	₩480,000	₩480,000	₩480,000
(+) 기말재고에 포함된 고정제조간접비	56,000	70,000	0
(−) 기초재고에 포함된 고정제조간접비	(0)	(56,000)	(70,000)
전부원가계산에 의한 영업이익	₩536,000	₩494,000	₩410,000

〈변동원가계산과 전부원가계산의 차이점〉

구 분	변동원가계산	전부원가계산
(1) 주요목적	내부적 계획과 통제	외부보고(GAAP)
(2) 제품원가	변동제조원가	변동 및 고정제조원가
(3) 기간비용	당기고정제조원가 변동판매비와 관리비 고정판매비와 관리비	- 변동판매비와 관리비 고정판매비와 관리비
(4) 손익계산양식	(원가행태별 분류) 매출액 − 변동비 = 공헌이익 공헌이익 − 고정비 = 영업이익	(기능별 분류) 매출액−매출원가 및 판매비와 관리비 = 영업이익
(5) 순이익의 증감 ① 생산량>매출량 (재고증가) ② 생산량=매출량 (재고불변) ③ 생산량<매출량 (재고감소) 전 체 기 간	 전부원가계산 결과보다 더 적음. 전부원가계산 결과와 동일. 전부원가계산 결과보다 더 커짐. 같음.	 변동원가계산 결과보다 더 커짐. [(재고증가분)×단위당 고정제조간접비] 변동원가계산 결과와 동일. 변동원가계산 결과보다 더 적음. 같음.
(6) 순이익의 조정	변동원가계산의 순이익 +기말에 이연된 고정비 −기초에 이연된 고정비 =전부원가계산의 순이익	전부원가계산의 순이익 +기초에 이연된 고정비 −기말에 이연된 고정비 =변동원가계산의 순이익

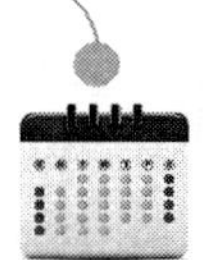

제 3 절 변동원가계산과 수익성분석

회사는 외부보고목적으로 전부원가계산에 의한 손익계산서를 작성하고 있으며, 내부보고 및 내부의사결정 목적으로 변동원가계산에 의한 손익계산서를 작성해서 활용한다.

회사의 제품별, 사업부별, 직원별, 고객별 수익성 측정을 할 경우, 전부원가계산에서는 고정비의 자의적인 배분으로 인해 수익성을 정확하게 측정하기가 어려운데 반해, 변동원가계산은 고정비를 제외한 공헌이익을 사용하기 때문에 수익성 측정이 더 정확해지는 장점이 있다. 물론 장기적으로는 고정비도 회수되어야 할 원가이므로 전부원가계산에 의한 수익성 분석도 필요하다는 점을 기억할 필요가 있다.

변동원가계산에 의한 수익성 분석을 예제를 통해서 설명하고자 한다.

다음은 여성용 및 남성용 화장품을 생산 및 판매하는 AAA화장품회사의 3월 한 달분 자료이며, 기초재고와 기말 재고는 없다고 가정한다.

월간(3월) 화장품 판매 및 생산자료 (단위: 원)

	서울사업부	대전사업부	합계
매출			
여성용 화장품	60,000	30,000	90,000
남성용 화장품	20,000	50,000	70,000
합계	80,000	80,000	160,000
변동제조원가			
여성용 화장품(매출액의 12%)	7,200	3,600	10,800
남성용 화장품(매출액의 12%)	2,400	6,000	8,400
합계	9,600	9,600	19,200
광고비			
여성용 화장품(매출액의 30%: 변동비)	18,000	9,000	27,000
남성용 화장품(매출액의 20%: 변동비)	4,000	10,000	14,000
합계	22,000	19,000	41,000
판매수수료			
여성용 화장품(매출액의 20%: 변동비)	12,000	6,000	18,000
남성용 화장품(매출액의 10%: 변동비)	2,000	5,000	7,000
합계	14,000	11,000	25,000

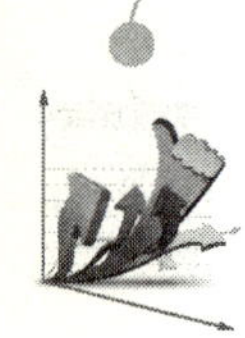

판매 사업부별 수익성 분석

사업부 또는 지역별로 공헌이익을 표시하는 손익계산서(이하에서는 공헌이익계산서라고 칭함)는 과거 업적을 평가하고 미래의 매출액 확대를 위한 방향과 정책을 수립하는데 사용이 된다.

회사의 경영자는 지역별 또는 사업부별 수익성 분석을 통해 ① 수익성이 저조한 지역이나 사업부에 대해 비용 절감 방안을 마련하고, ② 수익성이 우수한 지역이나 사업부에 대해서는 판매 증진 방안을 수립하여 실시하게 될 것이다.

AAA화장품회사의 3월 한 달분 공헌이익계산서를 작성하면 다음과 같다.

사업부별 공헌이익계산서 (단위: 원)

	서울사업부		대전사업부	
매출액		80,000		80,000
변동매출원가		9,600		9,600
변동판매비				
광고비	22,000		19,000	
판매수수료	14,000	36,000	11,000	30,000
공헌이익		34,400		40,400
공헌이익률		43%		50.5%

3월 한 달분 공헌이익계산서를 보면 두 사업부의 매출액은 동일하지만 대전사업부의 공헌이익과 공헌이익률이 높다는 것을 알 수 있다.

두 사업부의 공헌이익 차이는 두 사업부의 매출배합의 차이에 기인한다. 두 사업부의 매출배합은 다음과 같다고 가정하자.

	서울사업부		대전사업부	
제 품	매출액	매출배합	매출액	매출배합
여성용 화장품	60,000	75%	30,000	37.5%
남성용 화장품	20,000	25%	50,000	62.5%
합계	80,000	100%	80,000	100%

대전사업부의 매출액 중 62.5%가 남성용 화장품이다. 대전사업부의 공헌이익이

서울사업부보다 높다는 사실은 남성용 화장품이 여성용 화장품보다 수익성이 더 높아야 한다는 점을 말해준다. 이를 검증하기 위해서는 제품별 수익성 분석이 필요하다.

2 제품별 수익성 분석

회사는 최대한의 총공헌이익을 제공하는 제품에 판매노력을 집중하여야 한다. 이를 통해 경영자는 제품별 수익성 분석을 제품 판매와 판매촉진 노력에 관한 의사결정에 활용하게 된다.

AAA화장품회사의 3월 한 달분 제품별 공헌이익계산서를 작성하면 다음과 같다.

제품라인별 공헌이익계산서 (단위: 원)

	여성용 화장품		남성용 화장품	
매출액		90,000		70,000
변동매출원가		10,800		8,400
변동판매비				
광고비	27,000		14,000	
판매수수료	18,000	45,000	7,000	21,000
공헌이익		34,200		40,600
공헌이익률		38%		58%

3월 한 달분 제품별 공헌이익계산서를 보면 남성용 화장품의 공헌이익(58%)이 여성용 화장품의 공헌이익(38%)보다 더 높게 나타나고 있다. 남성용 화장품의 더 높은 공헌이익률은 광고비와 판매수수료가 낮은 결과이다. 이에 따라 경영자는 다음 방안을 고려해야 할 것이다.

① 마케팅 계획에 남성용 화장품 강조

② 여성용 화장품의 광고비와 판매수수료 절감

③ 여성용 화장품의 가격 인상

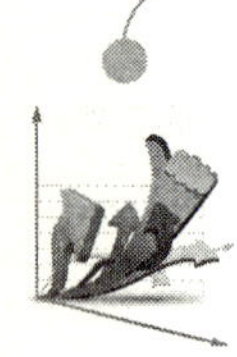

3 제품별 수익성 분석

사업부 내의 지점이나 지점 내 직원개개인의 수익성 측정은 판매성과를 평가하는데 유용하다. 이를 위해서는 지점별 또는 지점 내 직원별 공헌이익계산서 작성이 필요하게 된다.

다음은 서울 사업부 내의 각 지점별 공헌이익계산서이다. C지점의 공헌이익이 제일 높게 나타나고 있지만 공헌이익률은 가장 낮게 나타나고 있다. 이는 C지점이 다른 두 지점보다 두 배나 많은 매출액을 나타내고 있지만 공헌이익률이 가장 낮은 여성용 화장품만을 판매하고 있기 때문이다. 한편 A지점과 B지점은 매출액과 여성용 및 남성용 화장품 판매비율이 동일하기 때문에 공헌이익과 공헌이익률이 같으며, C지점보다 공헌이익률이 높게 나타나고 있다.

따라서 서울 사업부 경영자는 지점별 공헌이익계산서를 통해서 A지점과 B지점에 대해서는 계속해서 두 제품에 대한 판매 확대 노력을, C지점에 대해서는 남성용 화장품의 판매 증진 노력을 기울일 것을 요구할 것으로 예상할 수 있다.

서울사업부 지점별 공헌이익계산서 (단위: 원)

	A지점	B지점	C지점	합계
매출액	20,000	20,000	40,000	80,000
변동매출원가	2,400	2,400	4,800	9,600
변동판매비				
광고비	5,000	5,000	12,000	22,000
판매수수료	3,000	3,000	8,000	14,000
공헌이익	9,600	9,600	15,200	34,400
공헌이익률	48%	48%	38%	43%
매출배합(남성용 화장품 판매비율)	50%	50%	0%	25%

4-1 객관식 문제

01 변동원가계산에 대해 맞는 것은?

① 직접재료비와 직접노무비를 제품원가로 하는 원가계산이다.
② 표준재료비와 표준노무비를 제품원가로 하는 원가계산이다.
③ 변동제조원가와 고정제조원가를 제품원가로 하는 원가계산이다.
④ 변동제조원가와 변동판매비 및 관리비를 제품원가로 하는 원가계산이다.
⑤ 변동제조원가만을 제품원가로 하는 원가계산이다.

02 변동원가계산에서 제품원가에 포함되지 않는 항목은?

① 직접재료비 ② 직접노무비
③ 변동제조간접비 ④ 고정제조간접비

03 전부원가계산에서 제품원가에 포함되지 않는 항목은?

① 직접재료비 ② 직접노무비
③ 변동제조간접비 ④ 고정관리비

04 변동원가계산과 전부원가계산간의 주된 차이는 어떤 항목의 처리에서 나타나는가?

① 직접재료비 ② 직접노무비
③ 변동제조간접비 ④ 고정제조간접비

05 변동원가계산제도하에서 공장건물의 감가상각비는?

① 기초원가 ② 변동원가 ③ 재량원가
④ 기간원가 ⑤ 제품원가

06 (주)밀성은 제품 A를 제조·판매하는 회사로서 당해 연도에 제품 A를 1,000개 제조하였다. 제품A 1개당 직접재료비가 ₩480, 직접노무비가 ₩240, 변동제조간접비가 ₩120이며 연간 고정제조간접비가 ₩300,000인 경우 전부원가계산제도에 의한 제품 A의 단위당 원가는 얼마인가?

① ₩480 ② ₩840 ③ ₩940
④ ₩1,040 ⑤ ₩1,140

07 강원회사는 변동원가계산을 사용하여 ₩60,000의 순이익을 보고하였다. 기초 및 기말재고자산은 각각 10,000단위와 15,000단위이다. 법인세를 무시할 때 고정제조간접비 배부율이 단위당 ₩3이었다면 전부원가계산에 의한 순이익은 얼마이었겠는가?

① ₩30,000　② ₩40,000　③ ₩55,000
④ ₩75,000　⑤ ₩95,000

08 다음 중 변동원가계산의 목적이라 할 수 없는 것은?

① 효과적인 이익계획의 수립
② 제조하려고 하는 제품의 합리적인 선택
③ 판매부문의 업적에 대한 적정성의 평가
④ 외부공표자료에 대한 적정성의 평가
⑤ 단기적인 판매가격정책의 수립

09 다른 조건이 같다면 변동원가계산에 의한 당기순이익이 전부원가계산에 의한 당기순이익보다 클 경우는

① 생산량이 판매량을 초과한 경우
② 판매량이 생산량과 같을 경우
③ 판매량이 생산량을 초과한 경우
④ 고정제조원가가 증가하는 경우

10 변동원가계산에 의한 손익계산서와 관련된 설명이 아닌 것은?

① 변동제조간접비는 기간비용으로 처리한다.
② 고정제조간접비는 매출원가에 포함되지 않는다.
③ 제품생산량이 영업이익에 영향을 미치지 않는다.
④ 판매비와 관리비를 변동비와 고정비로 분리하여 보고한다.

11 변동원가계산과 전부원가계산에 대한 설명이다. 이들에 해당하는 사항들로만 적절히 분류한 것은?

㉠ 기능별 원가분류가 필요하다.
㉡ 기간손익이 재고수준의 변동에 영향을 받는다.
㉢ 단기적인 계획과 통제에 유용하지 못하다.
㉣ GAAP에서 인정하지 않는다.

	전부원가계산	변동원가계산
①	㉠,㉢	㉡,㉣
②	㉡,㉢	㉠,㉣
③	㉠,㉡	㉢,㉣
④	㉢,㉣	㉠,㉡
⑤	㉠,㉣	㉡,㉢

12 (주)경남과 (주)경북은 판매비가 거의 필요없는 유사한 제품을 생산한다고 하자. (주)경남이 변동원가계산을 사용하고 (주)경북은 전부원가계산을 사용하는 것 이외에 다른 조건이 같다면 다음 사항 중 가장 합리적인 설명은 어떤 것인가?

① 생산량이 정상생산능력을 초과하는 경우에는 (주)경북의 기말재고액이 (주)경남의 기말재고액보다 클 것이다.
② 생산량이 정상생산능력을 초과하는 경우에는 (주)경남의 기말재고액이 (주)경북의 기말재고액보다 클 것이다.
③ 생산량이 판매량을 초과하는 경우에는 (주)경북의 기말재고액이 (주)경남의 기말재고액보다 클 것이다.
④ 생산량이 판매량을 초과하는 경우에는 (주)경남의 기말재고액이 (주)경북의 기말재고액보다 클 것이다.
⑤ 두 기업의 판매량이 일치하는 경우에는 (주)경남의 순이익과 (주)경북의 순이익이 같아지게 될 것이다.

13 도안상사는 다음과 공헌이익계산서를 보고하였다.

매출액(400단위)	₩100,000
변동비	60,000
공헌이익	40,000
고정비	35,000
순이익	₩5,000

이 회사가 한 단위를 추가적으로 판매할 경우 순이익은 얼마가 추가되는가?

① ₩250 ② ₩100
③ ₩150 ④ ₩125

14 갑회사는 20X3년도 초에 영업을 개시하여 무선전화기를 생산 · 판매하고 있다. 20X3년도에 3,000개를 생산하였으며 제품 단위당 판매가격은 ₩150,000이다. 생산에 관한 자료는 다음과 같다.

	고정원가	제품단위당 변동원가
직접재료원가	-	₩30,000
직접노무원가	-	25,000
제조간접원가	₩45,000,000	15,000
판매관리비	60,000,000	20,000

만약 전부원가계산에 의한 영업이익이 변동원가계산에 의한 영업이익에 비하여 ₩15,000,000이 많을 경우 20X3년도 판매량은 몇 개인가?

① 100개 ② 400개 ③ 1,000개 ④ 1,500개 ⑤ 2,000개

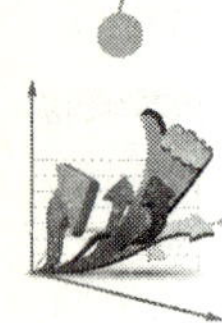

15 20X4년 1월 1일에 영업을 개시한 (주)대한은 20X4년에 10,000 단위의 제품을 생산하여 9,000단위를 판매하였으며, 20X4년 12월 31일 현재 기말재공품 및 원재료 재고는 없다. 실제 제품원가는 제품 단위당 직접재료원가 ₩40, 직접노무원가 ₩20, 변동제조 간접원가 ₩10이었고, 총고정제조간접원가는 ₩200,000이었다. (주)대한이 실제원가계산을 하는 경우, 20X4년도 전부원가계산에 의한 영업이익과 변동원가계산에 의한 영업이익의 차이는?

① ₩20,000 ② ₩90,000
③ ₩180,000 ④ ₩200,000

16 광운주식회사는 변동원가계산방법가 전부원가계산방법을 모두 사용한다. 다음은 광운주식회사의 비용내역이다. 전부원가계산에 의한 당기 영업이익은 변동원가계산에 의한 당기 영업이익과 비교하여 어떤 차이가 있는가?

	수량	변동비	고정비
기초재공품	150단위	₩100,000	₩240,000
기말재공품	300단위	200,000	480,000
기초제품	750단위	600,000	800,000
기말제품	600단위	480,000	640,000
매출원가	4,650단위	3,780,000	4,960,000

① ₩4,960,000만큼 작다 ② ₩80,000만큼 작다
③ ₩160,000만큼 작다 ④ ₩80,000만큼 크다
⑤ ₩160,000만큼 크다

17 (주)서울의 6월 중 아래 영업자료를 참고하여 전부원가계산과 변동원가계산에 의한 순이익을 계산하시오.

생산량	1,200개	판매량	800개
판매단가	₩100	고정판매관리비	₩12,000
고정제조원가	₩24,000	단위당 변동판매관리비	₩15
단위당 변동제조원가	₩30		

단 월초재고는 없음

① 전부원가계산에 의한 순이익 쪽이 ₩12,000 더 많다.
② 전부원가계산에 의한 순이익 쪽이 ₩8,000 더 많다.
③ 전부원가계산에 의한 순이익 쪽이 ₩12,000 더 적다.
④ 전부원가계산에 의한 순이익 쪽이 ₩16,000 더 많다.
⑤ 전부원가계산에 의한 순이익 쪽이 ₩8,000 더 적다.

18 세광회사의 원가자료이다. 전부원가계산에 의한 당기순이익이 변동원가계산에 의한 당기순이익보다 ₩200이 많은 경우 당기의 재고증감량은 몇 개인가?

당기 생산량	1,000개	기초재고수량	?
기말재고수량	₩100	단위당 판매가격	₩15
변동제조간접비	단위당 ₩5	고정제조간접비	₩2,000
변동판매비용	단위당 ₩2	고정판매비용	₩300

① 100개 증가 ② 50개 증가 ③ 10개 증가
④ 50개 감소 ⑤ 변동없음

19 경영자는 어떤 경우에 과잉생산할 유혹을 받게 되는가?
① 변동원가계산을 사용하면서 순이익을 증가시키고자 할 경우
② 변동원가계산을 사용하면서 순이익을 감소시키고자 할 경우
③ 전부원가계산을 사용하면서 순이익을 증가시키고자 할 경우
④ 전부원가계산을 사용하면서 순이익을 감소시키고자 할 경우

20 부서의 경영자에 대한 보상이 부서의 순이익과 연계되어 있다면 부서 경영자는 어떤 경우에 생산을 증가시켜서 목표이익을 달성하고자 하는가?
① 변동원가계산을 사용하면서 순이익을 증가시키고자 할 경우
② 변동원가계산을 사용하면서 순이익을 감소시키고자 할 경우
③ 전부원가계산을 사용하면서 순이익을 증가시키고자 할 경우
④ 전부원가계산을 사용하면서 순이익을 감소시키고자 할 경우

4-2 삼문회사는 올해 초 단위당 판매가격과 변동비가 다음과 같은 제품을 생산하기 시작했다.

단위당 판매가격		₩100
단위당 변동비		
직접재료비	₩20	
직접노무비	12	
변동제조간접비	8	
변동판매관리비	10	50
단위당 공헌이익		₩50

연간 고정제조간접비는 ₩200,000이고, 고정판매관리비는 ₩80,000이다. 회사는 올해에 제품 10,000개를 생산하여 8,000개를 판매하였다.

1. 전부원가계산과 변동원가계산에 의한 손익계산서를 각각 작성하시오.

2. 두 원가계산제도에 의한 영업이익의 차이를 조정하시오.

4-3 **20X1년 초 (주)김해는 단위당 판매가격이 ₩50인 제품을 생산하여 판매하기 시작하였다. (주)김해의 20X1년과 20X2년 영업활동에 관한 자료는 다음과 같다.**

	20X1년	20X2년
기초제품	0개	4,000개
생 산 량	14,000	10,000
판 매 량	10,000	12,000
기말제품	4,000개	2,000개
발생원가 :		
변동제조원가	₩280,000	₩200,000
고정제조간접비	140,000	140,000
변동판매관리비	50,000	60,000
고정판매관리비	30,000	30,000

회사는 선입선출법을 적용하여 재고자산을 평가하고 있다.

1. 전부원가계산과 변동원가계산에 의한 20X1년과 20X2년의 손익계산서를 각각 작성하시오.
2. 두 원가계산제도에 의한 영업이익의 차이를 조정하시오.

4-2 **(주) 대창의 전부원가계산에 의한 20X2년 손익계산서는 다음과 같다.**

전부원가계산(20X2년)

매 출 액	4,000개×@60 =		₩240,000
매출원가			
기초재품재고액	1,000개×@30 =	₩30,000	
당기제품제조원가	5,000개×@35 =	175,000	
계		205,000	
기말제품재고액	2,000개×@35 =	70,000	135,000
매출총이익			105,000
판매관리비			55,000
영업이익			50,000

연간 고정제조간접비는 ₩60,000, 고정판매관리비는 ₩40,000이며, 제품

단위당 변동제조원가는 일정하다고 한다. 20X2년의 제품생산량은 5,000개이고 기초 및 기말 재공품은 없다. 회사는 선입선출법에 의해서 재고자산을 평가하고 있다.

1. 20X2년의 제품 단위당 변동제조원가를 구하시오.
2. 변동원가계산에 의한 20X2년의 손익계산서를 작성하시오.
3. 두 원가계산제도에 의한 영업이익의 차이를 조정하시오.

제 1 절 종합예산

1 예산의 기초 개념

1) 예산의 정의

예산이란 경영계획에 대한 공식적 계량적 표현인 것이다. 종합예산(master buget)은 기업의 모든 조직단위, 예를 들어 판매, 생산, 유통 및 자금 등의 조직단위에 대한 목표를 요약한 것이다. 종합예산은 최고 경영자가 명시하고 있는 판매목표, 생산목표, 순이익목표, 현금상태목표 및 기타목표를 수치로 나타내고 있다. 이러한 종합예산은 대개 추정손익계산서, 추정재무상태표, 추정현금수지계산서, 추정현금흐름표, 그리고 각종의 보조명세서 등으로 구성되게 된다. 이러한 계산서들은 조직의 장래에 대한 계획의사결정에 있어서의 가장 중요한 자료라고 볼 수 있다.

2) 예산편성의 장점

예산을 편성하게 되면 기업의 규모나 불확실성에 관계없이 어떠한 조직에도 손해보다는 이익이 더 많게 된다. 그 주된 장점을 살펴보면 다음과 같다.

① 예산을 공식적으로 편성하게 되면 기업의 모든 구성원들이 책임감을 갖

게 되고 따라서 경영자들은 장래의 일을 적극적으로 생각하게 된다.

② 예산을 편성하면 구성원들의 업적을 공정하게 평가할 수 있는 토대가 되어 모든 구성원들이 이에 대한 기대감을 갖게 한다.

③ 예산을 편성하면 기업내의 경영자들이 상호 협조하게 되고, 따라서 기업 전체의 목적과 하위조직단위의 목적이 조화를 이룰 수 있다.

3) 예산의 형태

예산기간은 예산목적이나 예산에 관련된 불확실성에 따라 1년(또는 미만)에서 수년간 등 다양할 수가 있다. 자본예산(capital budgets)이라 불리우는 장기예산(Long-range budgets)은 시설구입, 공장의 배치, 그리고 새로운 제품을 추가하는 것과 같은 특정의 사업계획을 위해 작성된다. 종합예산은 조직의 전체적 계획(overall plans)을 당해 사업년도에 연결시킨 것이기 때문에 대개 1년기준으로 작성되게 된다. 이러한 종합예산은 다시 세분하여 분기별 또는 월별로 작성되기도 한다.

계속예산(continuous budgets)이란 것이 점차 많이 사용되고 있다. 계속 예산은 한 달이 끝남에 따라 다음 달의 예산을 편성하는 과정을 계속하게 되는 종합예산을 말한다. 이러한 계속예산은 경영자들로 하여금 다가오는 12개월 동안의 사업에 대한 구체적인 계획을 생각하도록 하며 따라서 안정적인 계획시각(planning horizon)을 유지할 수 있기 때문에 바람직한 것이다.

때때로 예산을 추정재무제표(pro-forma statement)라고도 하는데, 그 이유는 예산이 실제결과를 나타내는 재무제표와는 전혀 반대인 예측된 재무제표이기 때문이다.

종합예산은 보조명세서와 더불어서 다음과 같이 분류할 수 있다.

A. 영업예산(operating budget)
 1) 판매예산(sales budget)
 2) 생산예산(production budget) (제조업의 경우)
  (a) 재료구입과 사용
  (b) 직접노무비
  (c) 제조간접비
  (d) 재고수준의 변동

3) 매출원가예산(cost-of-goods-sold budget) (제조업과 판매업)
4) 판매비예산(selling-expense budget)
5) 관리비예산(administrative-expense budget)
6) 추정(예산)손익계산서(budgeted income statement)

B. 재무예산(financial budget)

1) 자본예산(capital budgets)
2) 현금예산(cash budget: cash receipts and disbursements)
3) 추정재무상태표(budgeted balance sheet)
4) 추정현금흐름표(budgeted statement of cash flows)

예산편성 과정의 첫 번째 단계는 판매예산의 편성이다. 정확한 판매예산의 편성이 전체 예산편성의 핵심이라 할 수 있다. 왜냐하면 종합예산의 모든 예산이 판매예산에 의존하고 있기 때문이다. 따라서 판매예산의 정확도가 떨어질수록 그만큼 다른 예산의 정확성도 감소될 수밖에 없게 된다.

판매예산은 제조업의 경우에는 생산량, 판매업의 경우에는 구매량을 결정하는데 영향을 미친다. 따라서 제조업의 경우는 생산예산이 판매예산 다음으로 편성된다. 생산예산은 차례로 직접재료비예산, 직접노무비예산, 그리고 제조간접비예산의 편성에 영향을 미치게 된다. 이러한 예산과 함께 편성된 판매 및 관리비예산은 모두 현금예산을 편성하는데 반영된다. 현금예산의 편성이 끝나면 예산재무제표 또는 추정재무제표(pro-forma statement)가 작성된다.

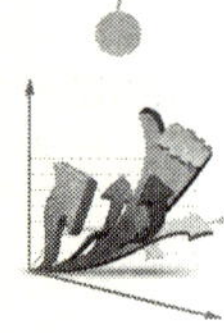

제 2 절 판매업의 종합예산편성

1 판매업의 종합예산

판매업은 제조업처럼 제품을 생산하지 않고, 대신에 제조업에서 생산한 제품을 구매해서 판매하기 때문에 예산편성과정이 제조업보다는 덜 복잡하다. 다시 말해 제조업에서 편성되는 생산관련 예산(생산예산, 직접재료비예산, 직접노무비예산, 제조간접비예산 등)의 편성이 필요 없게 되며, 대신에 구매예산을 편성하게 된다.

<표 5-1>은 종합예산(비제조업)의 편성순서를 화살표순으로 나타내고 있다

〈표 5-1〉 종합예산의 편성과정

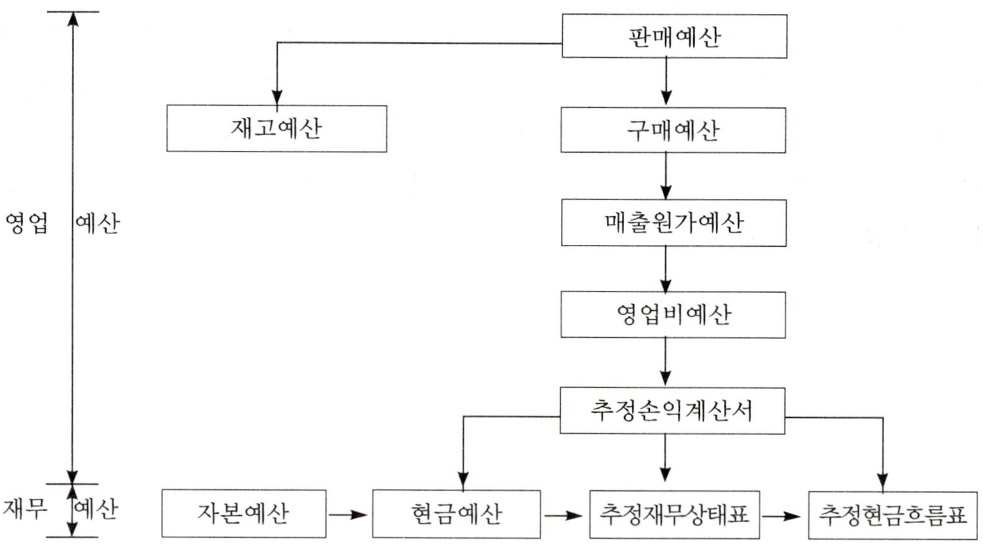

2 판매업의 종합예산편성과정

판매업의 종합예산 편성과정을 다음 사례를 가지고 설명하고자 한다.

목원회사는 다수의 가정용품을 전국의 자영소매점을 통하여 판매하고 있으며 대부분의 소매점포를 임차하고 있다. 또한 판매원을 통하여 방문판매도 한다. 이 소매점의 회계담당자는 우선 4개월 간의 예산을 편성하기로 하였다. 즉 4월부터 7월까지 4개월을 예산기간으로 정하였다. 과거에는 봄철에 판매량이 증가하여 왔다. 외상매출금의 회수가 제대로 이루어지지 않고 있으며, 필요한 물품을 구입할 자금과 급료, 그리고 기타의 영업비용이 항상 필요하므로 은행에서 6개월 만기의 자금을 대출받고 있었다.

<표 5-2>는 회계연도가 끝나는 3월말을 기준으로 작성한 재무상태표이다.

〈표 5-2〉 목원회사의 20X3년 3월 31일의 재무상태표

자 산		
유동자산 :		
현금	₩10,000	
외상매출금(0.4×3월 매출 ₩40,000)	16,000	
재고자산[₩20,000+0.8(0.7×4월매출 ×50,000)]	48,000	
선급보험료	1,800	₩75,800
비유동자산 :		
유형자산	₩37,000	
감가상각누계액	(12,800)	24,200
자산총계		₩100,000
부채와자본		
유동부채 :		
외상매입금(0.5×3월 매입 ₩33,600)	₩16,800	
미지급 급료와 판매수수료(₩1,250+₩3,000)	4,250	₩21,050
자본		78,950
부채와 자본총계		₩100,000

3월의 매출액은 ₩40,000이었고 앞으로 4개월 간의 매출액을 다음과 같이 예측하였다.

4월 : ₩50,000　　5월 : ₩80,000
6월 : ₩60,000　　7월 : ₩50,000
8월 : ₩40,000

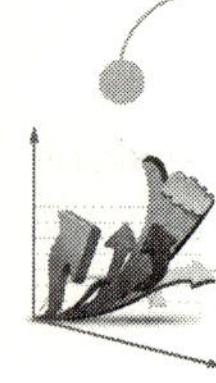

보통 매출액의 60%는 현금판매이고 나머지 40%는 외상으로 판매하고 있다. 외상매출금은 판매한 달이 지난 다음 달에 전부 회수되고 있다. 따라서 3월말의 외상매출금은 3월 중의 매출액 ₩40,000의 40%에 해당되는 것이다. 회수불능액은 얼마되지 않으며 따라서 이를 무시하여도 좋다. 이 소매상은 판매에 지장을 초래하지 않기 위하여 매월말의 재고액은 ₩20,000원 정도의 재고자산에다 그 다음 달의 예상매출원가의 80%를 합한 것을 반드시 유지하고자 한다. 매출원가는 보통 매출액의 70%를 차지하고 있다. 따라서 3월말의 재고액은 ₩20,000 + 0.8(0.7×4월 매출액 ₩50,000) = ₩48,000이 된다. 외상매입금에 대하여는 30일 이내에 지급하면 된다. 매월 구입상품 대금의 50%는 그 달에 지급하고 나머지 50%는 다음 달에 지급하고 있다.

급료 및 판매수수료는 반개월마다 지급된다. 즉 비용이 발생된 반개월 이후가 된다. 매월 급료 발생액은 ₩2,500으로서 일정하며 판매수수료는 매출액의 15%에 해당된다. 따라서 3월말의 미지급급료 및 판매수수료는 (0.5×₩2,500) + 0.5(0.15×₩40,000) = ₩4,250이 된다. 이 금액은 4월 15일에 지급될 것이다. 4월 중에는 배달에 필요한 차량을 ₩3,000원에 구입할 예정이다. 기타 매월 발생할 비용은 다음과 같다.

기타잡비 : 매출액의 5%로서 발생시마다 지급
임차료 : ₩2,000으로서 발생시마다 지급
보험료 : 매월 ₩200씩 비용으로 계상(선급보험료임)
감가상각비 : 월 ₩500(「차량」 포함)

이 회사는 매월말 ₩10,000을 최저현금액으로 보유하고자 한다. 은행으로부터의 차입 또는 상환은 ₩1,000의 배수로 이루어지는데 연 이자율은 18%이다. 경영진에서는 필요 이상의 자금을 차입하지 않으려 하며 가능한 한 빨리 상환하기를 원하고 있다. 대출금의 원금이 상환될 때 이자를 계산하며, 상환되는 원금에 해당되는 이자만 지급된다. 대출은 항상 월초에, 상환은 항상 월말에 발생하는 것으로 가정한다.

1) 영업예산작성단계

먼저 상기한 (a)~(f)의 명세표를 작성하면 다음 〈표 5-3〉과 같다.
이러한 명세서를 작성한 후에는 추정재무제표를 작성할 수 있다.

① 1단계 : 예산을 작성하려면 무엇보다도 판매예측을 먼저 하여야 할 것이다. (명세표 a). 재고수준, 상품구매액 그리고 영업비용 등은 매출액에 따라 결정되는 경우가 보통이기 때문이다.

② 2단계 : 판매예산을 작성한 후에는 구매예산(명세표 c)을 책정할 수 있을 것이다. 필요한 구매액은 기말에 유지할 것을 원하는 재고액에다 예상판매량을 충족시킬 수 있는 양을 합한 것이다. 필요구매액의 일부는 기초재고로 충당할 수 있을 것이다. 그러므로 '구매액 = 기업이 원하는 기말재고액 + 매출원가 − 기초재고'가 될 것이다.

③ 3단계 : 영업비예산은 여러 가지 요소에 따라 결정된다. 대부분의 영업비는 매출액의 변동에 따라 직접 영향을 받는 경우가 많다. 판매수수료나 배달비용이 그러한 예이다. 그러나 임차료, 보험료, 감가상각비 등의 비용은 매출액의 변동에 따라 영향을 받지 않을 것이다. 이러한 경우에는 전술한 명세표 e와 같은 표를 작성할 필요가 있다. 기타의 영업비용도 이와 같이 작성할 수 있을 것이다.

④ 4단계 : 이상의 단계에 따라 추정손익계산서를 작성하는데 필요한 정보를 얻을 수 있다. 영업예산에 나타나 있는 내용을 반영해서 작성한 추정손익계산서는 <표 5-4>에 제시되어 있다.

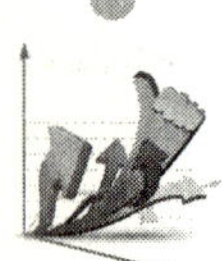

〈표 5-3〉 영업예산 명세표

	3월	4월	5월	6월	7월	4월~7월 합계
명세표 a:매출예산						
외상매출(40%)	₩16,000	₩20,000	₩32,000	₩24,000	₩20,000	
현금매출(60%)	24,000	30,000	48,000	36,000	30,000	
매출액 합계	₩40,000	₩50,000	₩80,000	₩60,000	₩50,000	₩240,000
명세표 b : 현금회수						
금일의 현금 판매		₩30,000	₩48,000	₩36,000	₩30,000	
전월의 외상매출금회수		16,000	20,000	32,000	24,000	
현금수입 합계		₩46,000	₩68,000	₩68,000	₩54,000	
명세표 c:구매예산						
월말재고	₩48,000	₩64,800	₩53,600	₩48,000	₩42,400	
매출원가	28,000a	35,000	56,000	42,000	35,000	₩168,000
합 계	76,000	₩99,800	₩109,600	₩90,000	₩77,400	
월초재고	42,400b	48,000	64,800	53,600	48,000	
구 매 액	₩33,600	₩51,800	₩44,800	₩36,400	₩29,400	

a 0.7×3월 매출액 ₩40,000＝28,000

b ₩20,000＋0.8(0.7×3월 매출액 ₩40,000)＝₩42,400

	3월	4월	5월	6월	7월	4월~7월 합계
명세표 d:구매지출						
전월구매액의 50%		₩16,800	₩25,900	₩22,400	₩18,200	
금월구매액의 50%		25,900	22,400	18,200	14,700	
상품대금지출총액		₩42,700	₩48,300	₩40,600	₩32,900	
명세표 e:영업비예산						
급 료	₩2,500	₩2,500	₩2,500	₩2,500	₩2,500	
판매수수료						
(금월 매출액의 15%)	6,000	7,500	12,000	9,000	7,500	
합계	₩8,500	₩10,000	₩14,500	₩11,500	₩10,000	₩46,000
잡비(금월매출액의 5%)		2,500	4,000	3,000	2,500	12,000
임차료*		2,000	2,000	2,000	2,000	8,000
감가상각비*		500	500	500	500	2,000
보험료		200	200	200	200	800
합계		₩5,200	₩6,700	₩5,700	₩5,200	₩22,800
총영업비합계액		₩15,200	₩21,200	₩17,200	₩15,200	₩68,800

* 월간 금액은 문제에서 주어진 것임

	3월	4월	5월	6월	7월	4월~7월 합계
명세표 f: 영업비지출액						
급료 및 판매수수료						
전월의 50%		₩4,250	₩5,000	₩7,250	₩5,750	
금월의 50%		5,000	7,250	5,750	5,000	
급 료		₩9,250	₩12,250	₩13,000	₩10,750	
잡비		2,500	4,000	3,000	2,500	
임차료		2,000	2,000	2,000	2,000	
총지출액		₩13,750	₩18,250	₩18,000	₩15,250	

〈표 5-4〉 추정손익계산서 (20X3년 4월 1일~20X3년 7월 31일)

매출액		₩240,000	(명세표 a)
매출원가		168,000	(명세표 c)
매출총이익		72,000	
판매비와 관리비 :			
급료와 판매수수료	46,000		
임차료	8,000		(명세표 e)
보험료	800		(명세표 e)
감가상각비	2,000		(명세표 e)
잡비	12,000	68,800	(명세표 e)
영업이익		3,200	
이자비용		675	(표 5-5*)
당기순이익		₩2,525	

2) 재무예산작성단계

(1) 현금예산작성

현금예산은 계획된 추정현금수지계산서이다. 현금예산은 추정손익계산서에 요약되어 있는 영업수준이 현금에 미치는 매월의 효과에 크게 영향을 받는다. 현금예산은 〈표 5-5〉에 있으며 그 구성요소를 간단히 설명하면 다음과 같다.

(w) 먼저 필요한 자금은 기초의 현금잔액에다 현금 수입액의 합계를 구하여 예측하여야 할 것이다. 현금수입액은 외상매출금의 회수액과 현금 판매액(명세표 b), 그리고 기타수입에 달려 있을 것이다. 그러므로 자금계획에서는 외상매출금의 회수를 정확하게 예측하여야 하는 것이 가장 중요하다. 이것은 과거의 경험에 비추어 평균회수기간을 추정하는 일이 필요할 것이다.

(x) 자금(현금)지출 :

(1) 상품구매에 필요한 자금은 구매조건과 관습에 따라 다를 것이다(명세표d).

(2) 급료나 수수료도 계약조건에 따라 다를 것이다(명세표 f).

(3) 기타의 비용도 지급시기나 조건에 따라 각기 다를 것으로 생각된다. 그런데 여기서 특별히 유의하여야 할 것은 '감가상각비는 현

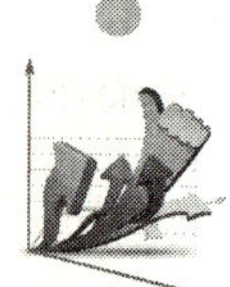

금이 지출되는 비용항목이 아니라는 것'이다.

(4) 기타의 현금지출항목은 고정자산의 구입, 장기투자, 상품 및 원료등 구매대금의 분할지급 등이 있다. 본문제에서는 기타의 현금지출항목으로「차량」구입이 있다.

(y) 자금조달은 가용현금액(표 5-5에서의 w)와 필요자금을 비교하여 결정하여야 할 것이다. 필요자금은 현금지출액에나 기말의 최저현금유지액을 합한 것이다. 필요자금이 가용현금액보다 많으면 대출을 받고, 적으면 대출금을 상환하여야 할 것이다. 이 때에 이자도 지급하여야 하므로 현금수지예산은 물론 전기한 추정손익계산서에서도 이것을 고려하여야 할 것이다(여기에서는 법인세를 고려하지 않기로 한다).

(z) 기말의 현금잔액은 w+Y−x가 될 것이다. 즉 총현금이용가능액+총자금조달효과−총현금지출액=기말 현금잔액이 된다. 이 공식은 다음과 같이 세부적으로 나타낼 수도 있다. 즉, 기초현금잔액+현금수지액−(현금지출액+최저현금유지액)+(차입액−상환액−이자지급액)=기말현금잔액

자금조달 Y는 현금잔액에 대해 플러스(차입) 또는 마이너스(상환) 효과를 가지게 된다. 이 문제의 현금예산은 단기의 자기청산자금조달(self liquidating financing)을 나타내고 있다. 계절상의 절정기에서는 대개 판매가 이루어지기 전 또는 고객으로부터 대금이 회수되기 전에 상품구매와 영업비에 대한 지출 때문에 현금의 심각한 부족현상이 존재되기 마련이다. 따라서 이러한 기업의 경우 현금이 부족할 때는 차입을 하고, 남아돌 경우에는 원금, 이자를 상환하는 식으로 현금관리를 할 필요가 있겠다.

〈표 5-5〉 추정현금예산

	4월	5월	6월	7월
월초현금잔액	₩10,000	₩10,550	₩10,970	₩10,965
현금수입액 :				
고객으로부터의 현금수입(명세표 b)	46,000	68,000	68,000	54,000
W. 총현금이용가능액(자금조달전)	56,000	78,550	78,970	64,965
현금지출액:				
상품매입(명세표 d)	42,700	48,300	40,600	32,900
급료 및 수수료	9,250	12,250	13,000	10,750
잡비, 매출액의 5%	2,500	4,000	3,000	2,500
임차료	2,000	2,000	2,000	2,000
차량구입	3,000	–	–	–
X. 총지출액	59,450	66,550	58,600	48,150
최저현금유지액	10,000	10,000	10,000	10,000
총현금소요액	69,450	76,550	68,600	58,150
현금초과(부족)	(13,450)	2,000	10,370	6,815
자본조달과 상환				
차입(기초)	14,000			
상환(기말)	–	(1,000)	(9,000)	(4,000)
이자(년 18%)	–	(30)*	(405)**	(240)***
Y. 총자본조달효과	14,000	(1,030)	(9,405)	(4,240)
Z. 월말현금잔액(W+Y−X)	₩10,550	₩10,970	₩10,965	₩12,575

* : 0.18×₩1,000×2/12=₩30
** : 0.18×₩9,000×3/12=₩405
*** : 0.18×₩4,000×4/12=₩240

(2) 추정재무상태표 작성

마지막으로 추정재무상태표를 작성하게 되면 <표 5-6>에 나타나 있다.

〈표 5-6〉 추정재무상태표 (20X3년 7월 31일)

자 산		
유동자산 :		
현금(<표 5-5>)	₩12,575	
외상매출금(표a, 0.4×7월 매출 ₩50,000)	20,000	
재고자산(표c)	42,400	
선급보험료(잔액 ₩1,800－경과분 ₩800)	1,000	₩75,975
비유동자산 :		
유형자산(₩37,000＋차량₩3,000)	₩40,000	
감가상각누계액(₩12,800＋₩2,000)	(14,800)	25,200
자산총계		₩101,175
부채와자본		
유동부채 :		
외상매입금(표d, 0.5×7월 매입 ₩29,400)	₩14,700	
미지급급료와 판매수수료(표e, 0.5×₩10,000)	5,000	₩19,700
자본(₩78,950＋순이익 ₩2,525)		81,475
부채와 자본총계		₩101,175

제 3 절 제조업의 종합예산편성

제조업에 대한 종합예산의 편성과정을 설명하면 다음과 같다. 제조업의 예산편성과정이 판매업의 경우와 다른 점은 직접 제품을 생산하여 판매하기 때문에 제품생산과 관련된 생산예산, 직접재료비예산, 직접노무비예산, 제조간접비예산 등이 포함된다는 것이다.

제조업에 대한 종합예산 편성과정에 있어서 첫 출발점은 판매업의 예산편성과정의 경우와 마찬가지로 먼저 판매예산을 작성하는 것이다. 판매예산은 예상판매량을 추정한 후 여기에다 예상판매단가를 곱하여 결정된다. 한편 현금예산을 편성하는데 이용하기 위해 판매예산 작성시 현금회수결과도 함께 계산하게 된다. 판매

예산의 작성 및 현금회수내역은 다음과 같다.

판매예산

	4월	5월	6월	7월	합계
예상매출수량	800	700	900	800	3,200
단위당판매가격	×₩80	×₩80	×₩80	×₩80	×₩80
총매출액	₩64,000	₩56,000	₩72,000	₩64,000	₩256,000

현금회수액 명세서

	4월	5월	6월	7월	합계
월초매출채권	₩9,500				₩9,500
4월 매출액(₩64,000)	44,800	₩19,200			64,000
5월 매출액(₩56,000)		39,200	₩16,800		56,000
6월 매출액(₩72,000)			50,400	₩21,600	72,000
7월 매출액(₩64,000)				44,800	44,800
현금회수총액	₩54,300	₩58,400	₩67,200	₩66,400	₩246,300

1) 매출채권 월초잔액은 4월중에 전액 회수된다고 본다.
2) 월별 매출액의 70%는 판매된 달에 회수된다.

판매예산이 결정된 다음에 생산예산이 작성된다. 예상판매수량과 재고요구량에 일치시키기 위해 제조되어야 할 생산예상수량이 생산예산을 통해 제시된다. 생산예상수량은 예상판매수량과 월말보유재고수량의 합계에서 월초에 보유한 월초재고수량을 차감하여 계산한다.

생산예상수량 = 예상판매수량 + 월말재고수량 − 월초재고수량

생산예산은 다음과 같은 방식으로 작성된다.

생산예산

	4월	5월	6월	7월	합계
예상판매량(판매예산)	800	700	900	800	3,200
가산 : 월말 재고수량	70	90	80	100	100
총예상소요량	870	790	980	900	3,300
차감: 월초 재고수량	80[1]	70	90	80	80
생산예상수량	790	720	890	820	3,220

1) 3월말 재고수량임

생산수량이 결정되면 생산예상수량의 생산을 위해 얼마만큼의 원재료가 필요한

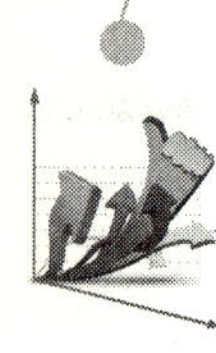

지, 구입해야 할 원재료 수량은 어느 정도인지 등을 확인하기 위해 직접재료비예산이 작성되게 된다. 원재료 구입예상수량은 원재료 예상사용수량과 재고수준에 의해 결정되게 된다.

구입예상수량 = 예상사용수량 + 기말 원재료 예상재고수량
　　　　　　　　－기초 원재료 재고수량

직접재료비예산 및 재료비 지급액 명세서의 작성은 다음과 같다.

직접재료비예산

	4월	5월	6월	7월	합계
생산예상수량(생산예산)	790	720	890	820	3,220
단위당 직접재료수량	×3	×3	×3	×3	×3
생산에 필요한 재료수량	2,370	2,160	2,670	2,460	9,660
가산: 월말재고수량[1]	216	267	246	250[2]	250
원재료 총요구수량	2,586	2,427	2,916	2,710	9,910
차감: 월초재고수량	237[3]	216	267	246	237
원재료 총구입수량	2,347	2,211	2,649	2,464	9,673
단위당 구입가격	×₩2	×₩2	×₩2	×₩2	×₩2
구입원가	₩4,698	₩4,422	₩5,298	₩4,928	₩19,346

1) 다음 달 생산에 요구되는 수량의 10%
2) 예상금액임
3) 3월달의 월말 재고수량

재료비 현금지급액 명세서

	4월	5월	6월	7월	합계
기초매입채무	₩2,200				₩2,200
4월 구입액(₩4,698)[1]	2,349	₩2,349			4,698
5월 구입액(₩4,422)		2,211	₩2,211		4,422
6월 구입액(₩5,298)			2,646	₩2,646	5,298
7월 구입액(₩4,928)				2,464	2,464
현금총지급액	₩4,549	₩4,560	₩4,860	₩5,113	₩19,082

1) 월 구입액의 50%는 당월에, 나머지 50%는 다음 달에 지급한다.

생산예산에서 결정된 생산예정수량은 직접노무비예산의 편성에 기초자료가 된다. 총직접노동시간은 매월의 생산예정수량에다 1단위 생산에 요구되는 직접작업시간을 곱해서 결정된다. 마지막으로 직접노무비를 계산하기 위해서는 총직접작

업시간에다 시간당 직접노무비를 곱하면 된다.

직접노무비예산은 다음과 같이 작성된다.

직접노무비예산

	4월	5월	6월	7월	합계
생산예정수량(생산예산)	790	720	890	820	3,220
단위당 직접작업시간	×5	×5	×5	×5	×5
총직접작업시간	3,950	3,600	4,450	4,100	16,100
시간당 직접노무비	×₩5	×₩5	×₩5	×₩5	×₩5
총직접노무비	₩19,750	₩18,000	₩22,250	₩20,500	₩80,500

제조간접비예산은 직접재료비와 직접노무비를 제외한 모든 제조원가의 예상내역을 나타내게 된다. 제조간접비예산은 변종제조간접비와 고정제조간접비로 구분해서 나타낸다. 현금예산과 관련해 제조간접비의 현금지출액을 계산하는데 있어서 주의해야 할 점은 감가상각비가 현금유출항목이 아니기 때문에 총제조간접비예산에서 제외된다는 점이다.

제조간접비예산의 작성은 다음과 같이 이루어진다.

제조간접비예산

	4월	5월	6월	7월	합계
총예정작업시간	3,950	3,600	4,450	4,100	16,100
변동제조간접비율	×₩2	×₩2	×₩2	×₩2	×₩2
변동제조간접비예산	₩7,900	₩7,200	₩8,900	₩8,200	₩32,200
고정제조간접비예산	6,000	6,000	6,000	6,000	6,000
총제조간접비예산	₩13,900	₩13,200	₩14,900	₩14,200	₩56,200
차감: 감가상각비	3,250	3,250	3,250	3,250	3,250
제조간접비 지출액	₩10,650	₩9,950	₩11,650	₩10,950	₩43,200

제조간접비예산 작성시 다음과 같이 가정한다.

1) 총제조간접비예산=월₩6,000의 고정제조간접비+(직접작업시간×₩2)
2) 감가상각비는 매월 ₩3,250이다.
3) 현금지출이 수반되는 제조간접비는 당월에 지급된다.

판매비와 관리비예산도 제조간접비예산처럼 변동비와 고정비부분으로 구분해

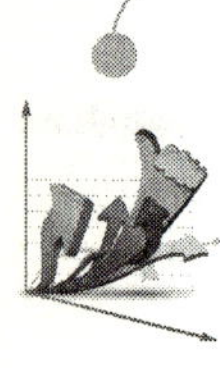

서 작성된다. 판매비와 관리비예산은 다음과 같이 작성된다.

판매비와 관리비예산

	4월	5월	6월	7월	합계
예상판매량	800	700	900	800	3,200
단위당 변동비	×₩4	×₩4	×₩4	×₩4	×₩4
변동판·관비예산	₩3,200	₩2,800	₩3,600	₩3,200	₩12,800
고정판·관비					
광고선전비	₩1,100	₩1,100	₩1,100	₩1,100	₩4,400
보험료	2,800				2,800
사무직급여	8,500	8,500	8,500	8,500	34,000
감가상각비	1,000	1,000	1,000	1,000	4,000
세금과공과			1,000		1,000
총판·관비예산	16,600	13,400	15,200	13,800	59,000
총판·비 지출액	₩15,650	₩12,400	₩14,200	₩12,800	₩55,000

1) 현금지출이 수반되는 제조간접비는 당월에 지급된다. 감가상각비는 현금지출항목이 아니기 때문에 지출액 계산시 제외된다.

지금까지 각종 예산을 편성하면서 현금지출액도 동시에 계산하였다. 이를 종합하면 현금예산이 된다. 현금예산을 작성하면 다음과 같다.

현금예산

	4월	5월	6월	7월	합계
월초현금잔액	₩10,000	₩9,701	₩5,191	₩13,331	₩10,000
가산 : 현금 수입액					
판매대금 회수액	54,300	58,400	67,200	66,400	246,300
총이용가능현금	64,300	68,101	72,391	79,731	256,300
차감 : 현금지출액					
직접재료비	4,549	4,560	4,860	5,113	19,082
직접노무비	19,750	18,000	22,250	20,500	80,500
제조간접비	10,650	9,950	11,650	10,950	43,200
판매비와 관리비	15,650	12,400	14,200	12,800	55,050
기계장치 구입액		24,000			24,000
법인세비용	4,000				4,000
현금초과(부족)액	9,701	(809)	19,431	30,418	30,468
차입금		6,000			6,000
차입금 상환액			6,000)		(6,000)
이자지급액			(100)		(100)
월말 현금잔액	₩9,701	₩5,191	₩13,331	₩30,368	₩30,368

매 월말 현금최소보유액은 ₩5,000이며, 4월에 법인세비용 ₩4,000을 납부한다. 또한 5월에 기계장치를 ₩24,000에 구입한다. 부족현금은 은행에서 월초에 10% 연 이자율로 차입해서 상환은 월말에 이자와 함께 한다.

제 4 절 서비스업의 종합예산편성

서비스업의 종합예산

서비스업은 제품이나 상품 대신에 서비스를 제공한다는 점에서 제조업이나 판매업과는 차이가 있다. 서비스업에 속한 회사의 예로는 법무법인, 회계법인, 병원, 호텔, 여행사, 자동차수리점, 인터넷서비스공급자 등을 열거할 수 있다. 서비스업의 종합예산 편성과정은 제조업의 예산편성과정과 유사하다.

서비스업의 종합예산은 다음과 같이 분류할 수 있다.

A. 영업예산(operating budget)
1) 판매예산(sales budget)
2) 물품예산(supplies budget)
3) 임금과 급여예산(wages and salaries budget)
4) 간접비예산(overhead budget)
5) 서비스원가예산(service cost budget)
6) 판매비 및 관리비예산(selling & administrative expense budget)
7) 추정(예산)손익계산서(budgeted income statement)

B. 재무예산(financial budget)
1) 자본예산(capital budgets)
2) 현금예산(cash budget: cash receipts and disbursements)
3) 추정재무상태표(budgeted balance sheet)
4) 추정현금흐름표(budgeted statement of cash flows)

앞에서 학습한 판매업과 제조업의 경우와 마찬가지로 서비스업의 예산편성은 판매예산(또는 수익예산)으로부터 시작을 한다. 그러나 서비스업은 재고로 보유할 수 없는 무형의 생산물(예를 들어 숙박업의 객실수, 수리점의 수리서비스 등)을

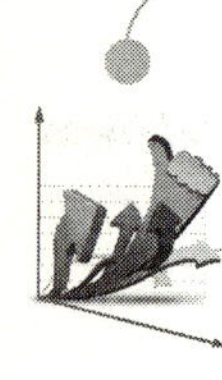

판매하기 때문에 제조업에서 나타나는 생산예산은 존재하지 않는다. 대신에 판매예산(또는 수익예산)에서 계산되는 판매 또는 제공될 서비스 예상수량(예를 들어 숙박업의 경우는 숙박 예상 객실수 총계, 의료업의 경우는 진료 예상 환자수, 법무법인의 경우 소송의뢰 예상 건수, 인터넷통신회사의 경우 신청 예상건수 등)이 영업기간 동안의 생산물이 된다.

판매예산(또는 수익예산)에서 계산되는 판매 또는 제공될 서비스 예상수량이 영업기간 동안의 생산물이기 때문에 판매예산(또는 수익예산)은 제조업의 생산예산과 동일한 것이 된다. 따라서 판매예산(또는 수익예산)은 이후에 편성되는 예산 즉, 물품예산, 임금과 급여예산, 간접비예산 그리고 판매 및 관리비 예산의 기준이 된다.

2 서비스업의 종합예산편성과정

서비스업의 종합예산 편성과정을 다음 사례를 가지고 설명하고자 한다.

10억원을 투자해서 10개의 객실을 갖춘 소규모 숙박업체인 MW모텔을 인수하였는데, 이 모텔은 국립공원 인접 지역에 위치하고 있다. 사업은 계절적인 영향을 많이 받고 있기 때문에 성수기와 비수기가 분명하게 나타나며, 성수기는 4월부터 12까지, 비수기는 1월부터 3월까지 라고 보면 된다. 성수기 객실요금은 ₩150,000, 비수기는 ₩100,000으로 책정하고 있으며, 현금 또는 신용카드로 결제된다. 신용카드로 결제한 경우 4 - 5%의 수수료가 발생하며, 이에 따라 수수료를 제외한 금액이 곧바로 거래 은행계좌에 입금된다. 과거의 경험상 대부분의 고객이 신용카드로 숙박요금을 지불하며, 이에 따라 카드회사에 지불하는 수수료가 평균적으로 ₩5,000 정도가 되고 있다. 과거의 경험을 토대로 내년 1년 동안의 객실 투숙율을 추정한 결과 다음과 같이 나타났다.

1월 - 3월	30%
4월 - 6월	90%
7월 - 9월	80%
10월 - 12월	60%

1) 판매(또는 수익)예산

위에서 제시한 자료를 이용해서 판매(또는 수익)예산을 편성한 결과는 다음 표 에 나타나 있다.

판매(또는 수익)예산

(단위: 천원)

	1분기	2분기	3분기	4분기	합계
객실수	10	10	10	10	
분기별 영업일수	×90	×90	×90	×90	
제공객실수 총계	900	900	900	900	
점유율	×30%	×90%	×80%	×60%	
숙박예상 객실수	270	810	720	540	2,340
숙박요금	×₩100	×₩150	×₩150	×₩150	×₩150
판매수익	₩27,000	₩121,500	₩108,000	₩81,000	₩337,500

위의 예산을 보면 MW모텔의 1년 동안의 총수익이 ₩337,500,000으로 예상되고 있다. 한편 이 모텔은 숙박요금을 현금 또는 신용카드로 받고 있기 때문에 분기별 총수익은 해당 분기내에 모두 현금으로 회수되는 것으로 보면 된다. 따라서 별도로 현금회수명세표를 작성할 필요가 없다.

여기서 명심할 것은 1년 동안 숙박 예상 객실수 총계가 2,340개이며, 이 객실수가 다음에 편성될 예산의 기준이 된다는 점이다.

2) 물품예산

대부분의 서비스업종에 속한 회사는 영업에 필요한 물품을 갖추고 있다. 음식점의 경우 음식을 만드는데 필요한 식자재, 식자재나 주방용구를 청결케하는 세척재, 주방과 식당의 청소에 필요한 청소용품 등 등이 영업에 필요한 물품이 될 것이다. 숙박업의 경우는 객실에 비치할 비누와 샴푸, 1회용 면도기, 타월과 음료수 그리고 간단한 아침식사를 제공하는 경우라면 식자재가 이에 해당될 것이다.

위에서 제시한 자료를 이용해서 물품예산을 편성한 결과는 다음 표 에 나타나 있다. 편성된 물품예산을 보면 물품에 대한 총구입대금이 ₩25,740,000으로 예상되고 있다. 이 사례에서는 물품에 대한 분기별 구입대금은 구입시에 현금 지급하는 것으로 가정해서 별도의 현금지출명세서는 작성하지 않는다.

물품예산

(단위: 천원)

	1분기	2분기	3분기	4분기	합계
숙박예상 객실수	270	810	720	540	2,340
객실 필요물품					
욕실용품(객실당 ₩2)	₩540	₩1,620	₩1,440	₩1,060	₩4,680
세탁용품(객실당 ₩1)	270	810	720	540	2,340
아침식자재(객실당 ₩8)	2,160	6,480	5,760	4,320	18,720
총물품구입액	₩2,970	₩8,910	₩7,920	₩5,940	₩25,740

3) 임금과 급여예산

임금과 급여예산은 서비스를 제공하는데 직접 관련된 근로자의 인건비를 포함하며, 제조업의 직접노무비예산과 동일한 것으로 보면 된다. 관리부서의 직원에 대한 급여는 판매비와 관리비예산 항목이므로 이 예산에 포함되지 않는다. MW모텔의 경우 객실 청소인력의 인건비만이 이에 해당하는 것으로 가정할 경우 임금과 급여예산은 다음과 표와 같다. 인건비는 해당 월에 지급하는 것으로 가정한다.

임금과 급여예산

(단위: 천원)

	1분기	2분기	3분기	4분기	합계
숙박예상 객실수	270	810	720	540	2,340
객실당 인건비	×₩25	×₩25	×₩25	×₩25	×₩25
총인건비 지급액	₩6,750	₩20,250	₩18,000	₩13,500	₩58,500

4) 간접비예산

서비스업의 간접비예산은 서비스를 제공하는 것과 관련된 모든 원가를 포함한다. 물론 서비스를 제공하는데 직접적으로 관련이 없는 판매비와 관리비는 포함하지 않는다. 숙박업의 경우 수도광열비(상하수도료, 쓰레기처리비, 전기, 개스료), 감가상각비, TV시청료, 통신비 및 기타잡비 등이 간접비에 해당된다. 이와 같은 특정의 서비스를 제공하는 업체의 경우 모든 간접비는 고정비 성격을 지니는 경우가 일반적이다. 즉 객실에 투숙객의 투숙 여부에 관계없이 이러한 간접비는 고정적으로 발생한다는 것이다. MW모텔의 경우도 이러한 점을 반영해서 간접비 예산을 편성할 경우 다음의 표와 같다.

간접비예산

(단위: 천원)

	1분기	2분기	3분기	4분기	합계
수도광열비	₩5,000	₩5,000	₩5,000	₩5,000	₩20,000
감가상각비	10,000	10,000	10,000	10,000	40,000
통신비	2,000	2,000	2,000	2,000	8,000
잡비	550	550	550	550	2,200
간접비총계	₩17,550	₩17,550	₩17,550	₩17,550	₩70,200
감가상각비차감	10,000	10,000	10,000	10,000	40,000
총간접비지출액	₩7,550	₩7,550	₩7,550	₩7,550	₩30,200

여기서 감가상각비는 모텔의 건물 및 시설원가 합산액 ₩1,000,000,000을 내용연수 25년, 잔존가치는 없는 것으로 해서 정액법으로 1년분 계산하여 분기별로 배분한 것이다.

5) 서비스원가예산

서비스업의 원가예산은 제조업의 제조원가예산과 유사한다. 서비스원가예산은 숙박업의 경우 객실을 투숙객에게 제공하는 총서비스원가를 추정하기 위해서 모든 서비스원가(물품예산, 임금과 급예예산 및 간접비예산)를 집계한 것이다. 3가지 서비스관련 예산에 토대를 두고서 MW모텔의 객실에 투숙하는데 제공된 서비스원가의 변동비 부분은 1박당 대략 ₩36,000으로 계산된다. 이 모텔은 1년 동안 2,340개의 객실이 투숙될 것으로 예상하고 있기 때문에 객실당 배분되는 간접비(모두 고정비)는 ₩30,000(₩70,200,000 ÷ 2,340개 객실)이 된다. 물론 예상 투숙객실수가 달라지면 객실당 배분되는 고정간접비도 달라진다는 점을 기억하기 바란다. 계산된 MW모텔의 서비스원가는 다음 표와 같다.

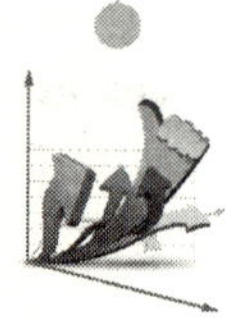

서비스원가 예산

(단위: 천원)

		총 계
연간 물품비	₩25,740	
연간 인건비	58,500	
연간총변동서비스원가	84,240	
연각 예상숙박객실수	÷ 2,340	
객실당 변동비		₩36
연간고정간접비	₩70,200	
연간 예상숙박객실수	÷ 2,340	
객실당 고정간접비 배부액		30
객실당 총서비스원가		₩66

6) 판매 및 관리비예산

판매관리비예산에는 판매비와 관리비로 계획된 지출액이 포함된다. 판매 및 관리비예산은 다음과 같다.

판매 및 관리비예산

(단위: 천원)

	1분기	2분기	3분기	4분기	합계
변동판매관리비					
숙박예상 객실수	270	810	720	540	2,340
평균신용카드수수료	×₩5	×₩5	×₩5	×₩5	×₩5
변동판매관리비총계	₩1,350	₩4,050	₩3,660	₩2,700	₩11,700
고정판매관리비					
경영자급여	₩8,500	₩8,500	₩8,500	₩8,500	₩34,000
감가상각비	1,200	1,200	1,200	1,200	4,800
광고비	800	800	800	800	3,200
잡비	500	500	500	500	2,000
고정판매관리비총계	₩11,000	₩11,000	₩11,000	₩11,000	₩44,000
총판매관리비	₩12,350	₩15,050	₩14,600	₩13,700	₩55,700
감가상각비차감	1,200	1,200	1,200	1,200	4,800
총판매관리비지출액	₩11,150	₩13,850	₩13,400	₩12,500	₩50,900

7) 현금예산

현금예산은 현금의 계획과 통제를 위해서 편성된다. 현금예산은 영업기간 동안의 예상현금 유입액과 유출액이 표시된다. 현금예산은 경영자에게 불필요한 여유현금

이나 현금부족을 사전에 피할 수 있게 해주는 유용한 도구가 된다. MW모텔의 앞에서 편성된 예산에서 계산된 현금 유.출입액을 반영해서 현금예산을 편성하면 다음과 같다.

현금예산

(단위: 천원)

	1분기	2분기	3분기	4분기	합계
분기초 현금잔액	₩0	₩2,080	₩69,345	₩130,475	₩0
가산: 현금 수입액					
판매대금	27,000	121,500	108,000	81,000	337,500
총이용가능현금	27,000	123,580	177,345	211,475	337,500
차감: 현금지출액					
물품구입비	2,970	8,910	7,920	5,940	25,740
인건비	6,750	20,250	18,000	13,500	58,500
간접비	7,550	7,550	7,550	7,550	30,200
판매비와 관리비	11,150	13,850	13,400	12,500	50,900
모텔 구입액	1,000,000				1,000,000
지출액 합계	1,028,420	50,560	46,870	39,490	1,165,340
현금초과(부족)액	(1,001,420)	73,020	130,475	171,985	(827,840)
자본금	1,000,000				1,000,000
차입금	3,500				3,500
차입금 상환액		(3,500)			(3,500)
이자지급액		(175)			(175)
분기말 현금잔액	₩2,080	₩69,345	₩130,475	₩171,985	₩171,985

매 월말 현금최소보유액은 ₩2,000,000이며, 1분기초에 모텔을 10억원에 구입한다. 부족현금은 은행에서 분기초에 10% 연 이자율로 차입해서 상환은 분기말에 이자와 함께 한다.
이자계산: ₩3,500,000 × 0.1 × 6/12 = ₩175,000

8) 추정손익계산서와 추정재무상태표

예산편성의 마지막 단계로 추정손익계산서와 추정재무상태표를 작성한다. 먼저 추정손익계산서를 작성하면 다음과 같다.

추정손익계산서

20X4년 1월 1일 - 12월 31일		(단위: 천원)
매출액		337,500
서비스원가		
물품비	25,740	
노무비	58,500	

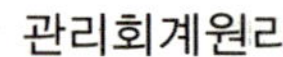
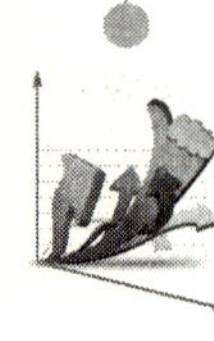

간접비	70,200	154,440
매출총이익		183,060
판매비와 관리비		
수수료비용	11,700	
급 여	34,000	
감가상각비	4,800	
광고비	3,200	
잡 비	2,000	55,700
영업이익		127,360
이자비용		175
당기순이익		127,185

추정재무상태표는 계정식으로 작성하면 다음과 같다.

추정재무상태표

20X4년 12월 31일 현재 (단위: 천원)

유동자산			부 채		-
현 금		171,985	자 본		1,127,185
비유동자산			자본금	1,000,000	
건 물	1,000,000		당기순이익	127,185	
감가상각누계액	(44,800)	955,200			
자산합계		1,127,185			1,127,185

제 5 절 창업기업의 추정재무제표 작성

창업가는 창업을 하기 전 반드시 사업계획서(business planning)를 작성하여야 한다. 사업계획서의 재무계획 부분에는 추정재무제표 3~5년분이 반드시 포함된다. 결국 사업계획서의 모든 내용이 추정재무제표에 담겨져서 이를 통해 사업의 타당성과 실행가능성 그리고 수익성 및 유동성과 현금흐름이 분석되게 된다. 따라서 창업가는 추정재무제표의 작성과정에 대해 이해할 필요가 있다. 추정재무제표는

앞에서 살펴본 재무제표의 종류와 마찬가지로 추정손익계산서 · 추정재무상태표 · 추정현금흐름표로 구성되게 된다.

추정재무제표는 앞에서 살펴본 것처럼 종합예산 편성의 최종 결과물이다. 앞에서 설명한 종합예산의 편성과 추정재무제표 작성과정은 계속기업을 전제로 한 것이었다. 그러나 창업기업의 경우는 사업을 처음 시작하는 것이기 때문에 기초재무상태표가 존재하지 않고, 이에 따라 자산 · 부채 · 자본의 기초잔액이 없는다는 점이 기존 기업과 다른 점 일뿐, 종합예산의 편성과 추정재무제표 작성과정은 동일하다.

창업기업의 종합예산의 편성과 추정재무제표 작성과정을 가상의 사례를 통해 설명하고자 한다. JS상사는 커피원두를 구입하여 커피전문점에 판매하는 회사이며, ₩30,000의 창업자금을 출자하여 10월에 창업을 할 예정이다.

이 회사는 시장조사를 통해 4개월간의 예상매출액을 산출하였다. 이 회사의 판매예산의 편성 내역은 다음과 같다.

판매예산

	10월	11월	12월	1월
예상매출수량	1,000	800	1,400	900
단위당판매가격	× ₩100	× ₩100	× ₩100	× ₩100
총매출액	₩100,000	₩80,000	₩140,000	₩90,000

판매예산 편성이 끝나면 매출 대금 회수명세서를 작성한다.

매출 대금 회수명세서

	10월	11월	12월
예상매출액	₩100,000	₩80,000	₩140,000
차감: 월말 외상매출금(60%)	60,000	48,000	84,000
매출 대금회수액			
당월 매출 대금 회수액(40%)	40,000	32,000	56,000
전월 매출 대금 회수액		60,000	48,000
매출 대금회수액 총액	₩40,000	₩92,000	₩104,000

판매대금 회수정책: 매출 대금은 당월분 중 40%가 회수되고 나머지 60%는 다음 달에 회수됨

판매예산이 결정되면 구입해야 할 상품(원두) 수량은 어느 정도인지 등을 확인

하기 위해 구매예산이 편성되게 된다. 상품(원두) 구입예상수량은 상품판매 예상수량과 재고수준에 의해 결정되게 된다.

구매예상수량 = 예상판매수량 + 기말 예상재고수량 − 기초 재고수량

구매예산의 편성은 다음과 같다.

구매예산

	10월	11월	12월
다음 달 판매예상수량	800	1,400	900
월말재고비율	× 90%	× 90%	× 90%
월말재고수량	720	1,260	810
가산: 예상판매수량	1,000	800	1,400
판매가능총수량	1,720	2,060	2,210
차감: 월초재고수량	0	720	1,260
총구입예상수량	1,720	1,340	950
단위당 구입가격	× ₩60	× ₩60	× ₩60
상품구입원가	₩103,200	₩80,400	₩57,000

1) 재고보유정책: 기말재고는 다음 달 판매에 요구되는 수량의 90%를 보유함
2) 구입가격: 원두 구입가격은 kg 당 ₩60임

구매예산의 편성 후에 구매대금의 지급액 명세서를 작성하면 다음과 같다.

〈표 7-8〉 구매대금 지급액 명세서

	10월	11월	12월
총구입예상수량	1,720	1,340	950
단위당 구입가격	× ₩60	× ₩60	× ₩60
상품구입원가	₩103,200	₩80,400	₩57,000
매입대금 지급액	₩ 0	₩103,200	₩80,400

구매대금 지급정책: 구매대금은 당월에 외상으로 매입해서 다음 달에 지급함

구매예산이 편성되면 다음은 판매비와 관리비예산을 편성한다. 먼저 판매비예

산은 판매예산에 나타난 판매수량 목표를 달성하도록 마케팅 담당 부서장과 상의해서 적절하게 편성하여야 한다. 판매비예산은 변동비와 고정비부분으로 구분해서 작성된다.

판매비예산

	10월	11월	12월	합계
예상매출액	₩100,000	₩80,000	₩140,000	₩320,000
판매수수료 비율	× 10%	× 10%	× 10%	× 10%
판매수수료	₩10,000	₩8,000	₩14,000	₩32,000
판매부서장 급여	2,000	2,000	2,000	6,000
판매비합계	₩12,000	₩10,000	₩16,000	₩38,000

1) 판매수수료는 월간 매출액의 10%이며, 판매한 달에 지급됨
2) 판매부서장의 급여는 고정비임

판매비예산이 편성되면 다음은 관리비예산을 편성한다. 관리비예산은 다음과 같이 작성된다.

관리비예산

	10월	11월	12월	합계
관리직 직원 급여	₩4,500	₩4,500	₩4,500	₩13,500
건물 임차료	4,000	4,000	4,000	12,000
설비자산 감가상각비	1,500	1,500	1,500	4,500
관리비합계	₩10,000	₩10,000	₩10,000	₩30,000

1) 직원급여와 임차료는 고정비이며, 그 달에 지급됨
2) 감가상각비는 비현금지출비용항목임

영업예산의 편성이 끝나면 그 다음은 자본예산을 편성한다. 자본예산은 설비투자예산이며, 본 사례에서는 비품(사무실 집기, 컴퓨터)과 차량 구입에 대한 내용이 자본예산에 포함되는 것으로 가정한다.

영업예산과 자본예산의 편성이 끝나면 그 다음은 현금예산을 편성한다. 현금예산은 현금수입, 현금지출 및 자금조달과 상환 등의 3부분과 현금의 기초 및 기말잔액을 포함하고 있다.

현금예산 편성시에 현금수입부분은 현금매출액과 외상판매대금 회수액과 같은

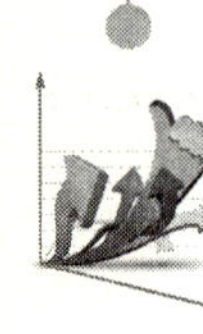

기업의 가장 주된 수익 원천으로부터 창출한 예상수입이 포함된다. 또한 이 부분은 이자와 배당금 수입과 비유동자산처분대금 및 주식발행대금도 나타낸다.

현금예산

	10월	11월	12월
월초 현금잔액	₩ 0	₩10,000	₩10,000
가산: 현금 수입액			
판매대금 회수액	40,000	92,000	104,000
자본금 출자액	30,000		
총이용가능현금	70,000	102,000	114,000
차감: 현금지출액			
상품구입대금	0	103,200	80,400
판매수수료	10,000	8,000	14,000
판매직 급여	2,000	2,000	2,000
관리직 급여	4,500	4,500	4,500
건물 임차료	4,000	4,000	4,000
비품구입액	10,000		
차량 구입액	40,500		
현금지출액 합계	71,000	121,700	104,900
총현금잔액	(1,000)	(19,700)	9,100
현금초과(부족)액	(11,000)	(29,700)	(900)
자금조달(상환)			
차입금 차입액	11,000	29,700	900
월말 현금잔액	₩10,000	₩10,000	₩10,000

현금보유 정책: 매 월별 현금최소보유액은 ₩10,000이며, 또한 자본예산에서 편성된 비품구입액 ₩10,000과 차량구입액 ₩40,500은 10월에 지급됨
자금조달 정책: 부족현금은 은행에서 월 초에 차입하며, 상환은 월 말에 이자와 함께 이루어짐. 이자율은 월 1%임

현금지출부분은 상품구입대금, 직접재료비, 직접노무비, 제조간접비 및 판매관리비에 대한 예상지출액을 나타낸다. 또한 이 부분에는 법인세 지급액, 배당금 지급액 및 비유동자산 구입액이 계상된다. 현금지출에다 최저현금보유액을 합한 금액이 총현금소요액이 된다.

자금조달과 상환부분은 예상차입액과 원금 및 이자상환액이 계상된다. 이 부분은 현금부족분이 발생하였을 때나 현금잔액이 기업의 최저현금보유액에 미달되었

을 때 반드시 나타나게 된다.

현금예산은 효과적인 현금관리에 도움을 주는 유용성이 있다. 예를 들어 현금예산은 실제 필요성이 발생하기 전에 추가적인 자금조달액과 필요한 시기를 미리 알고 대처할 수 있게 해준다. 특히 창업기업에 있어서는 여러 연도의 현금예산편성을 통해 사전에 창업자금의 규모를 예상할 수 있는 유용한 도구인 것이다. 한편 현금의 여유분의 발생이 예상되는 경우 투자나 다른 목적의 용도에 사용할 수 있는 시기도 미리 알 수 있게 해준다.

본 사례기업의 경우 사업개시 첫 달부터 계속해서 자금 부족 현상이 발생해서 차입을 통한 자금조달이 필요한 것으로 예상된다. 이에 따라 차입을 위한 대책을 미리 강구해야 하며, 그렇지 못할 경우에는 사업을 지속하기가 어려운 상황이 발생할 수도 있다.

추정손익계산서는 영업예산 작성의 중요한 최종 결과물이다. 영업예산은 예산기간 동안의 영업활동을 통한 기대수익성을 나타내준다. 영업예산의 작성이 완료되면, 이를 토대로 작성된 추정손익계산서는 기업의 성과를 평가하는 기준을 제공하게 된다.

추정손익계산서 상의 모든 자료는 법인세 추정액을 제외하고 모두 영업예산에서 추정된 것이다. 이 회사의 추정손익계산서를 작성하면 다음과 같다.

추정손익계산서

20X4년 10월 1일 ~ 20X4년 12월 31일 (단위: 원)

매출액(3,200 × ₩100)		₩320,000
매출원가(3,200 × ₩60)		192,000
매출총이익		128,000
판매비와 관리비 :		
판매수수료	32,000	
급여(판매직)	6,000	
급여(관리직)	13,500	
감가상각비	4,500	
임차료	12,000	68,000
법인세비용차감전순이익		60,000
법인세비용(₩60,000 × 25%)		15,000
당기순이익		₩45,000

마지막으로 다음과 같이 각종 예산에서 나타난 자산 · 부채 · 자본항목을 모

두 나열해서 추정재무상태표를 작성하면 된다. 작성된 추정재무상태표를 통해서 회사의 유동성과 재무건전성을 평가할 수 있게 된다.

추정재무상태표

20X4년 12월 31일 현재 (단위: 원)

유동자산			부 채	
현 금		10,000	외상매입금	57,000
외상매출금		84,000	차입금	41,600
상 품		48,600	미지급법인세	15,000
비유동자산			자 본	
비 품	10,000		자본금	20,000
감가상각누계액	(1,000)	9,000	이익잉여금	45,000
차량운반구	40,500			
감가상각누계액	(3,500)	37,000		
자산합계		188,600		188,600

한편 추정현금흐름표는 현금예산을 가지고 현금흐름표 작성 양식에 따라 작성하면 된다. 따라서 양식상의 차이가 있을 뿐이지 내용에는 차이가 없다.

5-1 객관식 문제

01 예산편성의 장점과 거리가 먼 것은?

① 능률을 증진시킴
② 낭비를 억제함
③ 성과평가의 기준이 됨
④ 특정 조업도 수준에서의 사업 수행 보증

02 예산편성의 장점과 거리가 먼 것은?

① 업무나 사업활동의 조정 촉진
② 성과평가를 위한 명백한 기준 제공
③ 회사의 목표달성 보증
④ 모든 계층의 경영자에 대해 정기적으로 사전 계획수립 요구

03 예산편성은 경영의 기능 중 밀접한 관계를 가진 분야는?

① 동기부여 ② 통제
③ 계획 ④ 지휘

04 예산편성이 효과성을 발휘하기 위해 갖추어야 할 요인은?

① 최고 경영층이 예산금액의 타당성을 입증하여야 한다.
② 현실적인 목표가 수립되도록 연구와 분석이 수행되어야 한다.
③ 회사는 주주로부터 편성예산에 대해 승인을 받아야 한다.
④ 예산편성위원회에서 예산을 편성하여야 한다.

05 비현실적인 예산편성으로 인해 발생하는 결과는?

① 수익성 제고
② 종업원의 사기저하
③ 유리한 영업활동
④ 예산과 실제간의 차이 최소화

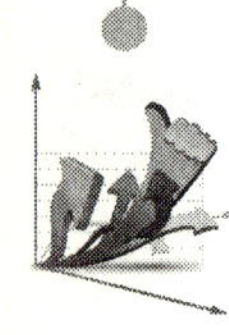

06 예산과 관련해 적절한 설명은?

① 예산은 계획의 중요한 요소이다.
② 예산은 미래에 대한 재무적 계획이다.
③ 예산은 목표와 목표를 달성하는 데 필요한 행동을 확인해준다.
④ 예산은 의사소통과 조정에 사용된다.
⑤ 위 4가지 모두 해당된다.

07 A회사의 부산사업부에 대한 성과보고서는 당해 연도의 예산과 실제결과간의 차이를 보여주고 있다. 이 회사의 경영진은 이 차이가 부서 담당경영자에 의해서 통제가능하였던 것으로 보고 있다. 이 차이에 대해 부서 담당경영자가 책임을 지는 것이 맞는가?

① 예산의 차이는 기간에 따라 변동을 하기 때문에 책임을 지는 것은 적절치 않다.
② 부서경영자는 담당부서의 통제가능한 원가에 대해 책임이 있기 때문에 책임을 지는 것은 당연하다.
③ 차이가 유리하게 발생한 경우에 대해서만 책임을 져야 한다.
④ 부서경영자는 담당부서의 모든 원가에 대해 책임이 있기 때문에 책임을 지는 것은 당연하다.

08 예산편성과 관련해 적절한 것은?

① 생산예산은 종합예산에서 가장 먼저 편성되는 예산이다.
② 현금예산은 직접재료비구매예산 편성 전에 편성된다.
③ 예산(추정)재무상태표는 현금예산 편성 후에 작성된다.
④ 서비스업종에 속한 기업은 종합예산을 편성할 필요가 없다.
⑤ 매출원가예산은 직접노무비예산과 제조간접비예산 편성 전에 편성된다.

09 예산편성 순서로 적절한 것은?

① 생산예산, 판매예산, 직접노무비예산
② 생산예산, 매출원가예산, 직접노무비예산
③ 판매예산, 현금예산, 생산예산
④ 판매예산, 생산예산, 직접재료비구매예산
⑤ 생산예산, 현금예산, 직접재료비구매예산

10 다음 중 영업예산은?

① 자본예산 ② 판매예산
③ 현금예산 ④ 예산재무상태표

11 다음 중 재무예산은?

① 자본예산 ② 판매예산

③ 생산예산 ④ 제조간접비예산

12 다음 중 영업예산의 최종 결과물은?

① 자본예산 ② 예산손익계산서
③ 현금예산 ④ 예산재무상태표

13 다음 중 판매업에서 작성되지 않는 예산은?

① 생산예산 ② 예산손익계산서
③ 구매예산 ④ 매출원가예산

14 종합예산 편성과정에서 제일 마지막에 작성되는 것은?

① 자본예산 ② 예산손익계산서
③ 현금예산 ④ 예산재무상태표

15 판매예산에 대해서 기술한 것 중 올바른 것은?

① 판매예산은 생산(또는 제조)예산에서 도출된다.
② 판매예산은 다음 년도의 매출액에 대한 경영자의 최선의 추정치에 입각해서 작성된다.
③ 판매예산은 종합예산의 출발점이 아니다.
④ 판매예산은 외상매출액에 대해서만 작성한다.

16 생산(또는 제조)예산의 공식은 예상판매수량에 어떤 것을 반영하는가?

① 월말상품재고예상수량을 가산하고 월초상품재고수량을 차감한다.
② 월초제품재고수량을 가산하고 월말제품예상재고수량을 차감한다.
③ 월말직접재료수량을 가산하고 월초직접재료수량을 차감한다.
④ 월말제품예상재고수량을 가산하고 월초제품재고수량을 차감한다.

17 생산에 필요한 직접재료는 9,500파운드이다. 월초재고수량이 1,000파운드이고, 예상월말재고수량이 2,200파운드이라면, 구입해야 할 총재료수량은 얼마인가?

① 9,400 ② 9,500
③ 9,700 ④ 10,700

18 예산편성시 관행적으로 제일 먼저 작성하는 예산은?

① 생산예산 ② 판매예산
③ 현금예산 ④ 직접재료비예산

19 다음 예산 중 생산예산과 관련이 없는 예산은?

① 직접재료비예산 ② 판매비와 관리비예산
③ 제조간접비예산 ④ 직접노무비예산

20 다음 항목 중 현금예산에 나타나지 않는 항목은?

① 현금기말잔액　② 매출원가
③ 배당금지급액　④ 설비투자액

21 다음 중 현금예산에 나타나지 않는 것은?

① 배송비　② 감가상각비
③ 원재료구입비　④ 판매대금 회수액

22 직접노무비예산을 계산하기 위한 공식은 시간당 직접노무비에다 무엇을 곱하면 되는가?

① 생산에 요구되는 총직접작업시간
② 생산예정수량
③ 생산할 완성품환산량
④ 정답없음

23 다음 중 노무비예산의 편성에 필요한 정보를 제공하는 것은?

① 예산손익계산서　② 생산예산
③ 원재료비예산　④ 판매예산

24 다음 예산 중 예산(추정)손익계산서를 작성하는데 관계가 없는 것은?

① 판매예산　② 판매비와 관리비예산
③ 자본적 지출예산　④ 직접노무비예산

25 다음 중 판매관리비예산에 해당되는 것은?

① 간접재료비　② 기계감가상각비
③ 판매원수수료　④ 간접노무비

26 판매관리비예산에서 고정비 항목으로 나타날 가능성이 제일 높은 것은?

① 운송비　② 공장감독자 급여
③ 감가상각비　④ 간접노무비

27 B회사는 1월 1일 기초재고로 4,000개 보유하고 있다. 이 회사는 매 분기별로 10%의 매출증가와 함께 1분기에는 35,000개 판매할 것으로 예상하고 있다. 이 회사는 기말재고와 관련해서 다음 분기 매출액의 25%에 해당하는 재고를 보유하는 정책을 가지고 있다. 판매제품의 원가는 ₩10, 판매가격은 개당 ₩15이다. 3분기의 예상매출액은 얼마인가?

① ₩575,250　② ₩630,000
③ ₩635,250　④ ₩423,500

28 H회사는 과거경험 상 신용매출액 중 70%가 판매한 달에, 28%는 그 다음 달에 회수되고, 나머지 2%는 전혀 회수되지 않음을 알고 있다. 이 회사의 3개월 동안의 예상 매출액은 다음과 같다.

1월	₩100,000
2월	90,000
3월	110,000

2월에 회수되는 금액은 얼마인가?

① ₩102,200 ② ₩88,200
③ ₩93,800 ④ ₩91,000

29 B회사는 5월에 20,000개, 6월에 19,000개, 7월에 20,000개의 제품을 판매할 계획을 수립하였다. 이 회사의 재고정책은 다음 달 예상 매출액의 10%를 월말재고로 보유하는 것이다. 이 회사는 6월에 몇 개의 제품을 생산해야 하나?

① 18,900 ② 21,000
③ 19,100 ④ 19,000

30 회사는 생산될 제품의 단위당 원가를 ₩1.20으로 추정하고 있다. 6월 1일 11,000단위를 재고로 보유하고 있으며, 판매부서에서는 6월 중에 320,000단위가 판매될 것으로 예상하고 있다. 그리고 6월 30일의 기말재고로 8,000단위를 보유할 생각이다. 6월 중에 생산된 제품의 총제조원가는 얼마가 될까?

① ₩380,400 ② ₩317,000
③ ₩323,000 ④ ₩387,600

31 구매할 것으로 예상되는 직접재료가 1/4분기에는 ₩70,000, 2/4분기에는 ₩90,000이다. 구입액의 40%는 구입시 현금으로 지급하며, 나머지는 다음 분기에 지급된다. 재료구입분에 대해 2/4분기에 현금으로 지급되는 금액은 얼마가 될까?

① ₩96,000 ② ₩90,000
③ ₩78,000 ④ ₩72,000

32 다음은 H회사의 20X3년도 6월 달 직접재료예산에 대한 자료이다.

생산수량	50,000단위
생산에 소요되는 원재료	4,000파운드
구입할 원재료	5,000파운드

원재료 구입가격은 파운드당 ₩2이다. 이 회사의 단위당 직접원재료원가는 얼마인가?

① ₩0.16 ② ₩25.00
③ ₩20.00 ④ ₩0.20

33 G회사는 4월 중에 제품을 2,200개 생산하고 2,000개를 판매할 계획을 수립하였다. 제품 1개를 생산하는데 원재료 2파운드와 직접노무시간 30분이 소요된다. 원재료는 파운드당 구입가격이 ₩1, 근로자의 임금은 시간당 ₩12.50이다. 제조간접비는 직접노무비의 120%의 비율로 배부된다. 이 회사는 원재료 기초재고를 2,000파운드 보유하고 있으며, 원재료 기말재고로는 2,400파운드 보유하길 희망한다. 4월의 직접노무비 예상액을 계산하시오.

① ₩12,500 ② ₩13,750
③ ₩25,000 ④ ₩27,500

34 다음 중 현금예산을 바르게 설명하고 있는 것은?

① 추가적인 자금조달이 필요한 시점을 알 수 있게 해준다.
② 순손실을 보고할 시점을 알 수 있게 해준다.
③ 매출이 불충부노한 시점을 알 수 있게 해준다.
④ 현금흐름표로 불리기도 한다.

35 다음은 H회사의 20X3년도 10월 달에 대한 예상자료이다.

월초현금잔액	₩35,000
현금수입	460,000
현금지출	485,000

이 회사는 월말에 최소현금잔액 ₩30,000을 유지하는 정책을 가지고 있다. 이 회사가 10월 달에 은행으로부터 차입해야 할 금액이 얼마나 되는가?

① ₩20,000 ② ₩25,000
③ ₩10,000 ④ ₩0

36 K회사는 12월 중에 편성된 자본예산에 따라 설비구입액 ₩280,000이 지출될 것으로 예상하고 있다. 11월말 예상 현금잔액은 ₩40,000이다. 12월 중의 현금수입은 ₩840,000, 현금지출은 ₩610,000으로 예상된다. 이 회사는 최소현금잔액 ₩20,000을 유지하는 정책을 실시하고 있다. 12월 중에 은행으로부터 차입해야 할 최소한 현금은 얼마가 될까?

① ₩30,000 ② ₩10,000
③ ₩50,000 ④ ₩0

37 다음은 XYZ항공사의 20X4년 12월에 대한 예상자료이다.

월초현금잔액	₩32,000
현금수입액	530,000
판매비와 관리비	450,000
배당금지급액	50,000
비품구입액	90,000
감가상각비	10,000

이 회사는 월말에 최소현금잔액 ₩25,000을 유지하는 정책을 가지고 있다. 이 회사가 12월 달에 은행으로부터 차입해야 할 금액이 얼마나 되는가?

① ₩28,000 ② ₩25,000
③ ₩85,000 ④ ₩53,000

38 다음은 20X3년도의 상품 KKK와 관련된 자료이다.

20X3년의 매출원가	₩300,000
매입채무, 20X3년 1월 1일	20,000
재고자산, 20X3년 1월 1일	30,000
재고자산, 20X3년 12월 31일	42,000

매입은 매달 똑같은 금액으로 이루어지며, 구입 다음 달에 지급된다. 20X3년도에 상품구입대금으로 얼마를 지급하였는가?

① ₩295,000 ② ₩300,000
③ ₩306,000 ④ ₩312,000

39 (주)대전은 20X3년 10월 동안 제품 MM을 53,000단위 판매할 것으로 예상하고 있다. 제품 MM 1단위를 생산하는 데는 화학제품 LL이 4kg 필요하다. 이 회사는 20X3년 10월 달에 원재료인 화학제품 LL을 50,000kg 절감하고, 제품 MM을 6,000단위 증산시킬 계획을 갖고 있다. 재공품계정에는 제품 MM이 계상되어 있지 않다. 20X3년 10월에 이 회사는 화학제품 LL을 얼마나 구입해야 하나?

① 138,000 ② 162,000
③ 186,000 ④ 238,000

5-2 **나목원 씨는 대학에서 회계학을 전공한 후 모든 사람이 입사를 희망하는 (주)일류에 연봉 ₩36,000,000을 받기로 하고 입사하였다. 나씨는 먼저 가격이 ₩14,000,000 인 승용차를 한 달에 ₩350,000 씩 4년간 납부하기로 하고 할부구입을 하였다. 그리고 주택을 월 ₩475,000 에 임차하였으며, 필요한 가구를 ₩230,000에 다음 달에 지급하기로 하고 외상구입하였다. 그 외에 매월 지출될 비용으로 다음과 같은 항목이 있을 것으로 생각하고 있다.**

식료품비	₩200,000
의류비	100,000
오락비	175,000
보험료	100,000
차량유지비	170,000
수도광열비	100,000

1. 나씨는 각종 세금을 소득의 27.5% 부담한다고 가정하고 월간 예산을 편성하시오.
2. 나씨는 곧 결혼할 생각을 가지고 있다. 그는 주택을 할부구입하기 위해서 저축을 가능한 충분히 하고자 한다. 첫 불입금으로 ₩15,000,000이 필요할 경우 이 금액을 저축하는데 몇 년이 소요될지를 계산하시오. 저축에 대한 이자는 무시한다.

5-3 **허준종합병원은 다음 7월 달의 현금예산을 편성하려고 하며, 다음과 같은 정보가 이용가능하다.**

(1) 7월 1일의 현금예금잔액은 ₩236,000이다.
(2) 5월과 6월의 실제 진료비 수익과 7월의 추정진료비 수익은 다음과 같다.

	5월	6월	7월
진료비현금수익(환자 지급액)	₩110,000	₩90,000	₩120,000
진료비 외상수익(보험공단 지급액)	900,000	1,000,000	875,000

진료비 외상수익은 보험공단으로부터 진료를 한 달에 60%를, 나머지 40%는 그 다음달에 현금회수된다.
(3) 7월중에 소모품 ₩80,000을 외상으로 구입할 예정이며, 외상매입대금은 구입한 달과 그 다음달에 각각 반씩 지급된다. 7월 1일 현재의 외상매입금은 ₩35,000이다.
(4) 7월에 지급될 급여는 ₩600,000이다.
(5) 병원 설비의 7월분 감가상각비는₩100,000이다.
(6) 이자를 포함해서 ₩80,000의 단기차입금이 7월중에 상환된다.
(7) 7월의 기타현금지출비용은 모두 ₩56,000이 될 것이다.

이 병원의 7월의 현금예금예산을 작성하시오.

5-4 **(주)신바람은 컴퓨터 부품을 제조업자로부터 구입해서 소매점에 판매하고 있다. 이 회사 사장은 다음 8월 달의 현금예산을 편성할려고 하며, 다음과 같은 정보가 이용가능하다.**

(1) 8월 1일의 현금예금잔액은 ₩25,000이다.
(2) 6월과 7월의 실제 매출액과 8월의 추정매출액은 다음과 같다.

	6월	7월	8월
현금매출액	₩30,000	₩45,000	₩50,000
외상매출액	100,000	120,000	130,000

외상매출액은 판매가 이루어진 달에 63%가 회수되고 , 26%는 다음 달에 그리고 나머지 11%는 그 다음달에 회수된다.

(3) 6월과 7월의 실제 매입액과 8월의 추정매입액은 다음과 같다.

	6월	7월	8월
현금매입액	₩10,000	₩20,000	₩25,000
외상매입액	40,000	50,000	60,000

외상매입액은 모두 외상매입한 다음 달에 지급된다.

(4) 8월의 판매비와 관리비(감가상각비 ₩80,000 포함)는 ₩105,000으로 추정된다.

(5) 8월에는 주주들에게 배당금 ₩26,000을 지급할 예정이며, 토지도 ₩25,000에 구입할 예정이다.

(6) 현금예금의 최저보유액은 ₩25,000을 유지한다.

이 회사는 최소한의 보유현금예금 잔액이 부족할 때는 부족분을 차입할 것이라는 가정하에 이 회사의 8월분 현금예산을 작성하시오.

5-5 **나저돌 씨는 20X3년 9월1일에 회사를 창업하였다. 나 씨는 회사의 사업자금이 부족할 것 같아서 10월 1일 거래은행에 ₩1,500,000의 단기차입을 신청하였다. 은행의 대출담당자는 20X3년 12월31일까지의 3개월분 현금예산을 작성해서 제출해줄 것을 요청하였다. 다음 자료는 현금예산을 작성하는데 필요한 3개월 동안의 추정자료이다.**

매출액	₩6,000,000
매입액	3,500,000
급여지급액	1,250,000
임차료 지급액	70,000
소모품 구입액	45,000
보험료 지급액	15,000
기타 비용 지급액	220,000

10월 1일 현재의 현금잔액은 ₩240,000이며, 외상매출금 잔액은 ₩480,000이 있다. 이 외상매출금은 12월 31일 내에 회수된다. 매출액은 일반적으로 매출이 발생된 분기에 90%가 회수되고 나머지 10%는 다음 분기에 회수된다. 또한 10월 1일 현재 외상매입금 잔액이 ₩4,800,000 있는데 12월 31일까지 지급이 된다. 분기 중 매입액 대금은 다음 분기에 지급된다.

1. 20X3년 12월 31일까지의 3개월분 현금예산을 작성하시오. 단, 차입신청한 금액은 10월 1일에 회사에 입금되었으며, 12월 31일에 연간 이자율 10%로 계산된 이자와 함께 상환되는 것으로 가정한다.
2. 이 회사는 20X3년 12월 31일에 차입금을 상환하는 것이 가능한가? 이 회사가 ₩180,000을 최저현금잔액으로 보유하고자 할 경우 계획대로 차입금을 상환할 수 있는가?

5-6 **(주)희망은 20X3년도 12월 31일로 종료되는 사업연도의 연간 예산을 작성하려고 한다. 다음은 이 회사의 회계담당자가 제공한 자료이다.**

	제품AA	제품BB
판매예산		
예상판매단위	450,000	160,000
단위당 판매가격	₩20.00	₩25.00
생산예산		
기말예상제품재고단위	25,000	15,000
기초제품재고단위	30,000	10,000

	제품AA	제품BB
직접재료예산		
단위당직접재료(파운드)	2	3
기말예상직접재료재고단위	30,000	15,000
기초직접재료재고단위	40,000	10,000
재료단위당원가	₩3.00	₩4.00
직접노무비예산		
단위당직접노동시간	0.4	0.6
시간당직접노무비	₩10.00	₩10.00
추정손익계산서		
단위당 총제조원가	₩12.00	₩20.00

회계담당자는 상세한 제조간접비예산과 판매관리비예산을 작성했다. 판매관리비예산에서는 제품AA와 제품BB의 판매비가 각각 ₩660,000, ₩360,000 그리고 제품AA와 제품BB의 관리비가 각각 ₩420,000, ₩340,000임을 보여주고 있다. 법인세율은 30%로 예상되고 있다.

다음의 예산을 작성하시오.

(1) 판매예산

(2) 생산예산

(3) 직접재료예산

(4) 직접노무비예산

(5) 손익계산서

제 6 장 표준원가계산

제 1 절 표준원가계산의 의의와 목적

1 표준원가의 의의

표준원가란 사전에 과학적으로 면밀하게 예정된 원가이며 정상적인 작업조건하에서 당연히 달성되어야 하는 목표원가로서 직접재료비, 직접노무비, 변동제조간접비, 고정제조간접비 등 원가요소별로 제품 1단위를 완성하기 위한 가격표준과 수량표준을 설정하여 결정된다. 이는 실제원가와 표준원가를 비교함으로써 제품생산이 원가발생과정에서 나타날 수 있는 여러 비능률과 낭비요인을 제거하기 위한 원가통제의 수단으로 사용된다.

표준원가는 제품단위당 원가로서 단위당 예산개념이라는 점에서 달성해야 할 목표와 능률을 총액개념으로 표시하는 예산과는 차이가 있다.

표준원가계산은 원가계산의 지연과 변동성이라는 실제원가계산의 단점을 보완하는 원가계산제도이다. 이 표준원가계산제도는 개별원가계산과 종합원가계산 모두에 적용할 수 있다. 다만 표준원가계산제도는 경영관리적 측면에 유용한 정보를 제공하지만 외부보고용 재무제표는 실제원가에 의해 계산된 원가자료로 작성되어야 한다.

 표준원가계산의 유용성

1) 계획

기업활동은 계획, 실행, 통제라는 순환과정을 거치는바 계획활동은 예산편성을 통해 이루어진다. 예산편성은 과학적 조사에 기초하여 합리적이고 신뢰성이 높고, 사전에 설정되어 원가자료수집에 시간과 비용이 절약되는 표준원가를 이용하는 것이 바람직하다.

2) 통제

표준원가를 설정하면 작업이 진행되는 동안 실제원가와 실제생산량에 허용된 표준원가를 계속적으로 비교함으로써 생산 능률의 정확한 측정을 바탕으로 지속적인 원가통제를 용이하게 할 수 있으며 때로는 현재 상태에 맞추어 표준을 쉽게 수정할 수도 있다.

3) 제품원가계산

표준원가계산에서는 단위당 표준원가가 설정되어 있으므로 원가흐름의 가정이 필요 없으며 생산된 제품수량만 파악하면 제품원가계산이 가능하며 특히, 종합원가계산은 대량생산시스템에 적용되므로 이러한 효익이 더욱 크다. 즉, 표준원가계산제도에 의하면 원가계산과 회계처리가 신속하고 간편하게 이루어지며 경영관리적 측면에서 유용한 정보를 적시에 얻을 수 있다.

 표준원가계산 절차

표준원가계산제도에서는 원가표준의 합리적 설정이 중요하다. 표준원가는 크게 이상적 표준원가와 현실적으로 달성가능한 표준원가로 나눌 수 있다.

이상적 표준원가는 최적의 작업환경하에서 최고능률의 작업을 하였을 때 실현가능한 원가로 정상적인 기계고장, 공손, 시간손실 등을 고려하지 않고 설정된 원가이다. 따라서 정상적인 상황에서는 달성할 수 없으므로 종업원의 동기부여에는 좋지 않은 영향을 미친다.

현실적으로 달성가능한 표준원가는 작업과정에서 발생되는 불가피한 원가비능률을 허용하는 것으로, 정상적인 기계고장, 공손, 종업원의 휴식시간 등을 고려하여 설정한다. 따라서 열심히 노력하면 달성할 수 있으므로 종업원의 동기부여에 긍정적인 영향을 미친다.

일반적으로 표준원가라고 하면 현실적으로 달성가능한 표준원가를 의미하며 표준원가의 계산제도에 의한 관리절차는 다음 표와 같다.

〈표 6-1〉 표준원가관리의 절차

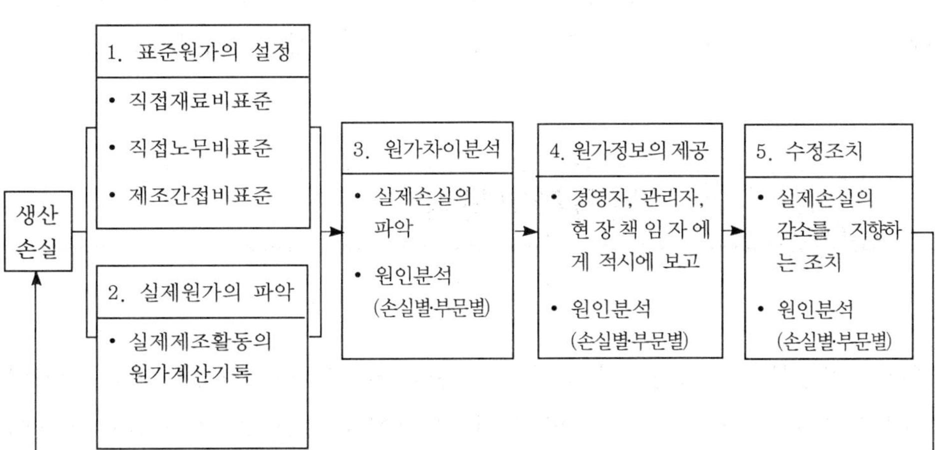

원가표준의 설정은 원가요소별로 이루어지는데 원가표준의 설정에 따른 원가요소별 구성요소는 다음과 같다.

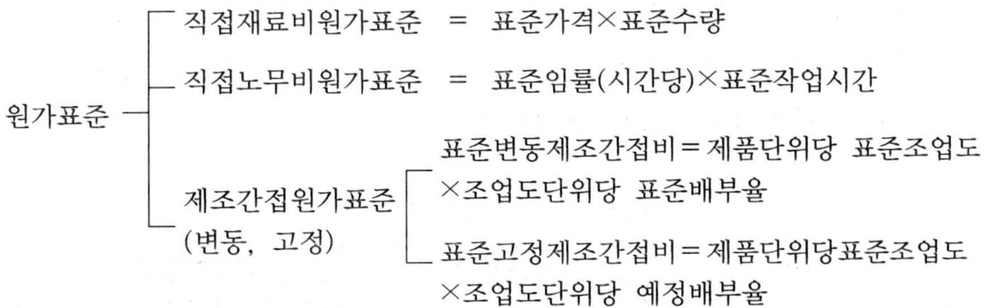

직접재료원가표준을 설정할 때 표준수량은 정상적인 공손이나 감손 등을 고려하여 결정하고, 표준가격은 구입원가, 운송비, 하역비등을 고려하여 결정한다. 또

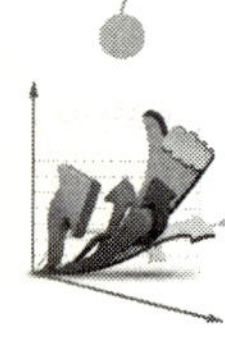

한 직접노무원가표준의 설정에 있어서 표준직접노동시간은 기계고장시간, 휴식시간, 기계수선시간, 청소시간 등을 고려하여 결정하고 표준임률은 직접적 임금과 복리후생비 등도 고려하여 결정한다.

한편 제조간접비표준은 변동제조간접비표준과 고정제조간접비표준으로 나누어 설정하는데 변동제조간접비표준에서 제품단위당 표준조업도는 제품 1단위를 생산하는데 허용되는 표준조업도로서 변동제조간접비의 발생과 인과관계를 갖는 표준직접노동시간이나 표준기계시간 등이 사용된다. 또 조업도단위당 표준배부율은 조업도단위당 예상되는 변동제조간접비 추정액이다.

한편 고정제조간접비표준에서 조업도단위당 예정배부율은 고정제조간접비를 제품에 배부하기 위하여 사전에 정해 놓은 고정제조간접비예정배부율을 말한다.

제 2 절 원가차이분석

원가차이분석은 원가관리와 업적평가 등에 유용한 회계정보를 얻기 위하여 표준원가계산제도하에서 실제원가와 실제생산량에 허용된 표준원가간의 차액인 원가차이를 회계담당자가 세부적으로 분석하는 것을 말한다.

원가차이는 실제원가가 표준원가보다 커서 영업이익에 불리한 영향을 미치는 불리한 차이(Unfavorable variance : U)와 실제원가가 표준원가보다 작아서 영업이익에 유리한 영향을 미치는 유리한 차이(Favorable variance : F)로 구분된다. 그러나 유리한 차이가 항상 좋고 불리한 차이가 항상 나쁘다고 말할 수는 없다는 점에 해석의 주의가 필요하다. 원가차이분석은 직접재료비, 직접노무비, 변동제조간접비, 고정제조간접비 등 원가요소별로 행해진다.

〈표 6-2〉 원가차이의 분석

원가차이	가격요인	생산능률요인
직접재료비	가격차이	수량(능률)차이*
직접노무비	임률(가격)차이	시간(능률)차이*
변동제조간접비	예산(소비)차이	능률차이
고정제조간접비	예산(소비)차이	생산조업도차이

*배합차이와 수율차이로 더욱 세분화된다.

직접재료비 차이

직접재료비 총 차이는 실제 발생된 직접재료비와 실제생산량에 허용된 표준직접재료비의 차이를 말하며, 직접재료비 가격차이와 직접재료비 능률차이로 나눌 수 있는데 이에 대해서 자세히 살펴보면 다음과 같다.

직접재료비의 차이분석은 재료의 구입시점과 사용시점에서 가격차이를 분리할 수 있다.

1) 사용시점에서 분리하는 경우

실제가격(AP)

표준가격(SP)

가격차이	
표준원가	수량차이

표준사용량(SQ) 실제사용량(AQu)

직접재료비 총차이 = 실제원가 − 표준원가
= (AQu×AP) − (SQ×SP)

직접재료비 가격차이 = 실제원가 − 실제수량×표준원가
= (AQu×AP) − (AQu×SP)
= AQu×(AP−SP)

직접재료비 수량차이 = (실제수량×표준원가) − 표준원가
= (AQu×SP) − (SQ×SP)
= (AQu×SQ)×SP

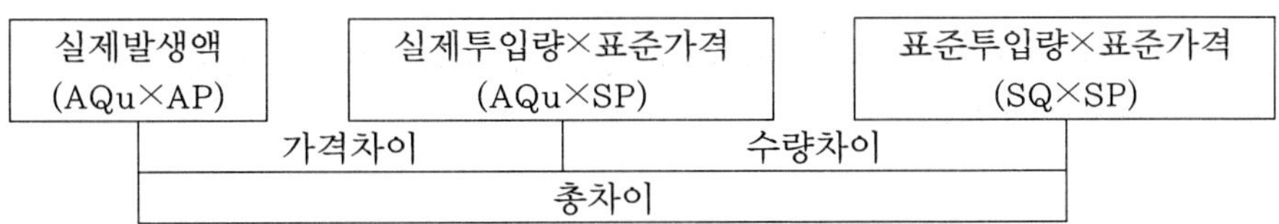

[예제 6-1] 직접재료비 가격차이(사용시점 분리)

표준원가계산제도를 채택하여 단일제품을 생산하고 있는 (주)강원의 제품단위당 표준원가 자료가 다음과 같다.

원가항목	표준수량	표준가격	표준원가
직접재료비	3kg	30/kg	₩90
직접노무비	4시간	₩5/시간	20
변동제조간접비	4시간	₩3/시간	12
고정제조간접비	4시간	₩7/시간	28
제품단위당표준원가	-	-	₩150
제조간접비 배부기준	직접노동시간		

항목	연간고정제조 간접비예산	(기준조업도) 연간직접노동시간	고정제조간접비 예정배부율
금액	₩140,000	20,000시간	₩7/직접노동시간

항　　목	실제발생제조원가	
실제생산량	6,000단위	
직접재료비	20,000kg × ₩32 =	₩640,000
직접노무비	18,000시간 × ₩4 =	₩72,000
변동제조간접비		₩36,000
고정제조간접비		₩100,000
계		₩848,000
원재료구입량	25,000kg	
실제구입가격	₩32/kg	

직접재료비 가격차이를 사용시점에서 분리할 경우 가격차이와 수량차이를 실제 사용수량을 기준으로 분석하시오.

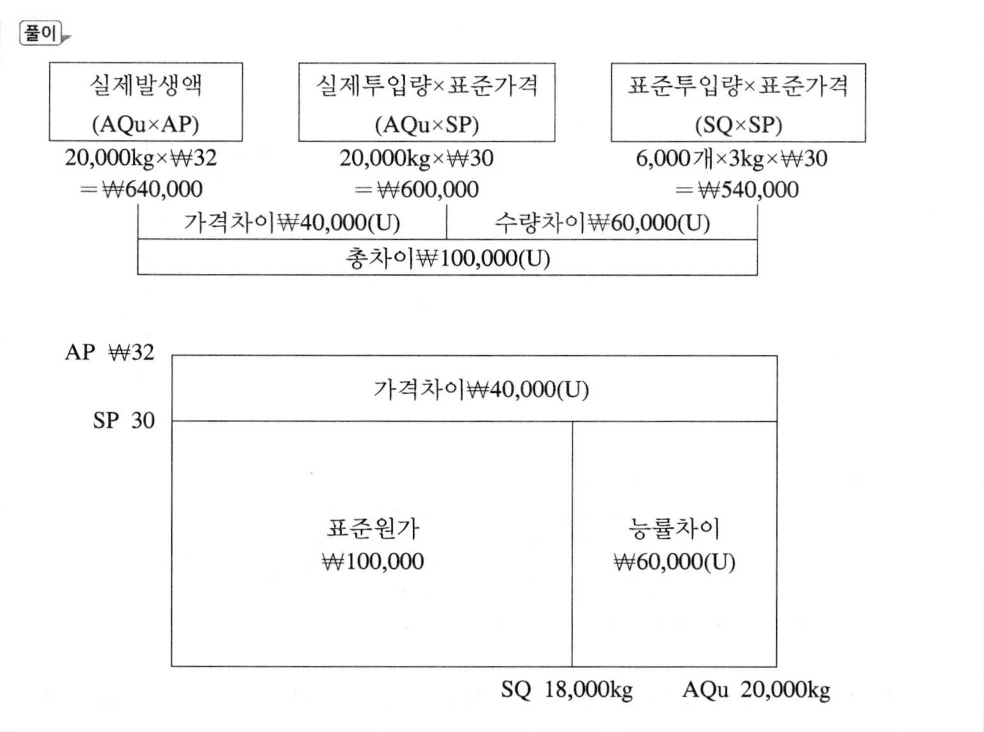

[예제 6-2] 직접재료비 차이 분개

(주)강원의 예를 이용하여 직접재료비를 사용시점에서 분리하는 경우에 직접재료와 관련된 분개를 해보자.

풀이

① 직접재료 구입시

(차) 직접재료(AQp×AP)	800,000*	(대) 외상매입금(AQp×AP)	800,000

*25,000kg×₩32= ₩800,000

② 직접재료 사용시

(차) 재공품(SQ×SP)	540,000*	(대) 직접재료(AQu×AP)	640,000**
직접재료비 가격차이	40,000		
직접재료비 수량차이	60,000		

*6,000개×3kg×₩30 **20,000kg×₩32

한편 직접재료비 가격차이는 순수한 가격차이와 가격·능률의 결합된 차이로 구분

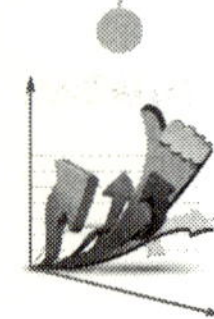

될 수 있다.

AP	순수가격차이	가격·능률의 결합원가차이
SP	표준원가	순수능률차이
	SQ	AQu

직접재료비 가격차이 $= AQu \times (AP - SP)$

$= [SQ + (AQu - SQ)] \times (AP\text{-}SP)$

$= \underbrace{SQ \times (AP - SP)}_{\text{순수가격차이}} + \underbrace{(AQu - SQ) \times (AP - SP)}_{\text{가격·능률의 결합된 차이}}$

그러나 가격·능률의 결합된 차이는 가격차이에 포함시킴으로써 능률차이가 원재료의 실제가격 변화에 관계없이 제조활동의 능률성에 의해서만 좌우되어 경영자가 능률차이에 보다 관심을 기울여 효율적인 공정관리가 가능토록 하는 것이 일반적이다.

2) 구입시점에서 분리하는 경우

직접재료비의 가격차이는 가격차이에 관한 정보를 가능한 한 빨리 획득하여 신속한 대응조치를 취할 수 있도록 하기 위하여 사용시점이 아닌 구입시점에서 분리할 수도 있다.

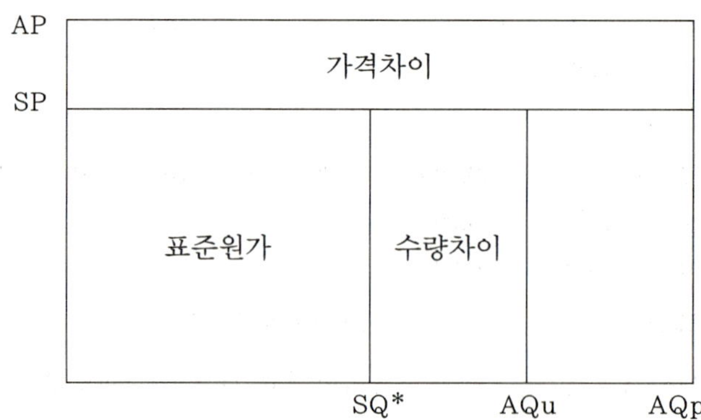

SQ*: 실제산출량에 대해 허용된 표준투입량

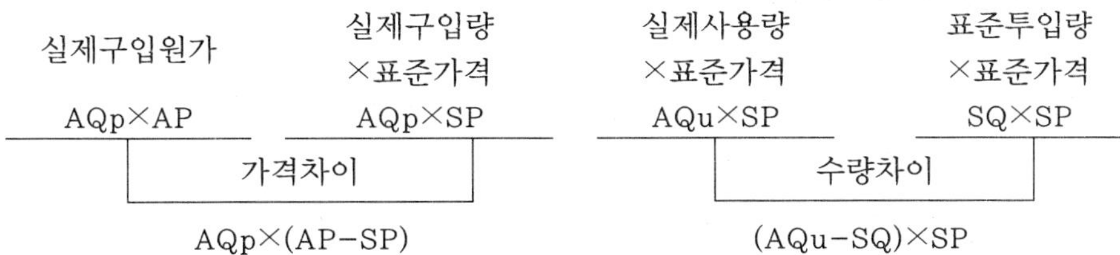

여기에서 수량차이의 계산시 사용수량(AQu)을 이용하는 이유는 수량차이는 제품제조에 사용된 이후에 그 차이를 분석할 수 있는데 구입시점에서는 재료의 실제 사용량을 알 수 없기 때문이다.

[예제 6-3] 직접재료비 차이(구매시점 분리)

[예제 6-1]의 자료를 이용하여 직접재료비 가격차이를 구매시점에서 분리할 경우 가격차이와 수량차이를 분석하고 분개하시오.

풀이

AQp×AP	AQp×SP	AQu×SP	SQ×SP
25,000kg×@32	25,000kg×@30	20,000kg×@30	6,000×3kg×@30
=₩800,000	=₩750,000	=₩600,000	=₩540,000
구입가격차이		수량차이	
₩50,000(U)		₩60,000(U)	

① 직접재료 구입시

(차) 직접재료(AQp×SP) 750,000 (대) 외상매입금(AQp×AP) 800,000
직접재료비구입가격차이 50,000

② 직접재료 사용시

(차) 재공품(SQ×SP) 540,000 (대) 직접재료(AQu×SP) 600,000
직접재료비수량차이 60,000

일반적으로 직접재료비 가격차이는 구매부서가, 직접재료비 수량차이는 생산부서가 책임을 진다. 그러나 가격차이와 수량차이간에는 상호작용이 존재할 수가 있으므로 차이분석 내용을 해석할 때에는 주의해야 한다.

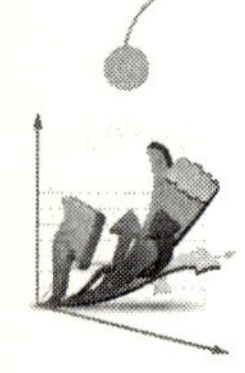

직접노무비 차이

직접노무비 총차이는 실제 발생된 직접노무비와 실제생산량에 허용된 표준직접노무비의 차이를 말하며 이는 좀 더 세부적으로 직접노무비 가격(임률)차이와 직접노무비 능률(시간)차이로 구분할 수 있다.

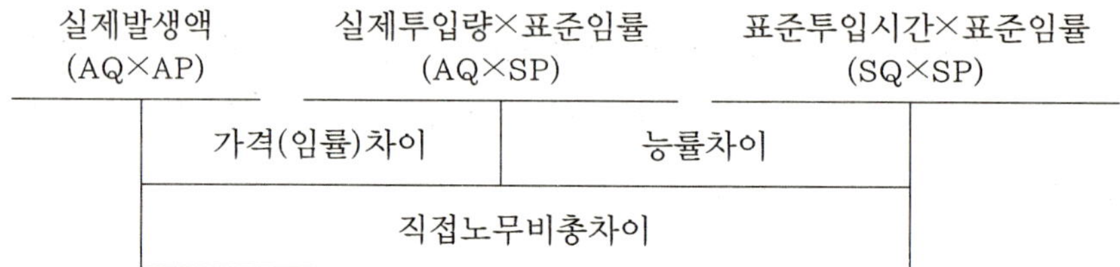

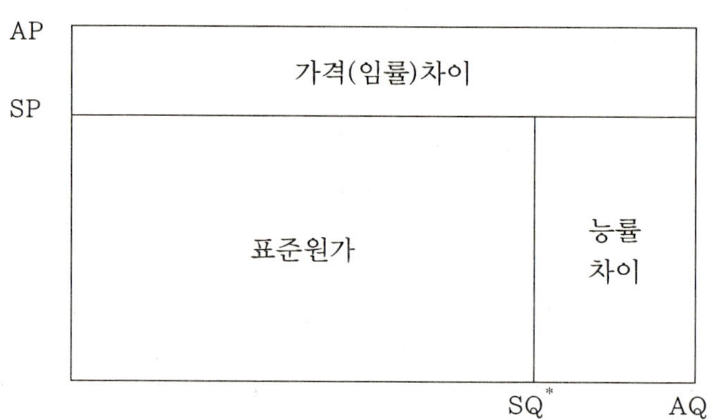

* : 실제산출량에 허용된 표준직접노동시간

가격(임률)차이는 직접노동시간이 실제시간으로 일정한 상태에서 임률변화가 원가에 미치는 영향을 나타내는 것이며, 능률차이는 표준임률로 고정시킨 상태에서 실제시간과 실제산출량에 허용된 표준시간과의 차이가 미치는 영향을 나타내는 것이다.

[예제 6-4] 직접노무비 차이

[예제 6-1]의 자료를 이용하여 직접노무비 가격차이와 능률차이를 구하고 분개하시오.

풀이

(AQ×AP)	(AQ×SP)	(SQ×SP)
18,000시간×@4 =₩72,000	18,000시간×@5 =₩90,000	6,000개×4시간×@5 =₩120,000

가격(임률)차이₩18,000(F)	능률차이₩30,000(F)
직접노무비 총차이₩48,000(F)	

① 종업원에게 임금지급시

(차) 임금(AQ×SP) 72,000　　(대) 현금(AQ×AP) 72,000

② 직접노무비의 소비시

(차) 재공품(SQ×SP) 120,000	(대) 임금(AQ×AP)	72,000
	직접노무비가격차이	18,000
	직접노무비능률차이	30,000

일반적으로 직접노무비의 가격(임률)차이는 인사부서가, 직접노무비능률차이는 생산부서가 책임을 진다. 그러나 가격(임률)차이가 노동의 비효율적인 사용에 의해 발생하는 경우에는 생산부문관리자가 책임을 져야한다.

한편, 직접노무비 가격차이가 시장에서의 노동수요증대에 따른 임금상승 때문이라면 생산부문관리자에게 책임을 물을 수 없다. 즉, 직접노무비에 대한 가격차이와 능률차이의 책임문제는 그 차이원인에 대한 해당부서에서의 통제가능성 유무에 따라 책임여부를 결정지워야 한다.

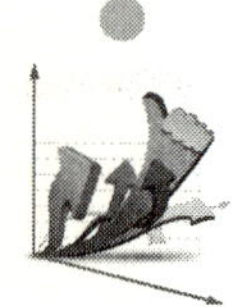

3 변동제조간접비 차이

변동제조간접비총차이는 실제 발생된 변동제조간접비와 실제생산량에 허용된 표준변동제조간접비와의 차이를 말하며 변동제조간접비 소비차이와 변동제조간접비 능률차이로 나눌 수 있다.

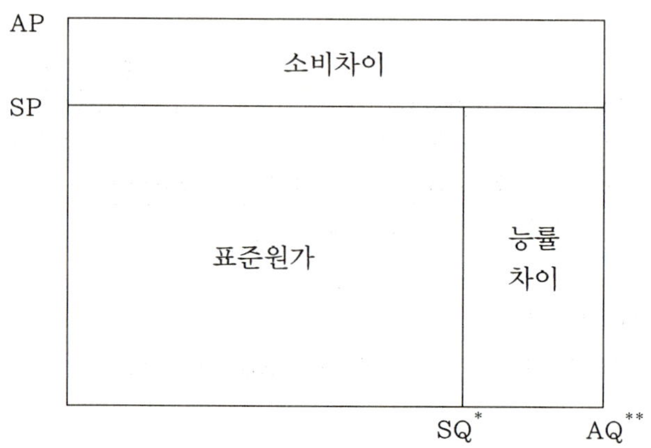

*SQ : 실제 산출량에 허용된 표준변동제조간접비
**AQ : 실제조업도(실제투입량)

소비차이는 변동제조간접비 실제발생액(AQ×AP)과 실제조업도(생산요소의 실제투입량; 실제직접노동시간, 실제기계시간 등)에 허용된 표준변동제조간접비와의 차이를 의미하고, 능률차이는 실제조업도(생산요소의 실제투입량)에 허용된 표준변동제조간접비와 실제산출량(실제생산량)에 허용된 표준변동제조간접비와의 차이를 말한다.

실제발생액 (AQ×AP)	실제조업도×표준배부율 (AQ×SP)	표준조업도×표준배부율 (SQ×SP)
소비차이	능률차이	
변동제조간접비총차이		

AQ : 실제조업도(실제투입량)　　AP : 조업도 단위당 실제배부율
SQ : 실제산출량에 허용된 표준조업도　　SP : 조업도 단위당 표준배부율

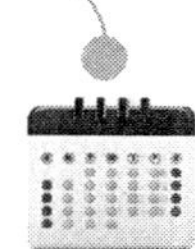

[예제 6-5] 변동제조간접비 차이

[예제 6-1]의 자료를 이용하여 변동제조간접비 소비차이와 능률차이를 계산하고 분개하시오.

풀이

(AQ×AP)	(AQ×SP)	(SQ×SP)
₩36,000	18,000시간×@3 =₩54,000*	6,000개×4시간×@3 =₩72,000**

소비차이₩18,000(F)	능률차이₩18,000(F)
변동제조간접비 총차이₩36,000(F)	

① 예정배부시

(차) 재공품(SQ×SP) 72,000 (대) 변동제조간접비 72,000

② 실제발생액 집계시

(차) 변동제조간접비 36,000 (대) 각비용항목 36,000

③ 차이발생시(원가계산 기말)

(차) 변동제조간접비 36,000 (대) 변동제조간접비소비차이 18,000
변동제조간접비능률차이 18,000

4 고정제조간접비차이

고정제조간접비는 관련범위 내에서 산출량에 관계없이 일정하기 때문에 실제조업도와 표준조업도에서 모두 동일하여 능률적 관리에 의해 이를 감소시킬 수가 없으며 따라서 능률차이가 인식되지 않는다. 표준원가계산에서 고정제조간접비차이 분석을 위해서는 제조간접비 표준배부율을 계산하기 위하여 미리 설정해 놓은 기준조업도(직접노무비, 직접노동시간, 기계작업시간, 원재료사용량 등)가 필요한데 이 기준조업도를 어느 수준에서 결정하느냐에 따라 고정제조간접비 표준배부율이 달라지며 그 결과 각 제품의 제조원가가 달라지게 되어 기준조업도를 선택할 때는 신중하게 고려하여야 한다.

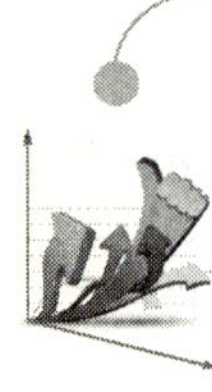

기준조업도는 이상적 조업도(이론적 최대조업도), 실제적 최대조업도, 정상조업도, 종합예산조업도(연간기대조업도) 등이 많이 사용된다.

고정제조간접비 총차이는 실제고정제조간접비와 고정제조간접비배부액의 차이를 말하며, 이 총차이는 고정제조간접비 소비차이와 조업도차이로 구분된다. 고정제조간접비 소비차이는 실제 발생액과 예산을 총액으로 비교하여 그 차이 전액을 의미하며, 고정제조간접비 조업도차이는 고정제조간접비를 예정배부할 때의 고정제조간접비 예산과 고정제조간접비배부액 사이의 차이를 말한다. 이 고정제조간접비 조업도차이는 기준조업도와 실제생산량에 허용된 표준조업도간의 차이에 의해 발생되므로 단기적으로는 통제불능하다.

고정제조간접비 총차이 = 실제발생액 − 고정제조간접비 배부액
고정제조간접비 소비차이 = 실제발생액 − (기준조업도×SP**)
고정제조간접비 조업도차이 = (기준조업도×SP**) − (SQ*×SP**)

*SQ : 실제생산량에 허용된 표준조업도
**SP : 조업도 단위당 표준(예정)배부율

$$\text{고정제조간접비 표준배부율(SP)} = \frac{\text{고정제조간접비예산}}{\text{기준조업도(배부기준)}}$$

실제발생액 (실제조업도×실제배부율)	고정제조간접비예산 (기준조업도×SP)	고정제조간접비배부액 (SQ×SP)
소비차이	조업도차이	
고정제조간접비 총차이		

[예제 6-6] 고정제조간접비 차이

[예제 6-1]의 자료를 이용하여 고정제조간접비 소비차이와 조업도차이를 계산하고 분개하시오.

실제발생액	고정제조간접비예산	고정제조간접비배부액
₩100,000	₩140,000	6,000개×4시간×@7 =₩168,000
소비차이₩40,000(F)	조업도차이₩28,000(F)	
고정제조간접비 총차이₩68,000(F)		

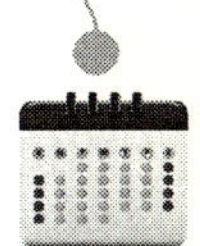

① 예정배부시

(차) 재공품(배부액) 168,000 (대) 고정제조간접비 168,000

② 실제발생액 집계시

(차) 고정제조간접비 100,000 (대) 각 비용항목 100,000

③ 차이발생시(원가계산 기말)

(차) 고정제조간접비 68,000 (대) 고정제조간접비 소비차이 40,000
고정제조간접비 능률차이 28,000

지금까지 살펴본 각 원가요소별 원가차이분석을 종합적으로 정리해 보면 다음과 같다.

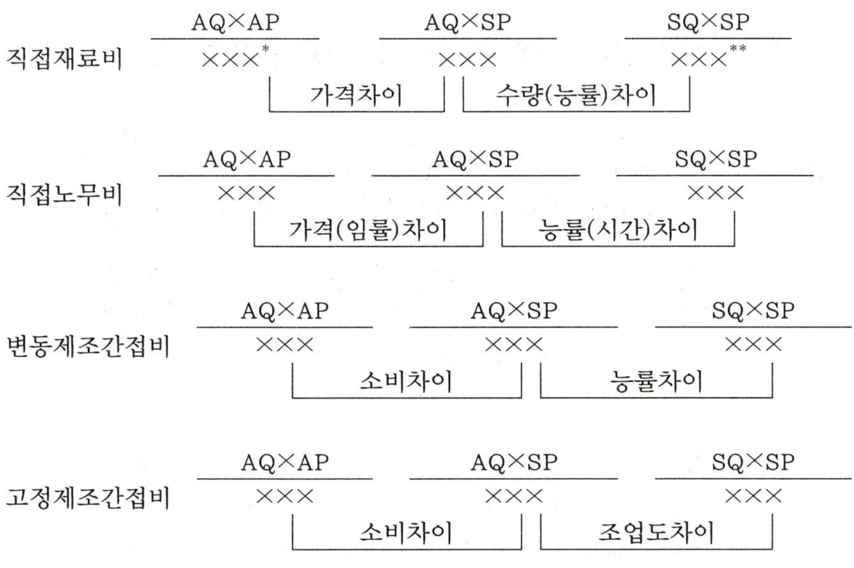

*실제원가

**표준원가배부액

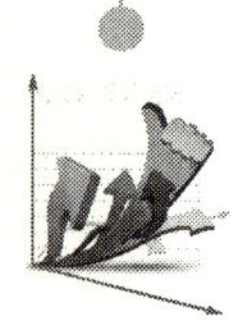

5 제조간접비 차이에 대한 다양한 차이분석

<table>
<tr><th>4분법</th><th>3분법</th><th>2분법</th><th>1분법</th></tr>
<tr><td>변동제조간접비
소비차이</td><td rowspan="2">제조간접비
소비차이</td><td rowspan="3">제조간접비
예산차이</td><td rowspan="4">제조간접비
배부차이</td></tr>
<tr><td>고정제조간접비
소비차이</td></tr>
<tr><td>변동제조간접비
능률차이</td><td>제조간접비
능률차이</td></tr>
<tr><td>고정제조간접비
조업도차이</td><td>제조간접비
조업도차이</td><td>제조간접비
조업도차이</td></tr>
</table>

[예제 6-1]에서의 제조간접비차이를 이상의 방법으로 분석해 보면 다음과 같다.

변동제조간접비	AQ×AP	AQ×SP	SQ×SP
	₩36,000	₩54,000	₩72,000
	①소비차이₩18,000(F)	②능률차이₩18,000(F)	

고정제조간접비	실제발생액	고정제조간접비예산	고정제조간접비배부액
	₩100,000	₩140,000	₩168,000
	③소비차이₩40,000(F)	④제조간접비조업도차이 ₩28,000(F)	

4분법 : 변동제조간접비소비차이 ① : ₩18,000(F)
고정제조간접비소비차이 ③ : ₩40,000(F)
변동제조간접비능률차이 ② : ₩18,000(F)
고정제조간접비조업도차이④ : ₩28,000(F)
3분법 : 제조간접비소비차이 ①+③ : ₩58,000(F)
제조간접비능률차이 ② : ₩18,000(F)
제조간접비조업도차이 ④ : ₩28,000(F)
2분법 : 제조간접비예산차이 ①+②+③ : ₩76,000(F)
제조간접비조업도차이 ④ : ₩28,000(F)
1분법 : 제조간접비배부차이 ①+②+③+④ : ₩104,000(F)

이상과 같은 표준원가계산제도에서의 원가차이분석에서 유리한 차이와 불리한

차이의 해석은 특정 차이 하나만에 의해서는 의미 있는 해석이 되지 못하며, 관련되는 차이들의 상호관계를 고려하여 종합적으로 파악하고 해석해야 한다.

6 원가차이조정에 대한 회계처리 방법

이상에서 살펴본 바와 같이 기업이 표준원가계산제도를 채택하여 재공품과 제품의 기말잔액, 매출원가 등 계정이 모두 표준원가로 기록되어 있을 경우 외부공표용 재무제표를 작성할 경우에는 이들 계정을 실제원가로 전환시켜야 한다. 표준원가를 실제원가로 전환시키기 위해서는 원가차이에 대한 조정이 필요한데 원가차이의 조정방법에는 매출원가조정법, 제조원가(총원가 또는 원가요소별)를 기준으로 한 비례배분법, 영업외손익법 등을 이용할 수 있다.

1) 매출원가기준법

매출원가기준법은 모든 원가요소의 유리한 차이와 불리한 차이를 상계한 순원가차이를 계산한 뒤 순원가차이가 유리한 차이일 경우에는 매출원가에서 차감하고 불리한 차이일 경우에는 매출원가에 가산하는 방법이다.

이 방법을 적용하면 모든 원가차이가 매출원가에서 조정되므로 재무제표상의 재공품과 제품계정은 모두 표준원가로 기록된다. 이 방법은 원가차이가 중요하지 않을 정도로 작거나 기말재고자산이 매출원가에 비해서 매우 작을 경우에 사용된다.

2) 비례배분법

비례배분법은 순원가차이를 재공품과 제품의 기말잔액과 매출원가계정에 상대적 비율에 따라 비례하여 배분하는 방법으로 원가차이가 상대적으로 크고 중요한 경우에 사용한다. 이 비례배분법은 순원가차이를 재공품과 제품의 기말잔액과 매출원가계정의 총원가(기말잔액)를 기준으로 비율에 따라 배분하는 총원가비례배분법과 각 원가요소별 원가차이를 재공품과 제품의 기말재고자산과 매출원가계정에 포함된 각 원가요소의 비율에 따라 배분하는 원가요소별 비례배분법으로 다시 구분할 수 있다.

이 비례배분법을 사용하여 직접재료비 가격차이를 구입시점에서 분리할 경우에는 직접재료비계정이 표준원가로 기록되므로 직접재료비 가격차이는 직접재료기

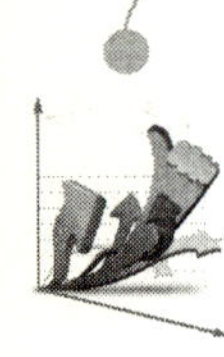

말잔액, 직접재료비수량차이, 재공품과 제품의 기말잔액, 매출원가를 기준으로 배분하며, 따라서 직접재료비 구입가격차이를 제외한 어떠한 원가차이도 원재료 계정에 배분해서는 안된다. 그리고 직접재료비 수량차이와 직접노무비의 차이 등은 재공품과 제품의 기말잔액과 매출원가를 기준으로 배분한다. 또한 직접재료비 가격차이를 원재료 사용시점에서 분리한다면 직접재료계정이 실제원가로 기록되어 있기 때문에 직접재료비 가격차이를 포함한 모든 원가차이를 재공품과 제품의 기말잔액과 매출원가를 기준으로 배분하며 어떤 원가차이도 원재료계정에 배분해서는 안된다.

3) 영업외손익법

이 방법은 불리한 순원가차이는 영업외비용으로, 유리한 순원가차이는 영업외수익으로 처리하는 방법으로 원가차이가 일상적인 영업활동과 관계없이 비정상적인 사건에 의하여 발생한 경우에 사용된다. 이 방법은 제조과정에서 발생한 유리한 차이를 수익으로 인식하는 것으로 논리적으로 타당하지 못하며 차라리 제품원가에서 차감하는 것이 타당할 것이다.

6-1 객관식 문제

01 관리자가 조업도수준에 따른 총원가, 총수익 및 순이익에 관심을 갖고 있을 때 다음 제도의 도입은 과연 바람직한가?

	변동예산	표준원가제도
①	YES	NO
②	YES	YES
③	NO	YES
④	NO	NO

02 표준원가계산제도는 다음 어느 경우에 사용되는가?

① 개별원가에만 사용
② 종합원가에만 사용
③ 직접원가계산에만 사용
④ 개별 · 종합원가에 모두 사용
⑤ 어느 제도에도 사용될 수 없다.

03 표준원가란 무엇인가?

① 유사제품의 원가
② 산업의 평균원가
③ 예정원가
④ 지난 해 생산된 제품의 원가

04 표준원가를 사용하는 기관은?

① 대학
② 정부기관
③ 자산단체
④ 모두

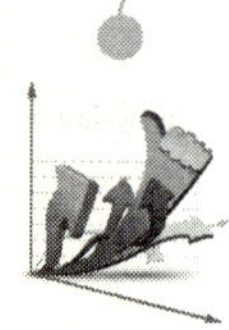

05 예산과 표준의 차이를 올바르게 설명하는 것은?

① 예산은 원가가 얼마인지를 나타내는데 반해 표준은 원가가 얼마가 되어야 하는가를 나타낸다.
② 예산은 경영자의 계획을 나타내는 반면에 표준은 실제로 발생한 원가를 반영한다.
③ 예산은 총액을 나타내는 반면에 표준은 단위당 금액을 나타낸다.
④ 표준은 원가회계시스템에서 제외되나 예산은 일반적으로 원가회계시스템에 연결된다.

06 다음 중 잘못된 설명은?

① 표준원가는 예산상의 원가보다 더 정확하다.
② 표준은 단위당 금액으로 나타낸다.
③ 개념상 표준과 예산은 본질적으로 동일하다.
④ 제품의 표준원가는 제품 단위당 예산상의 원가와 동일하다.

07 표준원가계산에 대한 다음 설명 중 적절치 못한 것은?

① 경영자는 표준원가계산을 통해 예외에 의한 관리를 할 수 있다.
② 차이분석을 통해 효과성과 효율성에 대한 성과를 측정할 수 있다.
③ 선입선출법, 평균법 등 원가흐름의 가정이 필요하다.
④ 표준투입물은 사전에 신중하게 결정된 한 단위 산출물에 요구되는 투입물의 수량이다.

08 표준원가계산의 유용성으로 적절치 못한 것은?

① 표준원가와 실제원가간의 차이가 나는 경우 원가통제를 할 수 없다.
② 예산을 설정하는데 있어 기초자료로 활용할 수 있다.
③ 원가계산이 신속하고 간편해진다.
④ 단위당 표준원가가 설정되어 있기 때문에 원가흐름의 가정이 필요없고 단지 재고자산의 물량만 파악하면 된다.

09 표준을 설정할 때 대부분의 회사들이 사용하는 기준은?

① 정상수준　　② 이상적 수준
③ 작년 수준　　④ 상상가능 수준

10 직접재료수량 표준의 설정과 관련된 것은?

① 회피불가능한 낭비를 제외한다.
② 품질 문제는 고려하지 않는다.
③ 정상적인 공손을 허용한다.
④ 언제나 이상적인 표준으로 표현한다.

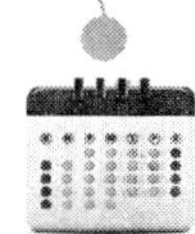

11 실제 원가가 표준 원가를 초과하고 있다면 그 차이는?

① 정상적 차이 ② 불리한 차이
③ 유리한 차이 ④ 회계시스템상의 오류

12 불리한 재료수량차이는 언제 발생하는가?

① 구입한 원재료가 사용된 원재료보다 많은 경우
② 사용된 원재료가 표준으로 허용된 재료보다 적은 경우
③ 사용된 노동시간이 표준으로 허용된 노동시간보다 많은 경우
④ 사용된 원재료가 표준으로 허용된 원재료보다 많은 경우

13 실제 직접재료비가 표준직접재료비를 초과하고 있는 것은 무엇을 의미하는 가?

① 실제원가가 부정확하게 계산되었다.
② 직접재료비의 실제 단가가 표준단가보다 높다.
③ 원재료의 실제 단가 또는 사용된 실제 수량이 예상된 원재료의 표준 단가 또는 표준 수량을 초과하고 있다.
④ 구매담당자 또는 생산담당자가 비능률적으로 업무를 수행하고 있다.

14 생산부서에서 원재료 가격차이에 대해 책임을 져야 할 경우는?

① 비경제적 규모로 원재료를 구매한 경우
② 잘못된 생산일정계획으로 인해 초래된 긴급주문
③ 잘못된 등급의 원재료를 구매한 경우
④ 원재료의 시장 가격이 변동한 경우

15 A회사는 생산 제품에 사용되는 직접원재료에 대해 제품 당 2파운드, 구입단가는 ₩6으로 표준을 설정하고 있다. 지난 달 2,000파운드의 원재료를 ₩11,400에 구입하였다. 지난 달의 직접원재료에서 발생한 가격차이는 얼마인가?

① ₩11,400(유리) ② ₩600(유리)
③ ₩300(유리) ④ ₩600(불리)

16 A회사는 직접원재료 3,150파운드를 사용하였으며, 표준을 150파운드 초과하고 있다. 수량차이는 ₩900(불리)이었다. 원재료의 표준가격은 얼마인가?

① ₩2.00 ② ₩3.50
③ ₩4.00 ④ ₩6.00

17 A회사는 직접원재료 40,000파운드를 파운드당 ₩9에 구입하였으며, 가격차이는 ₩80,000(유리)이었다. 원재료의 표준가격은 얼마인가?

① ₩2.00 ② ₩7.00
③ ₩10.00 ④ ₩11.00

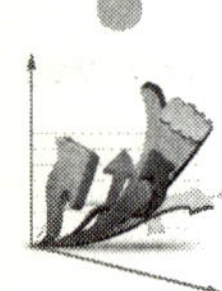

18 A회사는 생산 제품에 사용되는 직접원재료에 대해 제품 당 2파운드, 구입단가는 ₩4으로 표준을 설정하고 있다. 지난 달 6,000개의 제품을 생산하는데 ₩42,400에 구입한 11,200파운드가 사용되었다. 지난 달의 직접원재료에서 발생한 수량차이는 얼마인가?

① ₩3,200(유리) ② ₩2,400(유리)
③ ₩3,200(불리) ④ ₩5,600(불리)

19 서광상사의 7월중 원가내역은 다음과 같다.

직접원재료 표준	@₩500	2kg
직접원재료 실제사용량		3,000kg
직접원재료 실제구입가격	@₩600	
당기제품 완성량		1,400개

직접원재료의 수량차이는?

① ₩200,000(불리) ② ₩200,000(유리)
③ ₩100,000(불리) ④ ₩100,000(유리)
⑤ ₩250,000(불리)

20 서광상사의 직접원재료 가격차이는(구매시점에서 차이를 분리함)?

① ₩400,000(불리) ② ₩400,000(유리)
③ ₩320,000(불리) ④ ₩320,000(유리)
⑤ ₩300,000(불리)

21 원재료 가격차이에 대한 조사를 시작하는 부서는?

① 생산부서 ② 구매부서
③ 콘트롤러 사무실 ④ 외상구입대금 지급부서

22 원재료 수량차이에 대한 조사를 시작하는 부서는?

① 생산부서 ② 구매부서
③ 콘트롤러부서 ④ 판매부서

23 직접재료비의 유리한 가격차이의 설명으로 적합한 것은?

① 예상보다 낮은 가격으로 구매하였다.
② 예상보다 높은 가격으로 구매하였다.
③ 실제 생산량에 대해 표준으로 설정한 것보다 적은 재료를 사용하였다.
④ 실제 생산량에 대해 표준으로 설정한 것보다 많은 재료를 사용하였다.

24 직접재료비 차이분석 정보의 이용과 관련해 적절하지 않은 것은?

① 구매부서는 재료 가격차이를 통제할 책임이 있다.
② 생산부서 책임자는 재료사용에 대해 일반적으로 책임을 지게 된다.

③ 생산부서 책임자는 낭비, 파손 및 재작업을 최소화하는데 관심을 가지고 있다.
④ 구매부서는 저가품 재료를 구입하는데 책임을 가지고 있다.

25 직접재료비의 유리한 수량차이의 설명으로 적합한 것은?

① 재료를 예상보다 낮은 가격으로 구매하였다.
② 생산담당자가 재료를 능률적으로 사용하였다.
③ 구입한 수량이 사용한 수량보다 적다.
④ 실제 구입가격이 표준으로 설정한 것보다 낮다.

26 A회사는 생산 제품 당 2시간의 직접노동시간, 임률은 ₩24으로 표준을 설정하고 있다. 지난 달 2,000개의 제품을 생산하는데 4,200시간을 사용하엿으며, 지급된 임률은 ₩24.40이었다. 지난 달의 직접노무비에서 발생한 시간(능률)차이는 얼마인가?

① ₩4,880(유리) ② ₩4,800(불리)
③ ₩3,280(불리) ④ ₩4,880(불리)

27 26번의 자료를 가지고 임률(가격)차이는 얼마인가?

① ₩1,680(불리) ② ₩6,480(불리)
③ ₩6,480(유리) ④ ₩4,800(불리)

28 원동회사의 9월중 직접노무비와 관련된 자료는 아래와 같다.

표준직접노동시간	1,200
실제직접노동시간	1,000
임률차이	₩3,600(유리)
표준임률	200/시간

이 회사의 9월중 발생한 실제직접노무비는 얼마인가?

① ₩196,400 ② ₩200,000
③ ₩223,400 ④ ₩233,460
⑤ ₩253,460

29 노무비 시간차이가 불리한 차이로 나타났으며, 그 원인이 직접노동시간의 비능률적인 사용에 있었던 것으로 판명되었을 경우 그 책임을 부담할 부서는?

① 생산부서 ② 예산부서
③ 콘트롤러부서 ④ 판매부서

30 비숙련 근로자가 초래시킬 수 있는 불리한 원가차이는 다음 중 어느 것인가?

	임률차이	재료수량차이
①	YES	YES
②	YES	NO
③	NO	YES
④	NO	NO

31 최근 파업 중인 조립라인 근로자 대신에 사무담당 직원을 교체 투입하기로 하였다. 원래 조립라인 근로자는 시간당 ₩20을 지급하고 있었지만 사무담당직원에 대해서는 ₩12을 주기로 하였다. 이런 조치가 노무비에 대해 어떤 차이를 발생시킬 것인가?

	임률차이	능률차이
①	불리	유리
②	유리	불리
③	유리	영향없음
④	불리	영향없음

32 직접노무비의 유리한 시간(능률)차이의 설명으로 적합한 것은?

① 예상보다 낮은 임률로 지급하였다.

② 예상보다 높은 임률로 지급하였다.

③ 실제 생산량에 대해 표준으로 설정한 것보다 적은 직접노동시간으로 작업을 수행하였다.

④ 실제 생산량에 대해 표준으로 설정한 것보다 많은 직접노동시간으로 작업을 수행하였다.

33 다음 설명 중 적절하지 않은 것은?

① 유리한 노무비 능률차이는 품질이 우수한 재료의 사용에서 발생할 수 있다.

② 유리한 노무비 임률차이는 저임금 노동자의 퇴직이 원인일 수 있다.

③ 유리한 재료비 가격차이는 동일한 재료를 다른 거래처에서 낮은 가격으로 구매한 것이 원인일 수 있다.

④ 불리한 재료비 사용차이는 원재료 사용을 능률적으로 하지 못해 낭비를 초래할 경우 발생된다.

34 경기회사의 제조간접비에 대한 자료는 다음과 같다.

실제제조간접비	₩3,860,000
실제생산량에 대해 허용된 표준직접노동시간	10,500
기준조업도 10,000 직접노동시간하의 제조간접비 예산	₩3,550,000

총제조간접비배부차이는 얼마인가?

① ₩132,500 (과대) ② ₩132,500 (과소)
③ ₩132,500 (과대) ④ ₩162,500 (과대)
⑤ ₩162,500 (과소)

35 A회사는 생산 제품에 대해 간접비 배부기준을 기계시간으로 사용하고 있다. 이에 따라 변동제조간접비는 제품 한 개당 1.2시간의 기계시간, 배부율은 ₩8을 표준을 설정하고 있다. 지난 달 34,000 기계시간이 발생하였으며, 32,000개의 제품 생산에 ₩230,200의 변동제조간접비가 발생하였다. 지난 달의 변동제조간접비에서 발생한 소비차이는 얼마인가?

① ₩37,400(불리) ② ₩41,800(유리)
③ ₩35,200(유리) ④ ₩84,040(유리)

36 A회사는 생산 제품에 대해 간접비 배부기준으로 노동시간을 사용하고 있다. 이에 따라 변동제조간접비는 제품 한 개당 1.2시간의 노동시간, 배부율은 ₩10.20을 표준을 설정하고 있다. 지난 달 5,000 노동시간이 발생하였으며 4,000개의 제품 생산에 ₩52.750의 변동제조간접비가 실제로 발생하였다. 지난 달의 변동제조간접비에서 발생한 능률차이는 얼마인가?

① ₩2,040(불리) ② ₩1,680(유리)
③ ₩2,1100(불리) ④ ₩3,790(불리)

37 제조간접비 통제에 있어 단기적 문제점에 주의를 환기시키고자 할 때 유용하게 사용될 수 있는 원가차이는 다음 중 어느 것인가?

	소비차이	조업도차이
①	YES	YES
②	YES	NO
③	NO	YES
④	NO	NO

38 (주)안현은 표준원가계산제도를 사용하고 있다. 20X2년도의 실제 생산량은 800개였으며 목표생산량은 1,000개였다. 고정제조간접비 실제 발생액은 ₩7,320,000이고 고정제조간접비 예산(소비)차이는 ₩520,000(불리)이다. 생산조업도차이는 얼마인가?

① ₩1,360,000(유리) ② ₩1,360,000(불리)
③ ₩1,630,000(유리) ④ ₩1,630,000(불리)
⑤ ₩1,730,000(불리)

39 제조간접비 조업도 차이와 관련된 것은?

① 변동제조간접비 ② 고정제조간접원가
③ 제조간접비총액 ④ 모든 제조원가

40 제조간접비예산액과 배부액간의 차이는?

① 예산차이 ② 통제가능차이
③ 총제조간접비차이 ④ 조업도차이

41 공장시설이 효율적으로 사용되었는지를 나타내는 간접비 차이는?

① 예산차이 ② 통제가능차이
③ 소비차이 ④ 조업도차이

6-2 **(주)제주는 표준원가계산제도를 채택하고 있으며 원가계산관련자료는 다음과 같다.**

항 목	수 량	단 가	총 액
예산생산량	800개	-	-
실제생산량	700개	-	-
기초직접재료	0	-	-
당기직접재료외상구입	3,000kg	₩20	₩60,000
당기직접재료사용량	2,400kg	-	-
단위당표준직접재료	4kg	₩17	₩68

직접재료비 차이를 사용시점에서 분리할 경우 다음에 답하시오.

1. 직접재료비의 가격차이와 수량차이를 계산하시오.
2. 직접재료의 구입시점과 사용시점의 분개를 하시오.
3. 직접재료의 장부상 기말잔액은 얼마입니까?

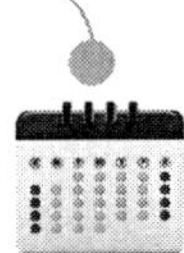

직접재료비 차이를 구입시점에서 분리할 경우 다음에 답하시오.

1. 직접재료비 가격차이와 수량차이를 계산하시오.
2. 직접재료의 구입시점과 사용시점의 분개를 하시오.
3. 직접재료의 장부상 기말잔액(표준원가)은 얼마입니까?
4. 표준원가계산제도를 운영하는 경우에도 외부보고용 재무제표를 작성시에는 실제원가로 보고하도록 하고 있다. 본 회계기간 말에 외부보고용 대차대조표에 표시될 직접재료(실제원가)재고액은 얼마인가?
5. 직접재료비 가격차이를 사용시점이 아닌 구입시점에서 분리하면 회계처리가 간편해지고 보다 신속해진다. 그 이유를 설명하라.

6-3 **(주)한라는 표준원가계산제도를 이용하고 있으며 표준원가 관련 자료는 다음과 같다.**

실제자료		표준자료	
생 산 량	1,500개	시간당 표준임률	₩40
총 생산시간	6,500시간	단위당 직접노동시간	4시간
직접노무비	₩200,000	–	–

1. 직접노무비 임률차이와 능률차이를 계산하라.
2. 직접노무비 소비시의 분개를 하라.

6-4 **(주)강원은 표준원가계산제도를 사용하고 있으며 원가관련 자료는 다음과 같다.**

실제활동 결과 자료		표준배부자료	
생산량	1,500개	변동제조간접비	직접노동시간당 ₩6
실제 직접노동시간	3,000시간	단위당 허용된 표준직접노동시간	1.5시간
실제변동제조간접비			
간접노무비(현금)	₩9,000	–	–
전력비(미지급)	₩10,000		

변동제조간접비의 소비차이와 능률차이를 구하고 분개하시오.

6-5 **(주)순천은 표준원가계산제도를 이용하고 있으며 원가관련 자료는 다음과 같다.**

표준자료		실제자료	
기준조업도 (직접노동시간)	30,000시간	제 품 생 산 량	13,000개
단위당 허용된 직접노동시간	2.5시간	직 접 노 동 시 간	27,000시간
-	-	고정제조간접비 감 가 상 각 비 감 독 자 급 료	 ₩100,000 ₩130,000

고정제조간접비 소비차이와 조업도차이를 구하고 분개하시오.

6-6 **(주)동해는 표준원가계산제도를 채택하고 있으며 제조활동과 관련된 실제자료와 표준원가 자료는 다음과 같다.**

제품 단위당 표준원가자료	
원가항목	표준원가
직 접 재 료 비	4kg× ₩5＝₩20
직 접 노 무 비	3시간×₩10＝₩30
변동제조간접비	6시간× ₩3＝₩18
고정제조간접비	6시간× ₩4＝₩24
제조간접비 표준원가는 20,000기계시간을 기준으로 결정됨	

제조활동 관련 실제자료	
재 료 구 입 액	13,000kg×₩6＝₩78,000
직 접 노 무 비	7,700시간×₩9＝₩69,300
변동제조간접비	₩35,000
고정제조간접비	₩60,000
실 제 기 계 시 간	21,000시간
생 산 량	4,200개

모든 제조원가에 대한 차이를 4분법에 의해 분석하시오.

6-7 **(주)백두는 표준원가계산제도를 채택하고 있으며 제조간접비와 관련된 자료는 다음과 같다.**

제품단위당 표준원가자료	
변동제조간접비	1시간×₩5＝₩5
고정제조간접비	₩2
기준조업도 : 55,000단위	
실제 제조활동관련자료	
생 산 량	50,000단위
직접노동시간	27,000시간
제조간접비발생액	₩200,000

1. 3분법을 사용하여 제조간접비 차이를 분석하시오.
2. 2분법을 사용하여 제조간접비 차이를 분석하시오.

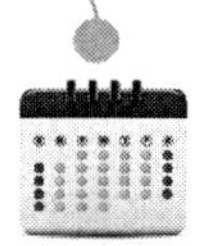

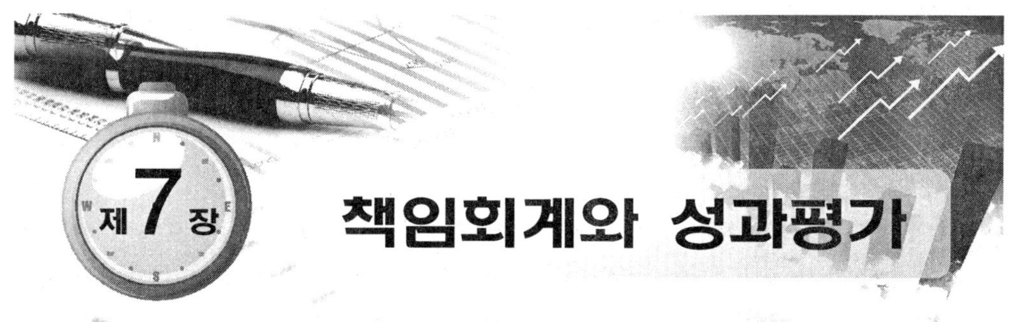

제 1 절 책임회계제도의 일반론

1 책임회계의 의의

기업활동은 계획을 수립하고 그 계획에 따라 필요한 활동을 수행하고 그 결과를 계획과 비교하는 통제활동을 수행하여 이를 미래의 경영활동의 지침으로 활용한다. 책임회계는 기업내에 설정된 여러 책임중심점별로 계획과 실적에 관련된 회계수치를 집계, 분석, 보고함으로써 책임중심점의 관리자에 대한 성과평가를 행함으로써 조직단위의 성과를 향상시키려는 제도이다.

책임회계목적이 성공적으로 수행되기 위해서는 훌륭한 성과보고제도의 확립이 필요한데 효과적인 성과평가시스템은 의사결정의 개선을 도모할 수 있도록 하기 위해 다음 조건을 갖추어야 한다.

1) 목표일치성

하위경영자의 성과측정치는 하위경영자가 자신의 성과측정치를 극대화 할 때 기업 전체의 목표도 동시에 극대화 될 수 있도록 설정되어야 한다. 즉 각 부문의 목표와 기업전체의 목표가 일치되어야 한다.

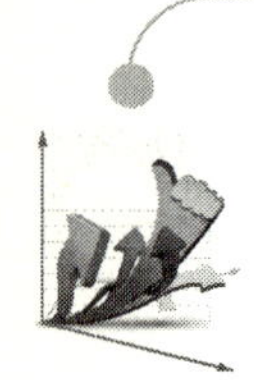

2) 동기부여

성과보고서는 피평가자에게 동기를 부여하여 실제 행동으로 옮길 수 있도록 작성되어야 한다.

3) 적시성과 정확성

성과보고서의 정확성을 높이기 위해서는 비용과 시간이 많이 소요되어 경영관리와 신속한 대응에 도움이 될 수 있는 적시성이 떨어지게 되고 또한, 적시성이 지나치게 강조되면 정보의 정확성이 감소하게 된다. 따라서 비용·효익의 관점에서 적시성이 있으면서도 어느 정도의 정확성이 유지되도록 성과보고서가 작성되어야 한다.

2 책임중심점의 유형

책임회계제도에서 성과평가는 해당 관리자가 직접적으로 권한과 통제를 행할 수 있는 책임중심점별로 이루어지게 되는데 책임중심점은 조직구조에 따라 다르다. 그러나 일반적으로 책임의 범위와 내용에 따라 원가중심점, 수익중심점, 이익중심점, 투자중심점으로 구분된다.

1) 원가중심점(Cost Center)

원가중심점은 공장의 제조부문이나 본사의 재무부문같이 원가의 발생에 대해서만 책임을 지는 중심점이다. 이때의 성과보고서에는 통제가능원가만을 표시하게 되며, 일반적으로 변동예산과 실제성과를 비교하여 성과평가가 이루어진다.

2) 수익중심점(Revenue Center)

수익중심점은 판매부문과 같이 수익의 발생에 대해서만 책임을 지는 중심점이며 이익에 대하여는 책임을 지지 않는다.

이 수익중심점에 대한 성과평가는 실제매출액을 예산매출액과 비교하여 수행되는데 이렇게 수익중심점에 의해 성과평가가 수행될 경우에는 수익창출에 의한 관심이 집중되어 불량채권이나 판촉비용이 과다하게 발생할 가능성이 크다. 따라서

이를 방지하기 위하여 수익과 원가를 동시에 책임지는 이익중심점으로 운영하는 것이 일반적이다.

3) 이익중심점(Profit Center)

이익중심점은 수익과 비용 모두에 대하여 동시에 책임을 지는 중심점으로서 조직전체보다는 부문별, 제품별, 지역별 단위 등의 하부조직으로 설정되는 것이 일반적이다. 이 이익중심점의 성과평가는 종합예산과 실제성과를 비교하여 이루어진다.

4) 투자중심점(Investment Center)

투자중심점은 이익뿐만 아니라 투자액까지도 책임을 지는 중심점으로 가장 포괄적인 책임중심점이다.

투자중심점에 의한 성과평가는 자원의 효율적 이용까지도 고려되며 일반적으로 영업이익과 투자자산을 동시에 고려하여 수행된다.

제 2 절 책임중심점의 성과평가

1 고정예산과 변동예산

고정예산이란 예산기간 중에 생산수량 등 조건이 변화하더라도 조정되거나 변경되지 않는 계획예산으로 하나의 조업도를 기준으로 편성되는 예산이다. 따라서 고정예산은 기업이 달성해야할 목표를 나타내어 목표달성도 측정에 이용될 수 있어서 이익중심점인 판매부문의 성과를 평가할 때 주로 사용된다.

그러나 실질적으로는 실제조업도가 예산조업도와 일치하지 않는 것이 일반적이어서 실제결과와 고정예산을 비교하기가 곤란하여 원가통제나 미래계획수립에는 적절치 못하다.

변동예산이란 일정범위의 조업도 수준에 대한 예산 즉, 조업도의 변동에 따라 조정되어 작성되는 예산이다. 변동예산은 실제조업도에 허용된 변동예산과 실제

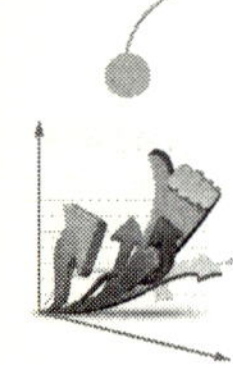

결과를 비교하므로 비교가능성이 있어 원가통제가 가능하고 미래계획수립에 적절한 정보를 제공한다. 따라서 변동예산은 판매부문의 성과평과에도 이용되기는 하지만 원가중심점인 생산부서의 성과평가에 주로 이용된다.

2 원가중심점의 성과평가

원가중심점은 원가의 발생에 대해서만 책임을 지는 중심점으로 제조부문이 그 대표적이다. 제조부문의 성과평가는 표준원가계산에서 살펴본 바와 같으며 실제 원가와 실제 생산량에 허용된 변동예산(표준원가)를 비교하여 이루어진다.

[예제 7-1]

단일제품을 생산하는 (주)경기의 제품단위당 표준원가와 올해 초 편성한 예산, 그리고 올해의 실제성과는 다음과 같다. (1)제조부문의 성과보고서와 (2)제조원가의 차이분석을 실시하시오.

제품단위당 표준원가			
원가요소	표준수량	표준가격	표준원가
직접재료비	3L	₩30/L	₩90
직접노무비	4시간	₩5/시간	20
변동제조간접비	4	₩4/시간	16
고정제조간접비	4	₩6/시간	24
제품단위당 표준원가			₩150

고정예산			
생산 및 판매량	10,000개		
매출액	10,000개×@200 =		₩2,000,000
변동비			
직접재료비	10,000개×@90 =	₩900,000	
직접노무비	10,000개×@20 =	200,000	
변동제조간접비	10,000개×@16 =	160,000	
변동판매관리비	10,000개×@15 =	150,000	1,410,000
공헌이익			₩590,000
고정비			
고정제조간접비		150,000	
고정판매관리비		50,000	200,000
영업이익			₩390,000

실제성과			
생산 및 판매량	8,000개		
매출액	8,000개×@210 =		₩1,680,000
변동비			
직접재료비	26,000L×@32 =	₩832,000	
직접노무비	33,000시간×@4 =	132,000	
변동제조간접비		120,000	
변동판매관리비		110,000	₩1,194,000
공헌이익			486,000
고정비			
고정제조간접비		130,000	
고정판매관리비		60,000	190,000
영업이익			₩296,000

풀이

(1)제조부문의 성과보고서

원가요소	실제	변동예산차이	변동예산
생산량	8,000개		8,000개
변동비			
직접재료비	₩832,000	₩112,000(U)	8,000개×@90=₩720,000
직접노무비	132,000	28,000(F)	8,000개×@20= 160,000
변동제조간접비	120,000	8,000(F)	8,000개×@16= 128,000
고정비			
고정제조간접비	130,000	20,000(F)	150,000
계	₩1,214,000		₩1,158,000

(2)제조원가의 차이분석

①직접재료비 차이분석

AQ×AP(실제)	AQ×SP	SQ×SP(변동예산)
₩832,000	26,000L×@30=₩780,000	₩720,000

가격차이	능률차이
₩52,000(U)	₩60,000(U)

변동예산차이

₩112,000(U)

②직접노무비 차이분석

33,000×4=₩132,000	33,000×5=₩165,000	8,000개×4시간×@5=₩160,000

가격차이	능률차이
₩33,000(F)	₩5,000(U)

변동예산차이

₩28,000(F)

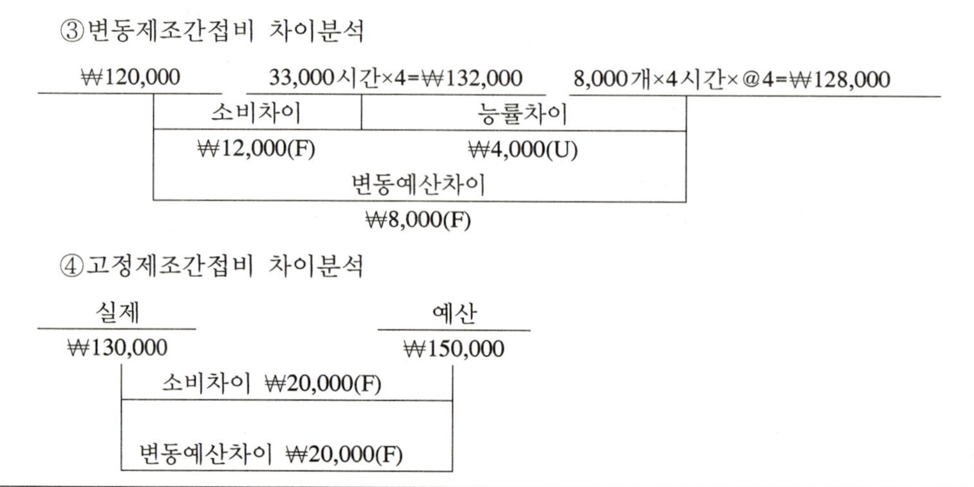

3 이익중심점의 성과평가

이익중심점은 수익과 원가 모두에 대해서 책임을 지는 중심점이다. 따라서 이익중심점은 주로 판매부문의 성과평가에 이용된다. 이때 판매부문이 책임지는 원가는 제조원가가 아니라 판매관리비 뿐이다.

이익중심점의 성과평가를 위한 차이분석은 다음과 같다.

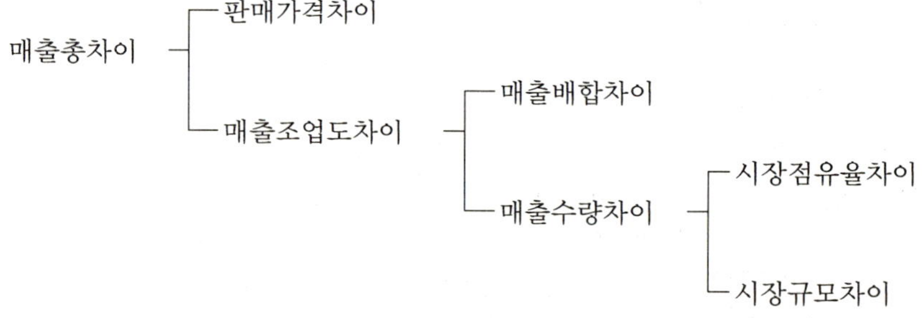

이들 차이분석에 대하여 좀 더 상세히 살펴보면 다음과 같다.

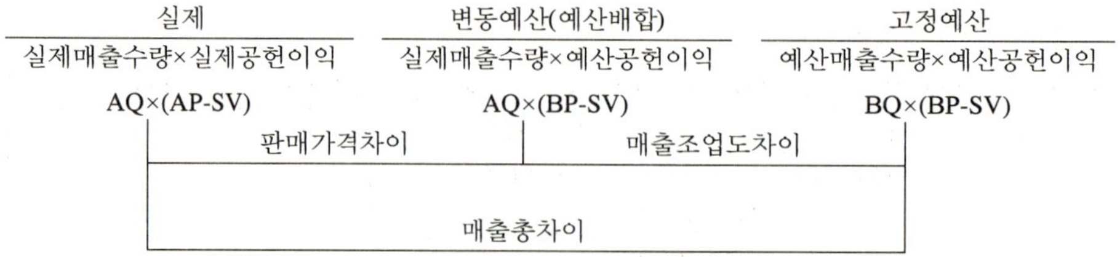

AQ : 실제매출수량　SV : 표준변동비　BQ : 예산매출수량
AP : 실제판매가격　BP : 예산판매가격

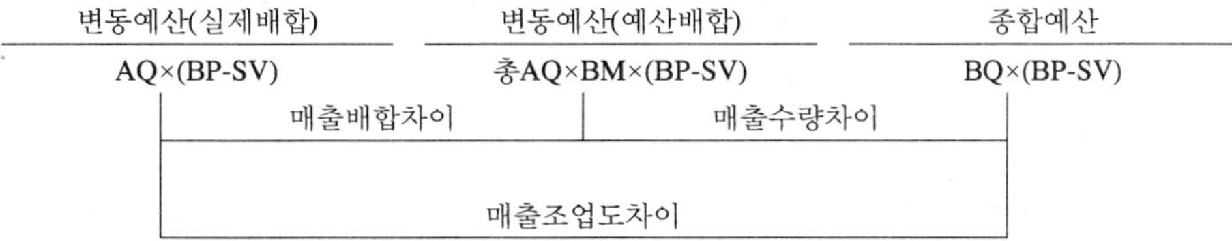

BM : 예산배합

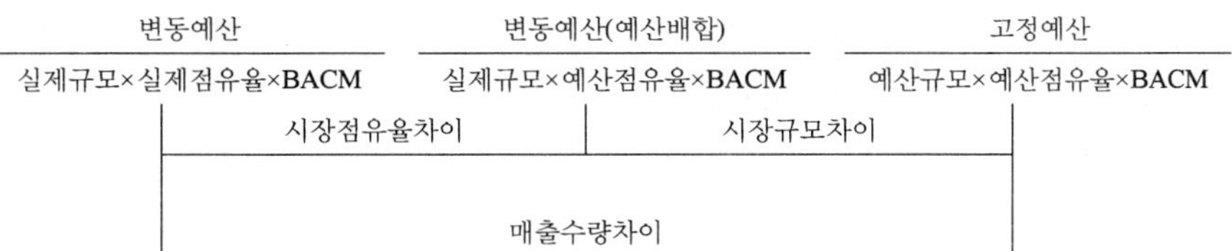

BACM : 예산평균공헌이익

4 투자중심점의 성과평가

투자중심점은 앞에서도 설명한 바와 같이 수익과 원가 그리고 해당 투자중심점에 투자된 자산까지 책임을 지는 가장 포괄적인 책임중심점으로 이 투자중심점의 성과평가지표로는 투자수익률과 잔여이익 그리고 경제적 부가가치의 측정치를 사용한다.

1) 투자수익률(Return On Investment)

듀퐁(Du Pont)회사가 최초로 사용한 투자수익률은 투자중심점의 영업이익(순이익)과 투자자산과의 상대적 비율을 나타낸 것으로 투하된 자본금액을 고려하여 투자액에 대한 이익의 비율을 나타내는 수익성 지표이다.

투자수익률은 비율로 표시되므로 특정 투자안의 수익률과 다른 투자안의 수익률을 상호 비교할 수 있고, 투자자산의 효율성을 나타내므로 자원배분의 의사결정에 효과적으로 사용할 수 있다.

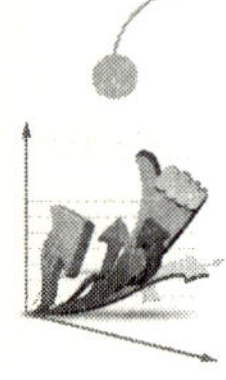

$$\text{투자수익률} = \frac{\text{투자중심점의 영업이익(이익)}}{\text{투자중심점의 영업자산(투자액)}}$$

$$= \frac{\text{영업이익}}{\text{매출액}} \times \frac{\text{매출액}}{\text{영업자산}}$$

$$= \text{매출액이익률} \times \text{자산회전율}$$

상기식으로부터 생각해 볼 때 투자수익률을 증대시키기 위해서는 매출액을 증가시킴으로써 매출액이익률부분에 대해서는 매출액과 영업이익을 동시에 증가시키고 아울러 자산회전율부분을 증가시키거나, 원가절감을 통해 영업이익을 증가시키거나, 또는 지나치게 많은 투자자산의 보유여부를 검토하여 퇴화 또는 과잉 누적재고를 신속히 처분하는 것이 필요하다.

[예제 7-2] 투자수익률

가전제품 사업부와 스포츠용품 사업부로 이루어져 있는 (주)경주는 각각의 투자중심점으로 운영되고 있다. 각 사업부의 당기 자료는 다음과 같다.

항　목	가전제품 사업부	스포츠용품 사업부
영업자산	₩200,000	₩500,000
매출액	700,000	1,000,000
영업이익	70,000	120,000
최저필수수익률	10%	

각 사업부의 매출액이익률과 자산회전율을 구하고 이 두 비율을 이용하여 투자수익률을 계산하시오.

풀이

① 가전제품 사업부

$$\text{매출액이익률} = \frac{70{,}000}{700{,}000} = 10\%$$

$$\text{자산회전율} = \frac{700{,}000}{200{,}000} = 3.5\text{회}$$

$$\text{투자수익률} = \frac{70{,}000}{200{,}000} = 10\% \times 3.5\text{회} = 35\%$$

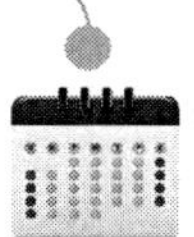

② 스포츠용품 사업부

$$\text{매출액이익률} = \frac{120,000}{1,000,000} = 12\%$$

$$\text{자산회전율} = \frac{1,000,000}{500,000} = 2\text{회}$$

$$\text{투자수익률} = \frac{120,000}{500,000} = 12\% \times 2\text{회} = 24\%$$

[예제 7-2]에서 보는 바와 같이 이익액에 의해 책임중심점을 평가하면 스포츠용품 사업부가 가전사업부에 비해 성과가 더 좋은 것으로 나타나고 있다

그러나 투자규모를 고려한 투자수익률에 의해 평가하게 되면 가전제품 사업부의 성과가 스포츠용품 사업부의 성과보다 높은 것을 볼 수 있다. 이와같이 투자중심점의 성과는 투자된 자산의 효율성도 함께 평가되는 것이므로 더욱 합리적이며, 따라서 절대적인 이익금액보다는 투자수익률을 기준으로 삼는 것이 보다 더 나을 것이다.

그러나 투자수익률을 성과평가 기준으로 사용하는 데에는 다음과 같은 문제점이 있을 수 있다.

첫째, 회사전체의 최저 필수수익률보다 높은 좋은 투자안이 개별 투자중심점의 투자수익률보다 낮을 경우 이를 포기하는 조직 전제 입장에서의 준 최적화현상을 초래할 수 있으며

둘째, 각 투자중심점의 사업내용이 상이할 경우 투자수익률을 이용한 성과비교는 무의미하게 될 수도 있으며

셋째, 투자의사결정은 현금흐름에 기초를 두고 있는 반면 그 투자의사결정으로 인한 성과평가는 발생주의회계상 이익을 기초로 하는 투자수익률에 의해 실시되므로 투자의사결정과의 일관성이 결여된다.

2) 잔여이익(Residual Income)

잔여이익이란 투자중심점의 영업이익에서 투자중심점의 영업자산으로부터 획득해야 하는 최소한의 이익 즉, 투자자본에 대한 귀속이자(암묵적 이자)를 차감한 잔액을 말한다.

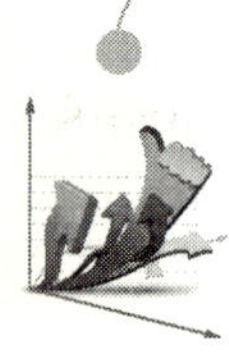

잔여이익 = 투자중심점의 영업이익 − 투자중심점의 투자자산에 대한 귀속이자
= 투자중심점의 영업이익 − 투자중심점의 투자자산×최저필수수익률

최저필수수익률은 회사 전체의 자본비용 또는 암묵적 이자율을 기초로하여 당해 투자중심점과 관련된 위험을 추가적으로 고려하여 결정한다. 즉, 위험이 큰 투자중심점에는 높은 최저필수수익률을 적용하고 위험이 작은 투자중심점에는 낮은 최저필수수익률을 적용한다.

[예제 7-3] 잔여이익

[예제 7-2]의 자료를 이용하여 각 사업부의 잔여이익을 계산하시오

풀이

① 가전제품 사업부
잔여이익 = ₩70,000 − ₩200,000×10% = ₩50,000

② 스포츠용품 사업부
잔여이익 = ₩120,000 − ₩500,000×10% = ₩70,000

잔여이익에 의해 투자중심점의 성과를 평가한다면 투자중심점 관리자는 최저필수수익률을 초과하는 투자안을 모두 채택하게 되므로 부문의 최적의사결정과 회사전체의 최적의사결정이 일치하여 준최적화 현상이 사라지게 된다.

그러나 각 투자중심점의 투자금액(즉, 투자중심점의 규모)이 상이할 경우 투자중심점의 성과를 직접 비교할 수 없으며, 또한 잔여이익이 발생주의회계상 이익을 기초로 계산되어지기 때문에 현금흐름 할인모형을 기초로한 투자의사결정과 성과평가간의 일관성이 결여된다는 문제점을 가지고 있다.

[예제 7-4] 투자수익률과 잔여이익의 비교

현재 ₩150,000을 투자하여 ₩52,500의 이익을 얻고 있는 (주)전주의 의류사업부는 투자중심점으로 운영되고 있다. 오늘 이 사업부에서는 ₩50,000을 새로이 투자하여 ₩7,000의 이익을 얻을 수 있는 신규투자안에 대해 고려하고 있으며 회사전체의 최저 필수수익률은 10%이다.

투자중심점의 성과평가기준이 투자수익률일 경우와 잔여이익일 경우 의류사업부의 경영자 입장에서 신규 투자안의 수락여부를 결정하시오.

풀이

① 투자수익률에 의해 성과평가를 할 경우

㉠ 신규투자안을 수락하지 않을 경우

$$\text{투자수익률} = \frac{₩52,500}{₩150,000} = 35\%$$

㉡ 신규투자안을 수락할 경우

$$\text{투자수익률} = \frac{₩52,500 + ₩7,000}{₩150,000 + ₩50,000} = 29.75\%$$

신규투자안을 수락할 경우 의류사업부의 투자수익률은 35%에서 29.75%로 감소하기 때문에 사업부 경영자는 신규투자안을 채택하지 않게 된다.

② 잔여이익에 의해 성과평가를 할 경우

㉠ 신규투자안을 수락하지 않을 경우

잔여이익 = ₩52,500 − ₩150,000×10% = ₩37,500

㉡ 신규투자안을 수락할 경우

잔여이익 = (₩52,500 + ₩7,000) − (₩150,000 + ₩50,000)×10%
= ₩39,500

신규투자안을 수락할 경우 의류사업부의 잔여이익은 ₩37,500에서 ₩39,500으로 증가하기 때문에 사업부 경영자는 신규투자안을 채택하게 된다.

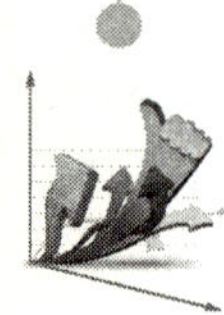

3) 경제적 부가가치(Economic Value Added)

경제적 부가가치는 세후영업이익이 총자산과 유동부채의 차액에 가중평균자본비용을 곱한 금액을 초과하는 부분을 말한다. 이는 기업의 영업이익에서 타인자본과 자기자본비용을 포함한 총자본비용 즉, 주주와 채권자의 자본제공에 대한 대가와 국가의 공공서비스 제공에 대한 대가인 세금을 차감한 금액으로 기업이 고유의 영업활동을 통해 창출해 낸 순가치의 증가분을 의미한다.

경제적 부가가치

= 세후영업이익[*1] − (총자산 − 유동부채)×가중평균자본비용[*2]

= 세후영업이익 − (비유동자산 + 유동자산 − 유동부채)×가중평균자본비용

= 세후영업이익 − (비유동자산 + 순운전자본)×가중평균자본비용

[*1] 세후영업이익 = 영업이익×(1 − 세율)
[*2] 가중평균자본비용 : 부채의 자본비용[#8]과 자기자본의 자본비용을 각각의 구성비율에 따라 가중평균함
[*3] 부채의 자본비용 = 이자율×(1 − 세율)

이 경제적 부가가치를 잔여이익과 비교해 보면 "영업이익"을 "세후영업이익"으로, "투자액"을 "총자산-유동부채"로, "최저필수수익률"을 "가중평균자본비용"으로 대체한 것으로 볼 수 있다. 따라서 잔여이익이 가지고 있는 장점과 단점을 그대로 가지고 있다고 볼 수 있다.

경제적 부가가치는 회계적이익(당기순이익)과 비교해 볼 때 다음과 같은 장점이 있다.

첫째, 당기순이익은 재무, 영업, 투자활동 모두를 반영한 이익개념이지만 경제적 부가가치는 기업의 고유활동인 영업이익을 기초로 하므로 기업고유의 경영성과측정에 보다 유용하다.

둘째, 당기순이익은 배당을 잉여금의 유출로 보기 때문에 자기자본비용을 고려하지 않은 이익개념인데 비하여 경제적 부가가치는 영업활동을 통한 이익이 자기자본비용까지 포함한 총자본비용을 얼마나 초과하였는지를 나타내므로 기업의 경영성과를 보다 정확히 측정하는 것으로 볼 수 있다.

[예제 7-5] 경제적 부가가치

(주)강원의 운송사업부에 대한 당기자료가 다음과 같을 때 이 사업부의 경제적 부가가치를 구하시오.

항 목	금액, 세율
총자산(영업자산)	₩100,000
유동부채	15,000
영업이익	50,000
비유동부채(시장가치)	₩150,000(이자율 8%)
자기자본	₩250,000(자본비용 9%)
법인세율	40%

풀이

① 가중평균자본비용

$$= 8\% \times (1-0.4) \times \frac{₩150,000}{₩150,000+₩250,000} + 9\% \times \frac{₩250,000}{₩150,000+₩250,000} = 7.425\%$$

② 경제적 부가가치

$$= ₩50,000 \times (1-0.4) - (₩100,000 - ₩15,000) \times 7.425\%$$

$$= ₩23,688.75$$

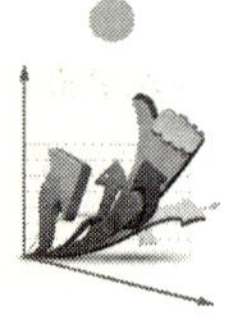

7-1 객관식 문제

01 예산 및 실제 통제가능 수익과 비용이 포함된 책임보고서를 받는 책임중심점은?

① 투자중심점 ② 이익중심점
③ 원가중심점 ④ 투자, 이익 및 원가중심점

02 책임회계가 특별히 가치있는 경우는?

① 거액의 통제불능원가가 존재하는 경우
② 비영리 사업을 하는 기업의 경우
③ 분권화된 사업체를 가지고 있는 경우
④ 책임중심점이 유형이 원가중심점인 경우

03 원가중심점에 대한 설명 중 올바른 것은?

① 원가중심점은 원가가 발생하며 수익이 창출된다.
② 원가중심점은 원가가 수익을 초과하는 기업에 존재한다.
③ 원가중심점은 ROI를 사용하여 가장 효과적으로 평가된다.
④ 원가중심점은 보통 생산과 서비스부분에 설치된다.

04 이익중심점에 대한 설명 중 올바른 것은?

① 손실을 발생시킨 적이 없는 회사의 부문
② 원가를 발생시키고 수익을 창출하는 부문
③ 책임중심점에 배부된 자산으로부터 가득한 수익률로 평가되는 부문
④ 다른 부문보다 원가가 적게 발생하는 부문

05 다음 중 각각의 책임중심점에 대한 설명 중 올바른 것은?

① 투자중심점은 원가가 발생하며 투자자금을 통제한다.
② 원가중심점은 원가가 발생한다.
③ 이익중심점은 원가가 발생하며 투자자금을 통제한다.
④ 위의 보기 내용은 책임중심점의 책임을 정확히 나타내고 있지 않다.

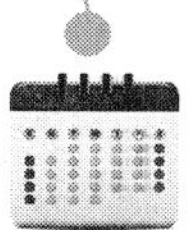

06 이마트의 장난감 판매부서는 어떤 책임 중심점인가?

① 투자중심점 ② 이익중심점
③ 원가중심점 ④ 예외중심점

07 에버랜드의 테마파크는 어떤 책임 중심점인가?

① 투자중심점 ② 이익중심점
③ 원가중심점 ④ 책임 중심점이 아님

08 제조회사 내의 시설관리과는 어떤 책임 중심점인가?

① 투자중심점 ② 이익중심점
③ 원가중심점 ④ 예외중심점

09 이익중심점의 경영자는 무엇으로 평가하나?

① 이익중심점이 창출한 이익의 크기
② 원가통제능력
③ 이익중심점의 자산으로부터 창출된 수익률
④ 창출된 수익의 규모

10 원가중심점을 평가하는 적절한 방법은?

① 창출된 실제이익과 예산상의 이익간의 비교
② 실제원가와 변동예산자료와의 비교
③ 통제가능한 실제원가와 고정예산자료와의 비교
④ 통제가능한 실제원가와 변동예산자료와의 비교

11 원가중심점의 성과보고서에 보고되는 항목은?

① 통제가능원가와 통제불능원가가 보고됨
② 변동원가만 보고되고 고정원가는 제외됨
③ 원가중심점 경영자가 통제가능한 원가만 보고됨
④ 재료원가와 노무원가만 보고됨

12 책임회계제도하에서 작성되는 내부의 책임중심점에 대한 성과보고서에 관한 설명 중 옳지 않는 것은?

① 통제가능원가, 통제불능원가로 구분하여야 한다.
② 해당 책임중심점에 배분된 고정제조간접비도 포함시켜야 한다.
③ 조직도표와 일관성을 유지하여야 한다.
④ 통제가능원가의 실제와 표준간의 차이를 포함시켜야 한다.
⑤ 예외에 의한 관리가 가능하도록 작성하여야 한다.

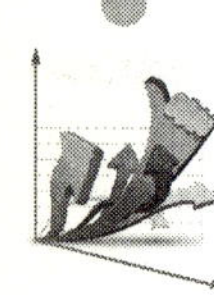

13 다음의 어느 책임중심점 성과보고서에 통제가능수익이 보고될 수 있는가?

	원가중심점	투자중심점
①	YES	NO
②	YES	YES
③	NO	NO
④	NO	YES

14 다음의 어느 책임중심점 성과보고서에 통제가능원가가 보고될 수 있는가?

	원가중심점	이익중심점	투자중심점
①	YES	NO	YES
②	NO	YES	NO
③	YES	NO	NO
④	NO	YES	YES
⑤	YES	YES	YES

15 투자수익률을 사용할 때의 단점은?

① 투자중심점의 업적비교가 곤란하다.
② 투자중심점의 업적평가로는 적합하나 투자중심점 책임자의 업적평가로는 부적합하다.
③ 현재의 투자수익률보다 낮은 투자수익률이 기대되는 사업에 대한 투자를 기피한다.
④ 매출액순이익률과 투자회전율로 구분하여 분석이 가능하다.
⑤ 사전에 설정한 자본비용을 초과하는 이익이 기대되는 사업에 대한 투자를 유도한다.

16 잔여이익 또는 잔여이익법에 대한 설명 중 틀린 것은 어느 것인가?

① 기업의 순이익으로부터 투자자본에 대한 부가이자를 차감한 잔액이다.
② 투자순이익률법에 의해 수락되는 투자안은 잔여이익법에 의해서도 항상 수락되어 두 방법은 수익성을 평가하는데 있어서 상호보완적인 방법이다.
③ 이익중심점의 순이익으로부터 이익중심점에서 사용한 순자산에 대한 부가이자를 차감한 금액을 말한다.
④ 투자수익률에 의해 거부될 수 있는 투자안은 잔여이익법에 의해 수락될 수도 있어, 기업 전체의 관점에서 이익을 증대시킬 수 있는 방법이다.
⑤ 자본비용과 비슷한 부가이자를 차감하여 계산한 이익개념으로, 순이익의 절대액으로 표시되는 수익성 지표이다.

17 (주)경북은 전국에 10개의 체인점을 운영하고 있는데 이 회사의 10개 체인점은 각각 독립적으로 운영되고 있다. 각 체인점의 성과는 매출액의 5%를 목표이익으로 하는 잔여이익에 의해 측정된다. 서울 강남의 A체인점과 연간 매출이 ₩300,000이고, 매출원가는 ₩120,000이며 영업비용이 ₩155,000일 때 그 체인점의 잔여이익은 얼마인가?

① ₩7,000 ② ₩10,000 ③ ₩15,000
④ ₩19,000 ⑤ ₩12,000

18 (주)경남의 A부문 20X3년도 회계자료는 다음과 같다.

매출액	1,000,000
변동비	600,000
고정비(추적가능원가)	100,000
평균투자자본	200,000
부가이자율(최저필수수익률)	6%

위 자료에 의하여 잔여이익을 계산하면 얼마인가?

① ₩168,000 ② ₩202,000 ③ ₩288,000
④ ₩310,000 ⑤ ₩420,000

19 다음은 (주)개발의 자료이다. 경제적 부가가치(EVA)를 구하라.

세후영업이익	300,000	총자산	550,000
유동자산	200,000	유동부채	130,000
가중평균자본비용	20%	최저필수수익률	12%

① ₩116,000 ② ₩216,000 ③ ₩230,000
④ ₩250,000 ⑤ ₩300,000

7-2 제품을 생산 판매하는 (주)원주의 성과평가 관련 자료는 다음과 같다.

① 예상판매량 8,500단위 기준 예산 공헌손익계산서

예산 공헌손익계산서

매출액(@₩300)		₩2,550,000
변동비		
직접재료비(@₩42)	357,000	
직접노무비(@₩31)	263,500	
변동제조간접비(@₩28)	198,000	
변동판관비(@₩25)	212,500	1,031,000
공헌이익		₩1,519,000
고정비		
고정제조간접비	340,000	
고정판관비	297,500	637,500
영업이익		₩ 881,500

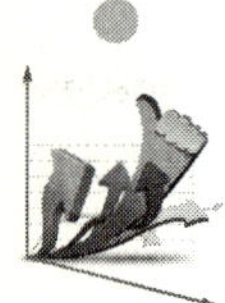

② 실제자료

실제판매량	8,000단위	판매가격(단위당)	₩310
직접재료비(@₩44)	352,000	직접노무비(@₩32)	256,000
변동제조간접비(@₩31)	248,000	변동판관비(@₩26)	208,000
고정제조간접비	328,000	고정판관비	312,000

③ 판매부문은 매출액과 판관비에 대해 책임을 지는 이익중심점, 생산부문은 제조원가에 대해 책임을 지는 원가중심점으로 운영된다.

이익중심점인 판매부문과 원가중심점인 생산부문의 성과보고서를 작성하라.

7-3 **의류사업부와 가전사업부로 구성되어있는 (주)토탈의 각 사업부 당기자료는 다음과 같으며 자산은 모두 영업용 자산이고, 비유동부채는 모두 이자가 발생되는 부채이다.**

① 재무상태표 관련자료

	의류사업부	가전사업부	합계
유동자산	₩30,000	₩70,000	₩100,000
비유동자산	50,000	250,000	300,000
합계	₩80,000	₩320,000	₩400,000
유동부채	₩20,000	₩70,000	₩90,000
비유동부채	-	-	₩150,000
자본	-	-	₩150,000
합계			₩390,000

② 손익계산서 관련자료

	의류사업부	가전사업부	합계
매출액	₩300,000	₩800,000	₩1,100,000
변동비	150,000	300,000	450,000
공헌이익	150,000	500,000	650,000
고정비	100,000	400,000	500,000
영업이익	₩50,000	₩100,000	₩150,000
이자비용(10%)		-	15,000
세전이익			135,000
법인세(40%)			54,000
당기순이익			₩81,000

③ 비유동부채의 장부가액과 시장가치는 동일하며 이자율은 10%이다.
④ 자본의 시장가치는 ₩200,000이며 자기자본비용은 12%이다.
⑤ 법인세율은 40%이다.

1. 각 사업부별 자산회전율, 매출액이익률, 투자수익률을 계산하고 투자수익률을 기준으로 성과평가를 하여 우선 순위를 결정하라.
2. 잔여이익을 기준으로 성과평가를 하고 우선 순위를 결정하라. (단, 각 사업부에 대해 요구되는 최저필수수익률은 10%이다)
3. 경제적 부가가치를 기준으로 성과평가를 하고 우선 순위를 결정하라.

7-4 **사업부를 투자중심점으로 설계하여 운영하고 있는 (주)용인의 제품관련 자료는 다음과 같다.**

연간 총 고정비	₩1,500,000	단위당 변동비	₩400
연간 평균 판매량	15,000개	사업부에 투자된 평균영업자산	₩2,000,000
평균 투자수익률	20%	최저필수수익률	13%

투자중심점의 성과평가가 투자수익률과 잔여이익에 근거하여 이루어질 때 이 사업부가 부(負)의 성과평가를 받지 않기 위해서 부과해야 하는 단위당 최소 판매가격을 구하시오.

7-5 **모든 자산의 내용연수는 모두 10년이며 현재 5년이 경과된 상태이고 잔존가치는 없으며 정액법에 의해 감가상각을 수행하고 있다. 또한 투자자산에 대한 필수수익률은 10%이며, 이익계산은 연초 투자자본을 기준으로 삼는다.**

사업부	총장부가액(연초)	순이익
의류사업부	₩540,000	₩70,000
가전사업부	500,000	65,000
완구사업부	400,000	58,000

다음 각 사업부에 대하여 투자수익률과 잔여이익기준의 성과평가를 총장부가액과 순장부가액에 의해 수행하시오.

7-6 **3종류의 제품을 생산 판매하는 (주)성남의 각 제품에 대한 20X03년 예산과 실제자료는 다음과 같다.**

20X3년 예산과 실제								
제품명	판매단가		단위당 변동비		단위당 공헌이익		판매수량	
	예산	실제	예산	실제	예산	실제	예산	실제
A제품	₩1,800	₩1,650	₩1,050	₩750	₩750	₩900	21,000개	24,750개
B제품	1,200	975	750	600	450	375	3,000	4,950
C제품	7,500	5,250	4,500	3,750	3,000	1,500	6,000	3,300
							30,000개	33,000개

• 20%의 예산 시장점유율과 예측전체시장규모 150,000개를 기준으로 2003년 총매출예산수립
• 2003년말 실제 시장규모는 206,250개였음

1. 판매가격차이와 매출조업도차이를 계산하시오.
2. 매출조업도차이를 매출배합차이와 매출수량차이로 세분하시오.
3. 매출수량차이를 시장점유율차이와 시장규모차이로 세분하시오.

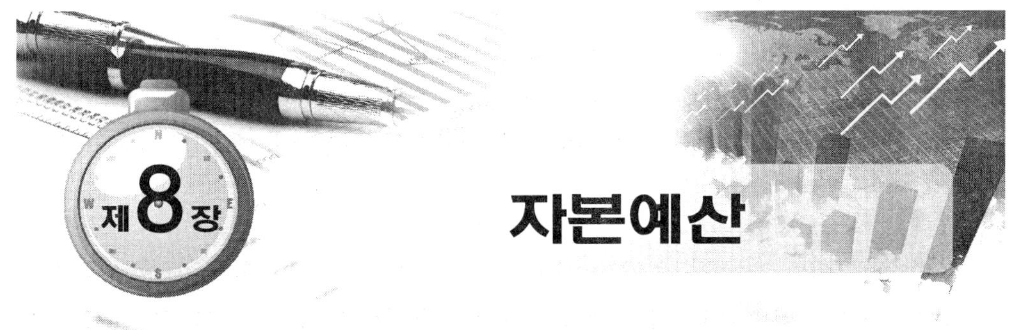

제 1 절 자본예산의 의의와 단계

경영자들은 끊임없이 장・단기 의사결정에 직면하게 되는데 여기에서는 장기적 의사결정의 한 부분인 자금의 투자에 따른 투자안의 경제성 분석에 관하여 살펴보기로 한다. 자본예산에서 다루게 되는 대상은 대부분 투자에 소요되는 자금이 거액이며 투자효과도 장기간에 걸쳐 나타나게 되어 투자안 선택이 전략적 의사결정의 성격을 갖는다.

자본예산은 장기적인 투자안의사결정에 사용된다. 이는 여러 기간 동안에 걸쳐 있는 프로젝트에 대한 의사결정과 통제기법이다.

① 1단계 : 명확화 단계로 어떤 형태의 자본지출 프로젝트가 조직의 목적을 달성하는데 필요한 것인지를 구분해내는 단계이다. 이는 라인 관리자의 책무중 하나이며 항상 조직의 목적과 전략에 관련 지워져야 한다.

② 2단계 : 탐색단계로 조직의 목표를 달성하기 위한 여러 자본투자안 여러 가지 기술, 기계, 프로젝드 등을 찾아보는 단계이다.

③ 3단계 : 정보수집단계로 여러 투자안들에 대해 기대되는 비용과 효익을 비교한다. 비용과 효익에는 양적인 요소와 질적인 요소가 있으며 비재무적 요소와 질적인 요소도 모두 중요하지만 자본예산에서는 양적인 재무 요소만을

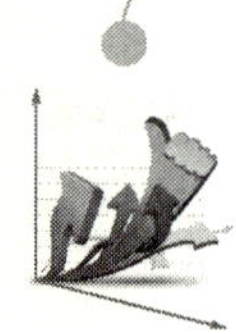

고려한다.

④ 4단계 : 선택단계로 실행하게될 투자안을 결정한다.

⑤ 5단계 : 자금조달 단계로 기업내 유보자금이나 자본시장을 통해 투자안에 투자를 하기위한 자금을 조달한다.

⑥ 6단계 : 투자실시와 통제 단계이며, 통제는 실제 결과와 예산을 비교하여 실시한다.

투자안을 결정하기 위하여 사용되는 자본예산 방법으로는 화폐의 시간적 가치를 고려하지 않는 비할인모형인 회수기간법과 회계적이익률법 그리고 화폐의 시간적가치를 고려하는 할인모형인 내부수익률법과 순현재가치법이 있다.

┌ 비할인 모형 : 회수기간법, 회계적이익율법
└ 할인 모형 : 내부수익률법, 순현재가치법

투자안을 결정하는 의사결정에서는 회계상의 순이익이 아닌 현금흐름을 이용하여 분석하게 되는데 이러한 이유는 회계상 순이익은 여러 가지 가정에 의거한 추정치이며 투자안의 수행에 따른 진실된 수익성을 나타내주지 못하며 현금흐름이 투자안의 수익성을 보다 직접적으로 나타내주기 때문이다. 따라서 감가상각이나 평가이익처럼 현금흐름이 수반되지 않는 항목은 제외하고 할인율에 반영되는 이자비용이나 배당금 등 금융비용도 제외하며 과거 원가로서 비관련원가인 매몰원가도 제외한다. 또한 법인세와 관련없는 최초투자액에 대해서는 그 투자시점에서는 세금효과를 반영하지 않는다. 반면 투자로 인한 운전자본과 자본적 지출액은 포함시켜야하고, 기회비용도 차액을 추정할 때 현금유출에 포함시켜야 한다.

제 2 절 자본예산 기법

비할인 모형

1) 회수기간법 (Payback Method)

회수기간법은 투자에 소요된 투자액을 회수하는데 소요되는 기간인 회수기간을 기준으로 투자안 선택의사결정을 하는 방법이다. 회수기간법하에서는 기업은 일반적으로 투자안에 대하여 최대허용가능회수기간(Cutoff period)를 결정하게 되는데 투자안의 위험이 크면 클수록 최대허용가능회수기간이 더욱더 짧아지게 된다. 회수기간법의 장점은 이해하기 쉽다는데 있으며 특히 ① 제시된 여러개의 투자안을 우선적으로 선별할 때와 ② 회수기간 이후의 기간 동안에 기대되는 현금흐름의 불확실성이 매우 높을 때 유용한 기법이다. 회수기간법의 단점은 화폐의 시간가치를 무시하고 있다는 점과 회수기간 이후의 현금흐름을 무시한다는 점이다. 따라서 투자안이 하나인 경우에는 새로운 투자안의 회수기간이 미리 정해진 최대허용가능 회수기간보다 짧은 경우 채택하고 투자안이 여러 개인 경우에는 미리 정해진 최대허용가능 회수기간보다 짧은 회수기간의 투자안 중 가장 짧은 회수기간을 갖는 투자안을 채택하게 된다.

회수기간법은 자본예산의사결정에서 고려할 중요한 요소 중 하나인 유동성을 강조하는 방법이다. 회수기간법의 또하나의 단점은 최대허용가능 회수기간이 너무나 짧아질 경우에는 오직 단기적인 투자안(project)들만이 선택되는 결과를 내어 기업에서는 장기적이거나 순현재가치가 긍정적인 투자에 대해서도 기각하게 될 가능성이 크다는 것이다.

$$\text{회수기간} = \frac{\text{투자액}}{\text{연간순현금유입액}}$$

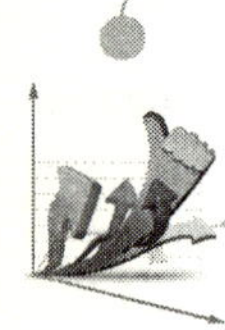

[예제 8-1] 회수기간법

경남회사는 ₩60,000의 새로운 기계를 구입하려고 한다. 구입하려는 기계의 내용연수는 6년으로 지금 사용하고 있는 기계(구기계)의 잔존내용연수와 동일하다. 구 기계의 현재 처분가치는 ₩20,000이고, 구기계와 신기계의 매년 수익과 원가자료는 다음과 같다.

	구기계		신기계	
매 출 액		₩120,000		₩180,000
변 동 비		60,000		75,000
공헌이익		60,000		105,000
고 정 비				
감가상각비	₩5,000		₩10,000	
기타고정비	15,000	20,000	50,000	60,000
영업이익		₩40,000		₩45,000

회사는 회수기간이 3년 이내인 투자안에 대하여 설비투자를 허용하고 있다.

구기계를 처분하고 신기계를 구입하는 투자안의 수락여부를 결정하시오.

풀이

$$회수기간 = \frac{추가투자액}{연간증분수익} = \frac{₩60,000 - ₩20,000}{₩10,000^{*}} = 4년$$

* 현금유입증가분(매출액의 증가)	₩60,000
현금유출증가분(변동비와 기타고정비의 증가)	50,000
연간순현금유입액	₩10,000

이는 최대 허용가능 회수기간인 3년 이후이므로 거부하여야 한다.

회수기간법은 화폐의 시간가치를 고려하지 않는다는 단점이 있으므로 이를 개선하여 주는 방법이 할인된 회수기간법(discounted payback method)이다. 이 방법은 누적된 순현금유입액의 현재가치와 투자액의 현재가치가 일치하는 기간을 계산하여 투자안의 채택여부를 결정하는 다소 개선된 방법이라 할 수 있다. 그러나

이 방법 역시 회수기간 이후의 현금흐름을 무시한다는 점에서의 단점은 여전히 가지고 있는 것이다.

[예제 8-2] 할인된 회수기간

밀양(주)는 ₩80,000의 새로운 기계를 구입하려는 계획을 검토중이다. 기계의 내용년수가 5년이며 이 기계의 구입으로 인하여 예상되는 순현금유입은 매년 ₩25,000이다. 년 10%의 할인율을 적용할 경우 새로운 기계 구입의 할인된 회수기간을 구하시오.

기 간	10% 현가 계수
1	0.9091
2	0.8264
3	0.7513
4	0.6830
5	0.6209

풀이

할인된 회수기간은 '누적순현금유입액의 현가=투자액의 현가'인 기간이다.

연 도	순현금유입액의 현가	누적순현금유입액의 현가
1	₩25,000 × 0.9091 = ₩22,727.5	₩22,727.5
2	25,000 × 0.8264 = 20,660	43,387.5
3	25,000 × 0.7513 = 18,782.5	62,170
4	25,000 × 0.6830 = 17,075	79,245
5	25,000 × 0.6209 = 15,522.5	94,767.5

이 투자안의 투자액의 현가는 ₩80,000이므로 4~5년 사이에서 누적순현금유입액의 현가와 투자액의 현가가 동일해진다.

$$\text{할인된 회수기간} = 4 + \frac{₩80,000 - ₩79,245}{₩15,522.5} = 4.05\text{년}$$

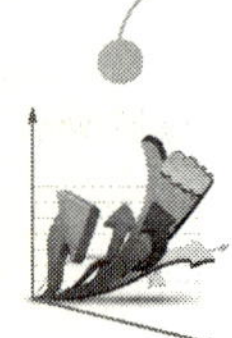

2) 회계적 이익률법(Accounting Rate of Return Method)

이 방법은 발생주의에 의한 회계적 이익률(accrual accounting rate of rerurn)법이다.

$$\text{회계적이익률} = \frac{\text{(예상)연간평균순이익}}{\text{순투자액}}$$

이때 분모의 투자액은 최초투자액이나 평균투자액인 (최초투자액 + 잔존가치)/2를 사용할 수 있으며 분자의 연평균순이익은 발생주의 회계상의 순이익으로써 연평균 순현금흐름에서 연평균 감가상각비를 차감하여 계산한다.

이 방법은 회계장부상의 자료를 바로 이용할 수 있고 계산이 간편하고 이해하기 쉬우며 회수기간법에 비하여 수익성을 고려한다는 장점이 있다. 반면에 화폐의 시간가치를 무시하고 현금흐름이 아닌 회계적 이익에 바탕을 두며 투자안의 채택여부를 결정하는 목표이익율의 설정이 주관적이라는 문제점이 있다.

[예제 8-3] 회계적 이익률

종로상사는 ₩160,000의 새로운 기계를 구입하려고 한다. 이 기계의 내용연수는 5년이다. 한편 연간 순현금유입액은 다음과 같다.

연 도	연간 순현금흐름	누적 순현금흐름
1	₩60,000	₩60,000
2	30,000	90,000
3	80,000	170,000
4	30,000	200,000
5	50,000	250,000

잔존가치가 ₩40,000일 때 평균투자액에 대한 회계적 이익률을 구하시오.

풀이

$$\text{연평균 증분현금흐름} = \frac{₩250,000}{5} = ₩50,000$$

$$\text{연평균 감가상각비} = \frac{(₩160,000 - ₩40,000)}{5} = ₩24,000$$

$$\text{회계적 이익률} = \frac{\text{연평균 세후순이익}}{\text{평균투자액}} = \frac{₩50,000 - ₩24,000}{(₩160,000 + ₩40,000)/2} = 26\%$$

2 할인모형

1) 내부수익률법(Internal Rate of Return Method)

내부수익률이란 투자안으로부터 기대되는 현금유입의 현재가치와 투자에 소요되는 현금유출의 현재가치를 동일하게 해주는 할인율을 말한다. 결국 내부수익률은 투자안의 순현재가치를 ₩0이 되도록 해주는 할인율로서 해당 개별계획에 손실을 주지 않고 투자내용년수에 걸쳐 소요자본에 대해 지급할 수 있는 최대 이자율이다.

투자안이 하나인 경우에는 이 투자안의 내부수익률이 기업이 미리 정한 허용가능한 최저수익률을 초과하면 수락 하게되고, 투자안이 여러 개이면 내부수익률이 허용가능한 최저수익률을 초과하는 투자안 중 가장 높은 투자안을 선택한다. 또한 순현금유입이 매년 동일한 경우에는 연금현가표를 이용하여 내부수익률을 구할 수 없는데 연금현가표에서 정확한 내부수익률을 찾을 수 없는 경우에는 보간법을 이용하여 내부수익률을 계산해 낸다.

[예제 8-4] 내부수익률

(주)제주는 취득원가 ₩80,000, 내용년수는 5년, 잔존가치 ₩0인 새로운 기계를 구입하려고 한다. 이 기계는 매년 ₩25,000의 순현금유입이 기대되고 있을 때 다음의 연금현가계수표를 이용하여 이 투자안의 내부수익률을 구하시오.

	16%	17%
5년 연금현가계수	3.2743	3.1993

풀이

내부수익률을 r, 내부수익률에 의한 5년 연금현가계수를 F라 하면,

$$\frac{₩80,000}{\text{투자액}} = \frac{₩25,000 \times F}{\text{순현금유입액의 현가}} \qquad \therefore F = 3.2$$

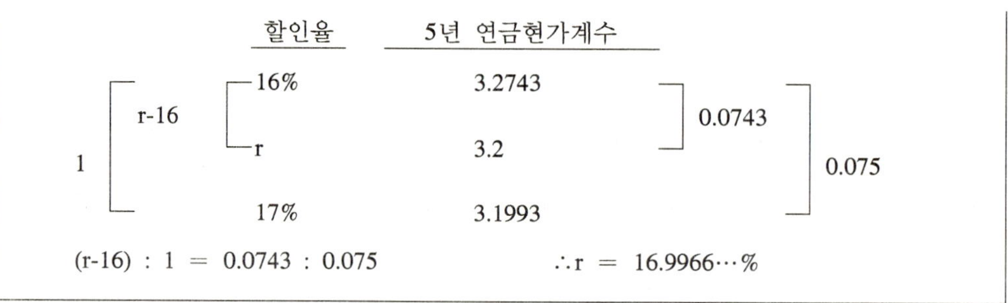

한편, 매년 순현금유입액이 균등하고 투자안의 내용연수가 회수기간의 2배 이상인 경우에는 회수기간의 역수가 내부수익률의 추정치로 이용될 수 있다. 회수기간의 역수는 투자안의 연간순현금유입액을 투자액으로 나눈 것으로 이를 식으로 나타내면 다음과 같다.

$$\text{회수기간의 역수} = \frac{\text{연간순현금유입액}}{\text{투자액}}$$

회수기간의 역수는 내부수익률보다 항상 높으나, 투자안의 내용연수가 길어질수록 회수기간의 역수는 내부수익률에 수렴하게 된다. 이들의 관계를 나타내면 다음 그림과 같다.

[그림 8-1] 내부수익률과 회수기간의 역수

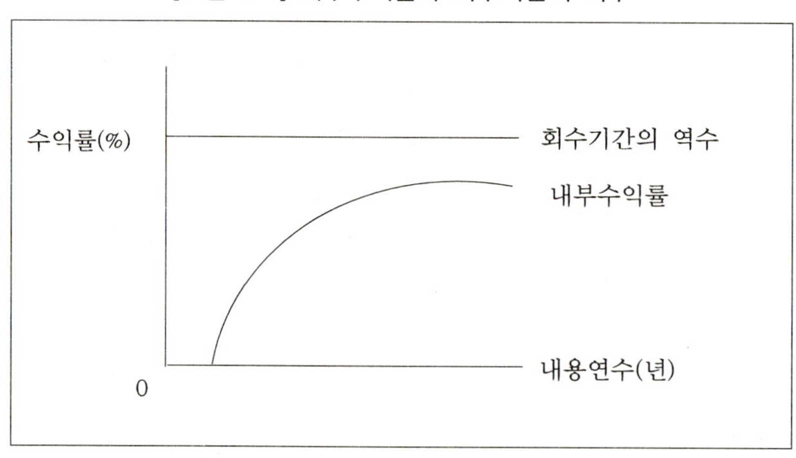

내부수익률법은 화폐의 시간가치를 고려한다는 점과 수익성도 고려한다는 점에서 비할인모형보다 우월하다고 할 수 있다. 그러나 매년의 현금흐름이 불규칙적일

경우 시험착오법과 보간법을 병행하여 내부수익률을 계산해야하는데 그 계산과정이 매우 복잡하다. 또한 경우에 따라서는 2개 이상 복수의 내부수익률이 존재하거나 내부수익률이 존재하지 않을 수도 있으며, 투자기간동안의 현금유입액을 내부수익률로 재투자한다는 너무나 낙관적 가정에 근거하고 있고, 최저요구수익률이 변하는 경우에는 어느 최저필수수익률과 내부수익률을 비교해야 하는가 하는 문제가 발생할 수 있어 단점으로 지적되고 있다.

2) 순현재가치법 (Net Present Valre Method)

순현재가치법은 투자로 인하여 미래에 예상되는 현금유입의 현재가치에서 투자에 소요되는 현금유출액의 현재가치를 차감한 순현재가치에 의하여 투자안을 평가하는 기법을 말한다. 이때 현금유출액과 현금유입액의 현재가치를 계산하기 위해서는 할인율이 필요한데 이 할인율은 기업이 투자안을 수락하는데 요구되는 최저요구수익률로서 자본비용을 의미한다.

즉,

$$NPV = \left[\frac{CI}{(1+i)} - \frac{CI}{(1+i)^2} + \cdots + \frac{CI}{(1+i)^n} \right] - CO$$

NPV= 현금유입액의 현가 - 현금유출액의 현가
i : 자본비용
CI : 현금유입액
CO : 현금유출액

투자의사결정시 기준은 투자안이 하나일 경우에는 순현재가치가 ₩0보다 크면 수락하게 되며 투자안이 여러 개일 경우에는 순현재가치가 ₩0보다 큰 투자안중 가장 큰 투자안부터 차례로 자본조달 가능액까지 채택하게 된다.

[예제 8-5] 순현재가치법

서울(주)는 아래 자료와 같은 현재 사용중인 기계를 신규기계로 대체할 것을 검토중이다. 새로운 기계로 대체할 경우 매년 현금 매출은 ₩8,000씩 증가되고 관리운영비용은 ₩1,000씩 감소될 것으로 추정된다.

신기계와 구기계에 관련된 다음 자료를 토대로 순현가법에 의해 이 투자안의 경제성을 분석하시오. 단, 법인세율은 40%이고 감가상각방법은 정액법에 의하며, 서울(주)의 자본비용은 10%이다.

항목	구기계	신기계
① 내용연수	6년(잔존)	6년
② 잔존가치	0	0
③ 장부가액	3,000천원	-
④ 처분가격	3,000천원	-
⑤ 구입비용		20,000
⑥ 설치비용		4,000

풀이

1. 현금유출액의 계산

신기계구입비	₩ 20,000
설치비용	4,000
구기계처분대금	(−)3,000*
	₩21,000

2. 현금유입액의 계산

현금유입액 = (₩8,000 + ₩1,000)(1 − 0.4) + ₩3,500** × (0.4) = ₩6,800

(별 법)

매출액증가	₩8,000	
영업비감소	1,000	
추가적 감가상각비	(12,500)	
추가적 세전이익	5,500	
법인세(40%)	2,200	가산(자금지출을 수반하지 않는 비용)
추가적 세후이익	3,300	
감가상각비	3,500	
연간기대현금유입액	₩6,800	

*구기계의 장부가액대로 처분가능하므로 처분손익에 대한 법인세 효과는 없다. 그러나 장부가액 이상(이하)으로 처분되어 유형자산처분이익(손실)의 발생이 예상된다면 동 금액에 대한 법인세 추가부담액(절감액)을 현금 유출계산시 포함시켜야 한다.
**감가상각비의 법인세 감세효과

신기계의 감가상각비	₩4,000₩(24,000÷6년)
구기계의 감가상각비	500(3,000÷6년)
추가비용	₩3,500

3. 순현가(NPV)의 계산

6,800×4.3553(10%, 6기의 연금의 현가계수) =	₩29,616	(현금유입의 현가)
	21,000	(현금유출의 현가)
	₩8,616	>0→채택

참고 투자에 따른 현금흐름과 할인

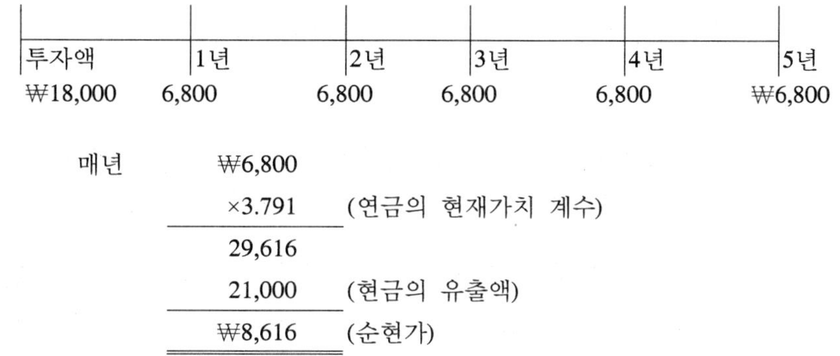

매년	₩6,800	
	×3.791	(연금의 현재가치 계수)
	29,616	
	21,000	(현금의 유출액)
	₩8,616	(순현가)

순현재가치법은 내부수익률법과 마찬가지로 할인모형이기 때문에 화폐의 시간가치를 고려하고 수익성을 고려하며 목표이익률이나 목표회수기간등과 같은 자의적 기준에 영향을 받지 않고 현금흐름을 이용한다는 점에서 장점이 있다. 또한 같은 할인모형인 내부수익률법과 비교해 볼 때 계산이 간편하고 재투자가 내부수익률이 아닌 최저요구수익률(자본비용)에 의거해 이루어진다는 가정이 보다 보수적이며 계산결과가 비율이 아닌 금액으로 나타나기 때문에 투자안이 기업가치에 미치는 영향을 직접적으로 알 수 있다는 점, 예측의 불확실성이 큰 투자후반기에 대하여 할인율을 보다 높게 설정하여 위험을 조정할 수 있다는 점 등을 장점으로 들 수 있다.

한편 둘 이상의 상호 독립적인 투자안의 우선순위를 결정할 때 또는 상호배타적 투자안을 평가할 때는 내부수익률법과 순현재가치법의 재투자 가정이 다르기 때문에 내부수익률법과 순현재가치법의 평가결과가 다르게 나타날 수 있다. 이러한 경우에는 앞에서 살펴본 바와 같이 순현재가치법이 내부수익률법에 비해 장점이 많은 방법이라 할 수 있으므로 순현재가치법의 평가결과를 따르는 것이 유용하다.

3 Inflation과 자본예산

자본예산은 장기간의 현금흐름이 반영되는 투자안을 평가하기 때문에 물가상승이 예상될 경우에는 이를 고려하여야 한다. 물가상승을 자본예산 모형에 반영하는 방법은 명목화폐가치로 현금흐름을 추정하고 명목할인율로 할인하는 방법과 실질화폐가치로 현금을 추정하고 실질할인율로 할인하는 방법이 있다.

이때 명목할인율이란 실질할인율과 물가상승률을 모두 포함하는 할인율이며 실질할인율이란 화폐의 시간가치를 나타내는 할인율인데 이들 사이에는 다음의 관계가 성립한다.

$$\text{명목화폐가치} = \text{실질화폐가치} \times (1 + \text{물가상승률})^{\text{기간}}$$
$$(1 + \text{명목할인율}) = (1 + \text{실질할인율}) \times (1 + \text{예상 물가상승율})$$

한편 감가상각비는 유형자산의 구매시점에서 결정되어 물가상승과는 무관하므로 감가상각비의 감세효과는 각 연도말의 명목화폐가치로 측정된다. 따라서 현금흐름을 실질화폐가치로 추정할 때에는 감가상각비의 감세효과를 실질화폐가치로 환산해 주어야 한다.

[예제 8-6] 물가상승을 고려한 순현재가치

강원(주)는 다음과 같은 신기계를 구입하려고 한다. 이 기계구입과 관련된 자료는 다음과 같다.

취득원가	:	₩180,000
내용연수	:	3년(잔존가치 0)
기계구입시 절감액	:	매년도 ₩120,000(실질화폐가치)
감가상각방법	:	정액법
법인세율	:	30%
세후최저필수수익율	:	연 20%

1. 이 투자안의 순현재가치를 구하시오. (연 20%, 3년 연금현가계수: 2.1065)
2. 연간 물가상승율이 10%일 때 이 투자안의 순현재가치를 계산하시오.

풀이

1. <투자안의 현금흐름> (단위 : ₩)

	0	1	2	3
① 영업활동에 의한 순현금흐름				
가. 세후 현금영업비 절감액				
₩120,000×(1−0.3)=₩84,000		84,000	84,000	84,000
나. 감가상각비의 감세효과				
₩60,000*×0.3=₩18,000		18,000	18,000	18,000
② 신기계 구입	(180,000)			
③ 신기계 처분				0

*연간 감가상각비 (₩120,000-₩0)÷3년=₩60,000

순현재가치 = −₩180,000+₩102,000×2.1065 = ₩34,863

2. [명목접근법]

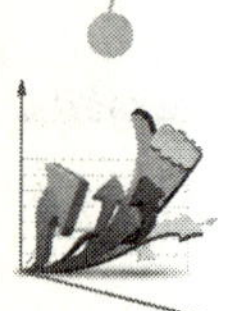

<투자안의 현금흐름>				(단위 : ₩)
	0	1	2	3
① 영업활동에 의한 순현금흐름				
가. 세후 현금영업비 절감액				
₩120,000×(1-0.3)×1.1 = 92,400		92,400		
120,000×(1-0.3)×1.1^2 = 101,640			101,640	
120,000×(1-0.3)×1.1^3 = 111,804				111,804
나. 감가상각비의 감세효과				
₩60,000×0.3 = ₩18,000		18,000	18,000	18,000
② 신기계 구입	(180,000)			
③ 신기계 처분				0
합 계	(180,000)	110,400	119,640	129,804

$$순현재가치 = -₩180,000 + \frac{₩110,400}{1.32} + \frac{₩119,640}{1.32^2} + \frac{₩129,804}{1.32^3}$$

$$= ₩28,738$$

*명목할인율을 x라 하면,
(1+x) = (1+0.2)×(1+0.1)　　∴x = 32%

[실질접근법]

<투자안의 현금흐름>				(단위 : ₩)
	0	1	2	3
① 영업활동에 의한 순현금흐름				
가. 세후 현금영업비 절감액				
₩120,000×(1－0.3) = ₩84,000		84,000	84,000	84,000
나. 감가상각비의 감세효과				
₩60,000×0.3÷1.1 = ₩16,363.66		16,364		
60,000×0.3÷1.1^2 = 14,876.033			14,876	
60,000×0.3÷1.1^3 = 13,523.666				13,524
② 신기계 구입	(180,000)			
③ 신기계 처분				0
합 계	(180,000)	100,364	98,876	97,524

$$순현재가치 = -₩180,000 + \frac{₩100,364}{1.2} + \frac{₩98,876}{1.2^2} + \frac{₩97,524}{1.2^3}$$

$$= ₩28,738$$

8-1 객관식 문제

01 회수기간법이 비난받는 이유로 적절한 것은?

① 진부화 요소를 무시하고 있다.
② 투자액을 무시하고 있다.
③ 사용하기에 복잡하다.
④ 화폐의 시간가치를 무시하고 있다.

02 회수기간을 구하는 자본예산기법은 다음 중 어느 요소를 사용 혹은 고려하는가?

	감가상각비	화폐의 시간가치	전체사업기간의 현금흐름
①	YES	YES	YES
②	YES	NO	NO
③	NO	NO	YES
④	NO	YES	YES
⑤	NO	NO	NO

03 K회사는 내용연수 10년, 잔존가치 ₩0인 기계를 ₩90,000에 구입할 것을 고려 중이다. 감가상각은 정액법을 사용할 것이다. 이 기계는 매년 ₩6,000의 순이익을 창출할 것으로 예상되고 있다. 이 투자안의 현금회수기간은 몇 년인가?

① 15년 ② 10년 ③ 6년 ④ 3년

04 A회사는 내용연수 5년, 잔존가치 ₩12,000인 기계를 ₩240,000에 구입할 것을 고려 중 이다. 이 기계는 매년 ₩21,000의 순이익을 창출할 것으로 예상되고 있다. 회계이익률법을 사용할 경우 분모에 나타나는 금액은?

① ₩240,000 ② ₩120,000 ③ ₩126,000 ④ ₩252,000

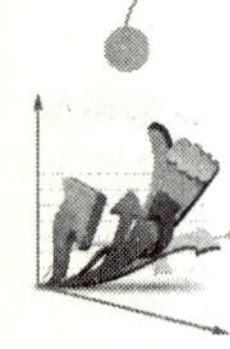

05 회계이익률을 구하는 자본예산기법은 다음 중 어느 요소를 사용 혹은 고려하는가?

	사업기간의 수익	감가상각비	화폐의 시간가치
①	YES	YES	YES
②	YES	NO	NO
③	YES	YES	NO
④	NO	YES	YES
⑤	NO	NO	NO

06 법인세비용효과를 무시한다면, 다음의 자본예산기법에서 감가상각비는 어떻게 다루어지는가?

	내부수익률법	순현재가치법
①	제외시킴	제외시킴
②	제외시킴	포함시킴
③	포함시킴	제외시킴
④	포함시킴	포함시킴

07 연간 현금유입액을 계산하기 위해 감가상각비는 어떻게 처리하는가?

① 비용이기 때문에 순이익에서 차감시킨다.
② 현금의 유출이기 때문에 순이익에서 차감시킨다.
③ 현금의 유입이기 때문에 순이익에 가산시킨다.
④ 현금의 유출이 아니기 때문에 순이익에 가산시킨다.

08 다음 중 적절한 것은?

① 현금흐름은 내부수익률을 계산하는데 사용된다.
② 발생주의 순이익은 회수기간을 계산하는데 사용된다.
③ 현금흐름은 연간 수익률을 계산하는데 사용된다.
④ 발생주의 순이익은 순현재가치를 계산하는데 사용된다.

09 내부수익률계수가 4.0이며, 연간 현금유입액은 ₩42,000이다. 이 투자안의 초기투자액은 얼마인가?

① ₩40,000 ② ₩10,000 ③ ₩160,000 ④ 계산불능

10-13 **서울회사는 두 가지 투자대안을 고려중이다. 각 투자안에 대한 추정치는 다음과 같다.**

	투자안 1	투자안 2
초기 투자액	₩400,000	₩600,000
연간 순이익	20,000	42,000
연간 현금유입액	100,000	142,000
추정내용연수	5년	6년
내용연수말의 잔존가치	0	0

이 회사는 모든 신규투자안에 대해 10%의 수익률을 요구하고 있다.

연금 ₩1의 현재가치

기간	9%	10%	11%	12%
5	3.890	3.791	3.696	3.605
6	4.486	4.355	4.231	4.111

10 투자안 1의 회수기간은 얼마인가?

① 20년 ② 10년 ③ 5년 ④ 4년

11 투자안 1의 연간 회계이익률은 얼마인가?

① 5% ② 10% ③ 25% ④ 50%

12 투자안 2의 순현재가치는 얼마인가?

① ₩618,410 ② ₩182,912 ③ ₩100,100 ④ ₩18,410

13 투자안 2의 내부수익률은 얼마인가?

① 10% ② 11% ③ 12% ④ 9%

14-16 **다음의 현재가치표를 활용해서 물음에 답하시오.**

연금 ₩1의 현재가치

기간	8%	9%	10%
1	0.926	0.917	0.909
2	1.783	1.759	1.736
3	2.577	2.531	2.487

14 A회사는 최소요구수익률을 10%로 정하고 있으며, 투자액이 ₩98,000 소요되는 투자안을 검토 중에 있다. 이 투자를 통해 3년 동안에 매년 ₩42,000 의 현금유입이 창출될 것으로 예상하고 있다. 이 투자안의 현재가치는 얼마인가?

① ₩98,000 ② ₩104,454 ③ ₩114,898 ④ ₩6,454

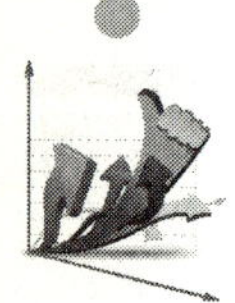

15 A회사는 최소필수수익률을 9%로 정하고 있으며, 투자액이 ₩175,000 소요되는 투자안을 검토 중에 있다. 이 투자를 통해 3년 동안에 매년 ₩70,000 의 현금유입이 창출될 것으로 예상하고 있다. 이 투자안의 현재가치는 얼마인가?

① ₩177,170 ② ₩35,000 ③ ₩17,718 ④ ₩2,170

16 A회사는 최소요구수익률을 8%로 정하고 있으며, 투자액이 ₩68,337 소요되는 투자안을 검토 중에 있다. 이 투자를 통해 3년 동안에 매년 ₩27,000 의 현금유입이 창출될 것으로 예상하고 있다. 이 투자안의 대략적인 내부수익률은 얼마인가?

① 8% ② 9% ③ 10% ④ 8%미만

17 M회사는 순현재가치법을 사용하여 투자의사결정을 하고 있으며, 최저필수수익률은 10%로 정하고 있는데, 투자안의 순현재가치가 0으로 계산되었다. 이 의미는?

① 투자안의 수익률이 10%를 초과하고 있다.
② 투자안의 수익률이 최소필수수익률보다 낮게 나타나고 있다.
③ 투자안의 수익률이 10%이다.
④ 투자안의 수익률이 0%이다.

18 -의 순현재가치는 무엇을 의미하는가?

① 투자안의 수익률이 최저필수수익률을 초과하고 있다.
② 투자안의 수익률이 최소필수수익률보다 낮게 나타나고 있다.
③ 투자안의 수익률이 최저필수수익률과 동일하게 나타나고 있다.
④ 투자안은 수락 가능하다.

19 설악회사는 잔존가치가 없고, 7년의 추정내용연수를 가지며, 정액법으로 상각할 기계를 구입하였다. 이 기계는 7년 동안 영업활동에 따른 매년 ₩100,000의 법인세비용차감후 현금유입을 가져다 줄 것으로 추정된다. 설악회사의 기대이익률은 12%이며, 현재가치계산과 관련된 자료는 다음과 같다.

7년 동안 12% 이자율에 따른 ₩1의 현재가치	0.452
7년 동안 12% 이자율에 따른 ₩1 연금의 현재가치	4.564

순현재가치가 ₩30,000이라면 기계의 원가는?

① ₩250,400 ② ₩300,000 ③ ₩426,400
④ ₩450,000 ⑤ ₩500,400

20 법인세비용효과를 무시할 경우, 다음 요소들은 내부수익률의 계산시 어떻게 다루어지는가?

	사업의 잔존가치	감가상각비
①	제외시킴	포함시킴
②	포함시킴	포함시킴
③	제외시킴	제외시킴
④	포함시킴	제외시킴

21 다음 중 현금흐름 분석시 고려사항으로 적절하지 않은 것은?

① 잠식비용은 현금흐름 추정시 고려해야 한다.
② 기호비용은 현금흐름 추정시 고려해야 한다.
③ 증분개념을 이용하여 현금흐름을 추정해야 한다.
④ 감가상각비는 현금흐름 추정시 고려하지 않는다.
⑤ 감가상각비는 현금흐름 추정시 고려해야 한다.

22 다음 중 순현재가치법과 내부수익률법에 관한 설명으로 바르지 못한 것은?

① 두 방법 모두 현금흐름할인모형이다.
② 단일투자안일 경우 항상 동일한 결론을 내린다.
③ 순현재가치법이 내부수익률보다 우수한 방법이다.
④ 복수의 배타적인 투자안일 경우 항상 상반된 결과를 가져온다.
⑤ 순현재가치법에서는 자본비용으로 재투자된다고 가정하고 내부수익률법에서는 내부수익률로 재투자된다고 가정한다.

23 (주)밀양은 현재 사용중인 구기계의 대체를 고려하고 있다. 신기계의 원가 ₩450,000, 내용연수는 5년이며 잔존가치는 없다. 신기계로 대체할 경우 변동비 연간 추정액은 ₩500,000이다. 한편 구기계의 장부가액은 ₩250,000이고 잔존내용연수는 5년이며 잔존가치는 없다. 구기계에 대한 현재 기준의 처분가액은 ₩25,000이다. 구기계의 연간 변동비 발생액은 ₩625,000이다. 신기계로 대체한다면 앞으로 5년 동안 법인세비용차감전 순이익기준의 총차이는 얼마인가? 단 현가계산과 세금효과는 무시한다.

① ₩425,000감소 ② ₩200,000증가 ③ ₩400,000증가
④ ₩425,000증가 ⑤ ₩625,000증가

24 신개척(주)는 구형기계(장부가액 ₩50,000, 잔존내용연수 5년)의 연간 변동유지비는 ₩125,000이다. 회사는 신형기계(구입가액 ₩90,000, 내용연수 5년)의 기계를 구입하고자 한다. 신형기계의 연간 변동유지비는 ₩100,000이며 구자산의 처분가액은 ₩5,000이다. 회사가 신형기계를 취득하였을 경우 구자산을 보유하였을 경우보다 5년간 증가하는 세전순이익은 얼마인가? 단 세금효과와 화폐의 시간적 가치는 무시한다.

① ₩5,000감소 ② ₩10,000증가 ③ ₩25,000증가
④ ₩40,000증가 ⑤ ₩30,000증가

25 경남(주)에서는 신제품 개발을 위한 기계를 구입하고자 하는데, 아래 자료를 참고하여 매년의 순현금유입액을 구하시오.

신기계 구입원가	₩4,000,000
추정 내용연수	8년
추정 잔존가액	구입원가의 10%
매년 예상되는 증분수익	₩4,500,000
매년 예상되는 증분원가(감가상각비 제외)	₩2,650,000
감가상각방법은 정액법을 사용하고 법인세율은 40%임	

감가상각비 이외의 모든 수익과 비용은 현금으로 거래된다.
할인률은 10%를 적용한다.

① ₩840,000 ② ₩450,000 ③ ₩1,850,000
④ ₩1,290,000 ⑤ ₩1,110,000

8-2 **(주)코리아는 다음과 같은 기계의 구입을 고려하고 있다.**

항 목	내 용
취득원가	₩21,000
내용연수	3년
잔존가액	0
감가상각방법	정액법
기타예상되는 사항	· 향후 3년간 매년 ₩8,000의 직접노무비가 절감됨 · 매출액은 매년 ₩12,000씩 증가 · 현금제조비용이 매년 ₩7,000씩 증가

1. 이 기계의 사용에 따른 연도별 영업현금흐름을 추정하시오.
2. 이 기계를 구입하는 경우 연간 영업이익은 얼마나 증가하겠는가?

8-3 **(주)경남은 투자안의 수명이 종료되어 그동안 사용해 오던 다음 자료와 같은 기계를 처분할 것을 고려하고 있다. 물론 현행 다른 영업활동으로부터는 순이익이 계속 발생할 것으로 예상된다.**

취득원가	₩1,500,000
감가상각누계액	₩1,200,000

40%의 법인세율이 적용될 경우 기계의 처분가액이 ①₩300,000 ②₩400,000 ③₩200,000이라면 이들 각각의 경우 기계처분시 실제 순현금유입액을 계산하시오.

8-4 **서울(주)는 ₩2,000,000의 신기계를 구입하고자하는데 기계의 내용연수는 10년이며 정액법으로 상각한다. 10년 후 매각가치는 10%이나 세법상 잔존가액은 0이다. 만약 신기계를 구입한다면 향후 기계의 내용연수인 10년간 매년 ₩250,000의 추가현금수입이 기대된다.**

1. 법인세율이 30%일 경우 이 기계의 투자금액에 대한 회수기간을 계산하시오.
2. 만약 법인세를 고려하지 않는다면 회수기간은 어떻게 되는가?
3. 위 투자안의 순현가(NPV)를 계산하시오.(법인세는 30%임). 단, 자본비용은 10%이다. (10%, 10년 현가계수는 0.385, 연금현가계수는 6.144이다)

8-5 **대전회사는 향후 10년 동안 매년 ₩1,000,000의 순현금흐름을 창출시킬 수 있는 기계장치를 구입하고자 한다. 이 투자에는 ₩6,000,000의 투자금액이 소요가 되며, 잔존가치는 없는 것으로 추정된다. 이 기계장치의 도입으로 인한 원가절감 및 감가상각비를 고려할 경우 미래의 연간 평균순이익은 ₩800,000이 증가할 것으로 예상된다.**

1. 신기계를 도입하는 투자안에 대하여 다음을 계산하시오.
   (1) 회수기간
   (2) 최초투자액에 대한 회계적이익률
   (3) 내부수익률
   (4) 연 10%의 할인율에 의한 순현재가치

	10%	12%
10년 연금현가 계수	6.1446	5.6502

2. 내부수익률(회사의 최저요구수익률은 10%임)과 순현재가치에 따라 투자의 사결정을 하시오.

8-6 **서울회사는 구기계를 처분하고 신기계를 구입하려고 한다. 두 기계에 대한 자료는 다음과 같다.**

	구기계	신기계
취득원가	₩100,000	₩80,000
총내용연수	5년	4년
잔존내용연수	3년	3년
내용연수말의 잔존가치	취득원가의 10%	취득원가의 10%
감가상각방법	정액법	정액법
추정처분가치		
현재	₩45,000	₩80,000
3년후	10,000	6,000

두 기계의 매년 수익과 원가자료는 다음과 같다.

	구기계		신기계	
매출액		₩150,000		₩200,000
변동비		80,000		90,000
공헌이익		70,000		110,000
고정비				
감가상각비	₩18,000		₩18,000	
기타고정비	30,000	48,000	50,000	68,000
영업이익		₩22,000		₩42,000

연 10%의 할인율에 의한 순현재가치법을 이용하여 신기계를 구입하여야 하는지를 결정하시오. (연 10%, 3년 현가계수 : 2.4869)

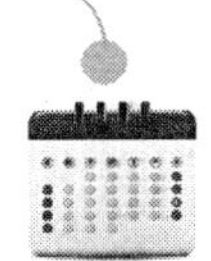

8-7 **(주)경안은 구기계를 처분하고 신기계를 구입하려고 한다. 두 기계에 대한 자료는 다음과 같다.**

	구기계	신기계
취득원가	₩120,000	₩180,000
총내용연수	5년	3년
잔존내용연수	3년	3년
내용연수말의 잔존가치	취득원가의 10%	취득원가의 10%
감가상각방법	정액법	정액법
추정처분가치		
현 재	₩50,000	₩180,000
3년후	6,000	40,000

두 기계의 매년 수익과 원가자료는 다음과 같다.

	구기계		신기계	
매 출 액		₩250,000		₩400,000
변 동 비		140,000		180,000
공헌이익		110,000		220,000
고 정 비				
감가상각비	₩21,600		₩54,000	
기타고정비	50,000	71,600	70,000	124,000
세전이익		38,400		96,000
법 인 세(40%)		15,360		38,400
세후이익		₩23,040		₩57,600

연 10%의 세후 최저요구수익률에 의한 순현재가치법을 이용하여 신기계를 구입해야 하는지를 결정하시오. 법인세율은 40%이다. (연 10%, 3년 현가계수 : 0.7513, 연금현가계수 : 2.4869)

8-8 **(주)경남은 구기계를 처분하고 신기계를 구입하려고 한다. 두 기계에 대한 자료는 다음과 같다.**

	구기계	신기계
취득원가	₩200,000	₩240,000
총내용연수	5년	3년
잔존내용연수	3년	3년
내용연수말의 잔존가치	₩0	₩0
감가상각방법	정액법	정액법
추정처분가치		
현 재	₩120,000	₩250,000
3년후	–	0

두 기계의 매년 수익과 원가자료는 다음과 같다.

	구기계		신기계	
매 출 액		₩250,000		₩350,000
변 동 비		150,000		170,000
공헌이익		100,000		180,000
고 정 비				
감가상각비	₩40,000		₩80,000	
기타고정비	30,000	70,000	60,000	140,000
영업이익		₩30,000		₩40,000

구기계를 신기계로 대체하는 투자안에 대하여 다음을 계산하시오.

1. 회수기간
2. 최초투자액과 평균투자액에 대한 회계적이익률
3. 내부수익률
4. 연 10%의 할인율에 의한 순현재가치

	10%	12%	13%
3년 연금현가 계수	2.4869	2.4018	2.3612

8-9 (주)동현은 ₩50,000을 들여 장난감 제조기계를 새로 개발하였다. 이 기계는 단 한가지 제품만 생산하도록 되어 있으며, 4년간 정액법으로 감가상각 될 것이다. 최근 (주)우수에서 성능이 보다 우수한 자동기계를 개발하였다. 이 기계는 재료비를 10% 절감시켜 줄뿐만 아니라 시간당 2배의 장난감을 생산해준다고 한다. 자동기계의 취득원가는 ₩60,000이며 4년 후의 잔존가치는 없다.
어떤 기계를 사용하든 관계없이 생산량과 판매량은 4년간 매년 25,000개가 될 것이며, 연간 매출액은 ₩100,000으로 예상된다. (주)동현이 개발한 기계의 처분가치는 현재 ₩7,000이며 4년 후에는 ₩3,000이 될 것이다. 회사가 개발한 기계를 사용할 경우 발생하는 연간 현금영업비는 다음과 같이 예상된다.

직접재료비	₩20,000
직접노무비	30,000
변동제조간접비*	20,000
고정제조간접비(감가상각비 제외)	7,500
고정판매관리비	1,000

*변동제조간접비는 직접노무비를 기준으로 배부된다.

1. 회사의 요구수익률이 18%라고 할 때, 순현재가치법을 사용하여 자동기계의 구입여부를 결정하시오. 이 분석에서 회사가 개발한 기계의 장부가액은 어떤 역할을 하는가? (연 18%, 4년 현가계수 : 0.5158, 연금현가계수 : 2.6901)
2. 자동기계의 회수기간을 구하시오.
3. 회사의 경영자는 (주)우수의 자동기계가 정말로 원가절감에 효과가 있는지를 의심하고 있다. 회사가 개발한 기계를 사용하는 대안과 자동기계를 구입하는 대안이 무차별하게 되는 점에 도달하기 위한 자동기계의 연간 현금영업비 절감액을 구하시오.

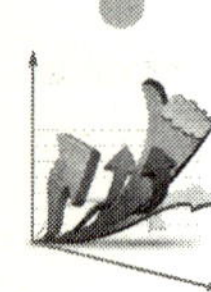

8-10 **(주)경남은 외부공급자로부터 부품을 구입하여 사용해 왔으나, 앞으로는 자가제조하려고 한다. 부품의 연간 필요량은 10,000개이며, 부품을 자가제조하기 위해서는 A 또는 B기계 중 어느 하나를 구입하여야 한다. 각각의 의사결정에 관한 자료는 다음과 같다.**

		자가제조	
	외부구입	A기계	B기계
단위당 외부구입비용	₩50		
단위당 변동비		₩30	₩15
연간 현금영업비(고정비)		65,000	85,000
기계의 취득원가		120,000	180,000
기계의 내용연수		5년	5년

회사는 정액법에 의하여 감가상각을 하고 있으며, 각 기계의 잔존가치는 없다. 그리고 회사는 연 10%의 세후 최저요구수익률을 적용하며 법인세율은 40%이다.

각 기계의 구입안에 대하여 다음을 구하시오.
(연 10%, 5년 연금현가계수 : 3.7908)

1. 회수기간
2. 순현재가치
3. 최초투자액에 대한 회계적이익률

대체가격

제 1 절 대체가격의 의의

기업환경이 복잡・다양화되고 규모가 커짐에 따라 기업조직은 사업부와 같은 분권적 조직 형태를 갖추게 되고 이들 각 사업부는 독자적 경영을 하게된다. 이때 이들 사업부간에 재화나 용역의 이전이 이루어지는데 이를 대체가격(또는 이전거래, 내부거래)라고 하며 이때의 교환가치가 대체가격이다.

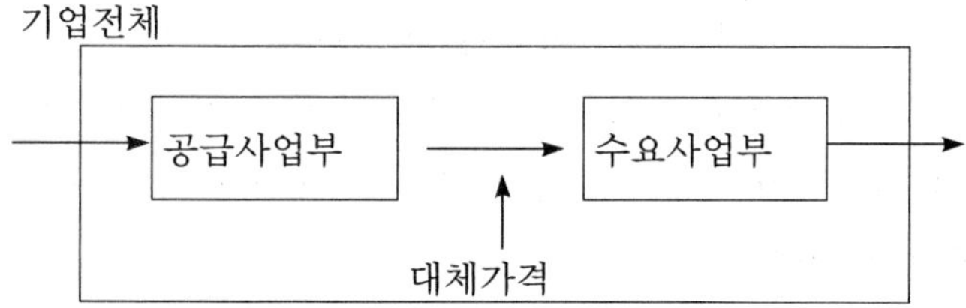

대체가격은 공급사업부 입장에서는 수익이며 수요사업부 입장에서는 원가(비용)가 되기 때문에 결국 각 사업부의 성과평가에 영향을 미치게 되어 각 사업부의 입장에서 매우 민감한 문제가 되고 또 이 대체가격이 얼마로 결정되느냐에 따라 각 사업부의 의사결정이 달라지므로 기업전체의 성과에도 영향을 미치게 된다. 따라서 대체가격의 결정은 매우 신중하게 고려되어야 할 항목중의 하나이다.

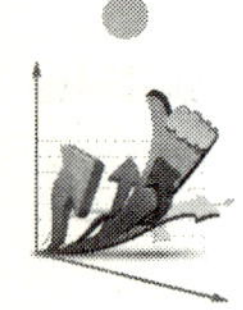

제 2 절 대체가격 결정시 고려할 기준

대체가격을 결정할 때는 다음의 4가지 선택기준을 신중히 고려해야 한다.

1 목표일치성 기준

목표일치성 기준은 각 사업부 경영자가 자기사업부의 성과를 극대화시킬 뿐만 아니라 조직전체의 목표도 극대화 될 수 있도록 대체가격을 결정해야 한다는 기준이다. 각 개별사업부의 관점에서는 최적이지만 기업전체적 관점에서는 최적이 되지 않는 상황을 준최적화라고 하는데, 이 기준은 최상위의 기준으로서 여러 가지 기준이 상충될 때 최우선적으로 고려되는 기준이며 일반적으로 이때의 대체가격은 특정금액이 아닌 일정한 범위로 설정되게 된다.

2 성과평가 기준

대체가격은 각 사업부의 성과가 가장 공정하게 평가될 수 있도록 결정되어야 한다는 기준이다. 비합리적인 대체가격의 경우 각 사업부 경영자의 불신을 초래하게 되어 이익창출의욕을 감소시켜 조직의 분권화된 목적을 달성하지 못하게 된다. 합리적인 대체가격은 일반적으로 재화나 용역의 시장가격과 비슷한 수준으로 설정되었을 경우이지만 시장가격이 형성되지 않는 재화나 용역의 경우 대체가격의 결정이 어려운 문제가 된다.

3 자율성 기준

분권화의 본질에 따라 각 사업부경영자가 대체가격 결정에 관한 의사결정을 자율적으로 내릴 수 있도록 하는 것이다. 그러나 자율성 기준이 강조되어 준최적화 현상이 발생할 수 있으므로 이 기준은 다른 기준에 비해 그 중요성이 떨어진다고 할 수 있다.

4 공기관에 대한 재정관리 기준

이는 국세청, 물가당국, 공정거래위원회, 신용평가기관 등의 공기관이 대체가격 자료를 이용하여 기업에 미칠 수 있는 불리한 영향을 최소화하고 유리한 영향을 최대화 할 수 있도록 대체가격을 결정해야 한다는 기준인데 특히 사업부가 여러 나라에 산재되어 있는 다국적기업의 경우 각 국가마다 법규가 달라 신중하게 고려해야할 기준이다.

제 3 절 대체가격의 결정방법

조직구조의 복잡성 등으로 인하여 앞에서 살펴본 4가지 기준을 모두 만족시키는 대체가격을 결정하는 것은 쉽지 않다. 따라서 일반적으로 이용되는 대체가격의 결정방법을 살펴보면 다음과 같다.

1 시장가격기준

대체가격을 시장가격으로 결정하는 방법으로 공급사업부는 시장가격에 의해 수익이 측정되고 수요사업부도 시장가격에 의해 원가가 측정되므로 두 사업부 모두의 성과를 공정하게 평가할 수 있으며 목표일치성과 자율성기준까지도 충족시키는 유용한 방법이다. 그러나 이들의 재화나 용역이 거래되는 시장이 존재하지 않는 경우에는 이 방법을 사용할 수가 없다.

2 원가기준

외부시장이 존재하지 않아 시장가격을 대체가격으로 사용할 수 없는 경우에 주로 사용하는 방법이다. 원가기준의 대체가격에는 다음과 같은 방법들이 있다.

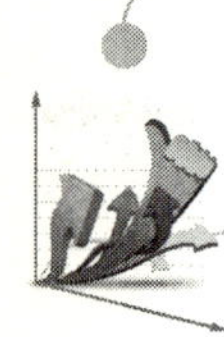

① 전부원가기준 : 전부원가를 대체가격으로 이용한다.

② 전부원가가산기준 : 전부원가에 일정금액을 가산해서 대체가격을 결정한다.

③ 변동원가기준 : 공급사업부에 유휴설비가 있는 경우 사용할 수 있으며 변동원가를 대체가격으로 결정하는 방법이다.

④ 변동원가가산기준 : 일반적으로 공급사업부에 유휴설비가 없는 경우 변동원가에 기회비용을 가산한 금액을 대체가격으로 결정하는 방법이다.

이들 방법은 적용이 간편하고 공정하다는 장점이 있다. 그러나 공급사업부의 비능률이 구매사업부에 전가되어 공급사업부가 원가통제를 수행하게 할 동기부여가 되지 않는다는 단점이 있다. 이를 방지하기 위한 방법으로 공급사업부의 표준원가를 대체가격으로 설정하는 방법도 생각할 수 있다. 또한 공급사업부는 내부대체거래를 통해서는 이익을 전혀 획득하지 못하기 때문에 동기부여 측면에서 문제가 발생할 수 있으나 이는 공급사업부를 원가중심점으로 취급하여 오직 원가에 대한 책임만을 지도록 함으로써 해결될 수 있을 것이다.

 3 이중대체가격기준

이는 공급사업부와 수요사업부에 서로 다른 가격으로 대체가격을 결정하는 방법으로 내부거래가 유리한 경우 공급사업부와 수요사업부간의 상호의존성을 강조하여 준최적화를 방지하고 목표일치성을 달성하기 위한 방법이다.

 4 협상가격기준

각 사업부의 관리자가 자신의 상황을 잘 고려하여 최적의사결정을 내릴수 있도록 공급사업부와 수요사업부가 협의를 통한 협상가격을 대체가격으로 결정하는 방법이다. 이는 자율성기준에는 부합되지만 협상에 많은 시간이 소요되고 각 사업부의 이익이 사업부 관리자의 협상능력에 따라 좌우되며 준최적화의사결정을 유도할 수도 있다.

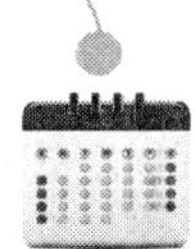

제4절 대체가격결정의 일반원칙

대체가격결정문제에서 중요한 고려사항은 각 사업부 스스로가 자율성을 유지하면서 준최적화가 아닌 조직전체의 이익을 극대화할 수 있어야 한다는 것이다. 이들 기준에 따른 대체가격의사결정에 대해 살펴보자.

1 공급사업부의 최소대체가격

공급사업부는 자신의 이익극대화를 위해 대체여부의 의사결정 분기점을 최대한 낮추어 양보 할 수 있는 가격, 즉 최소대체가격 이상으로 결정한다.

[예제 9-1] 최소대체가격(공급사업부)

(주)미래는 A, B 두 사업부가 있는바 A사업부에서 생산되는 부품의 단위당 변동비는 ₩800이고 외부판매시에는 단위당 ₩1,800으로 판매될 수 있으며 B사업부에 대체될 수도 있다. B사업부는 A사업부에서 생산하는 부품 1,000단위를 필요로 하며 외부에서는 이 부품을 ₩1,600에 구매할 수 있다.

1. A사업부가 부품 1,000단위를 추가적으로 생산할 수 있는 유휴생산능력이 있을 경우 최소대체가격을 구하고 사내대체 또는 외부판매여부를 결정하라.
2. A사업부가 부품을 추가적으로 생산할 수 있는 유휴생산능력이 없는 경우 최소대체가격을 구하고 사내대체 또는 외부판매여부를 결정하라.

풀이

1.

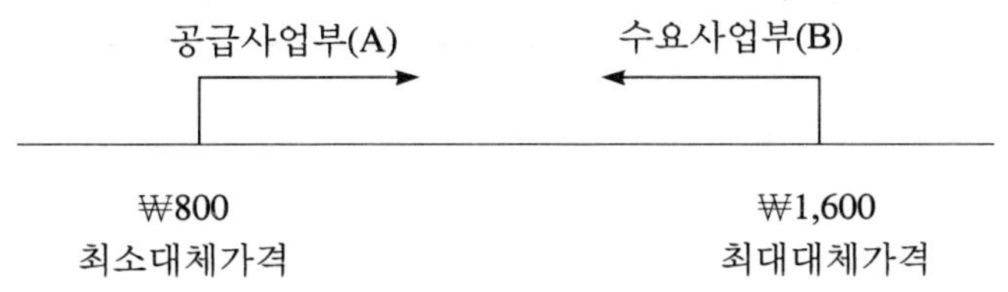

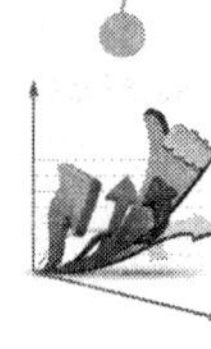

유휴생산능력이 존재하므로 변동비만 회수되어도 대체가 가능하여 공급사업부의 최소가격은 ₩800이며 사내대체가 이루어지는것이 조직전체에 대해서도 유리하다.

2.

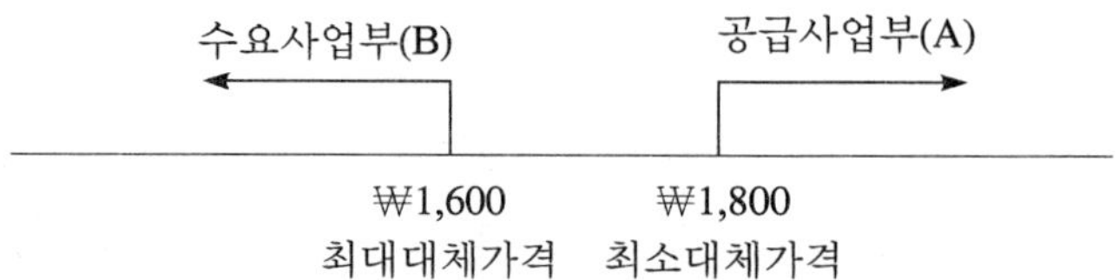

유휴생산능력이 존재하지 않기 때문에 공급사업부는 ₩1,800에 외부판매가 유리하며 구매사업부는 외부에서 ₩1,600에 구매하는 것이 유리하다. 따라서 A사업부의 최소대체가격은 ₩1,800이며 사내대체는 이루어지지 않는다.

2 수요사업부의 최대대체가격

수요사업부는 자신의 이익극대화를 위하여 내부에서 대체하든 또는 외부에서 구입하든 가능한 한 낮은 가격으로 조달하려한다. 따라서 수요사업부는 가능한 한 양보하여 지불할 수 있는 최대대체가격 이하로 대체가격을 결정하려 할 것이다.

[예제 9-2] 최대대체가격(수요사업부)

[예제 9-1]에서 B사업부가 지급할 수 있는 최대대체가격은 얼마인가? 또한 사내대체로 인하여 단위당 구매비용을 ₩40절감할 수 있는 경우의 최대대체가격은 얼마인가?

풀이

1. B사업부의 최대대체가격 : ₩1,600
2. 사내대체로 ₩40이 절감될 경우 : ₩1,600 + ₩40 = ₩1,640

대체여부의사결정이 조직전체의 이익에 미치는 효과

1) 공급사업부의 최소대체가격 〈 수요사업부의 최대대체가격

이 경우에는 아래 그림에서 보는 바와같이 두 사업부 모두 허용가능한 대체가격이 존재하여 최소대체가격과 최대대체가격 사이에서 대체가격이 결정된다.

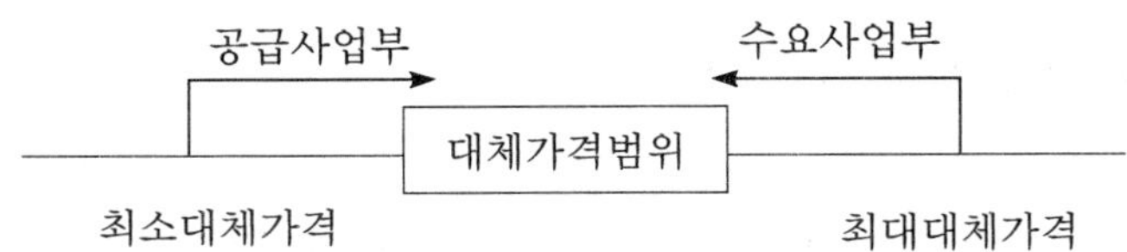

이때 조직자체적 입장에서 보면 대체거래로 인하여 두 사업부의 증분이익의 합계액 즉 (최대대체가격 – 최소대체가격)×대체수량 만큼 증분이익을 얻게 된다.

2) 공급사업부의 최소대체가격 〉 수요사업부의 최대대체가격

이 경우에는 내부대체거래가 성립하지 않는다. 공급사업부는 외부에 판매하고 수요사업부 역시 외부로부터 구매하게 된다.

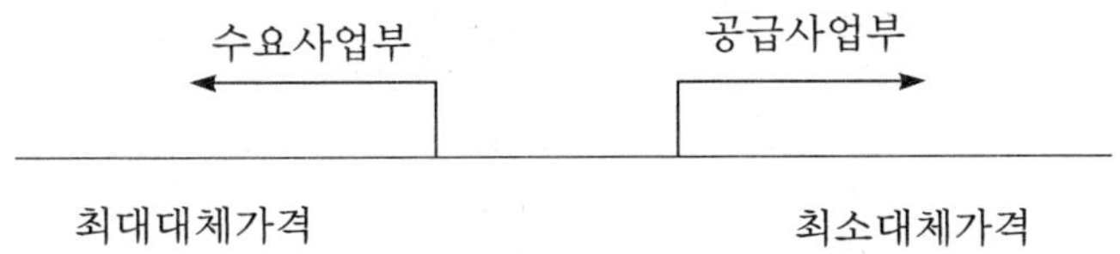

이때 조직전체적 입장에서 보면 만약 사내대체를 할 경우에는 두 사업부의 증분손실의 합계액 즉, (최소대체가격-최대대체가격)×대체수량 만큼 증분손실이 발생하게되므로 사내대체를 하지 않는 것이 유리하다.

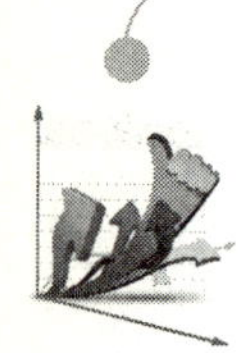

[예제 9-3] 조직전체적 관점의 대체가격

[예제 9-1]과 [예제 9-2]를 참조하여 사내대체시 B사업부의 단위당 구매비용이 절감되는 경우가 없다고 가정하여 대체가격 범위를 정하고 사내대체 여부가 조직전체의 이익에 미치는 영향을 계산하시오.

풀이

1. A사업부의 유휴생산능력이 있는 경우

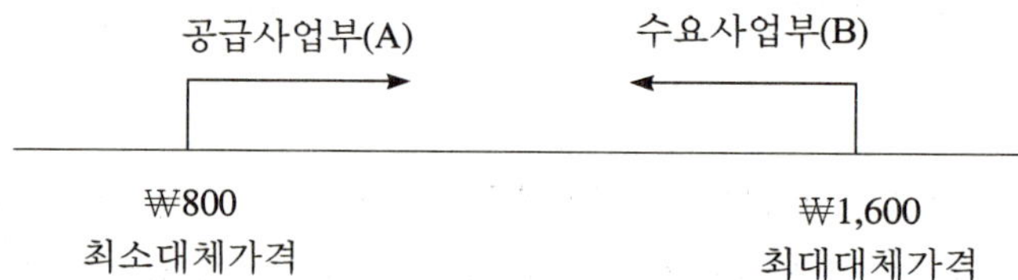

대체가격 범위 : ₩800이상 ₩1,600이하
조직전체 영향 : (₩1,600－₩800)×1,000단위 ＝ ₩800,000
내부대체를 하는 것이 기업전체 입장에서는 ₩800,000만큼 유리하다.

2. A사업부의 유휴생산능력이 없는 경우

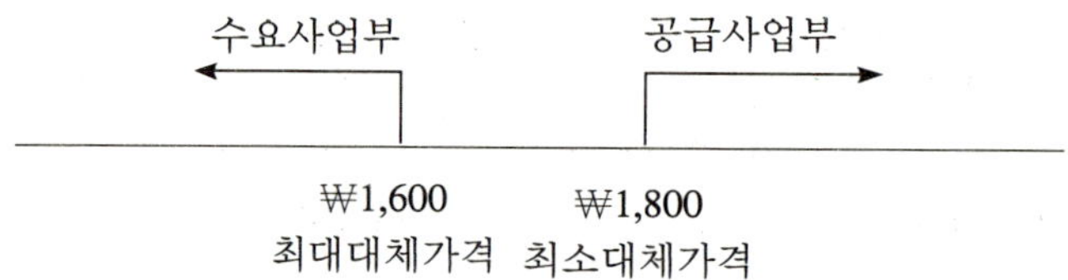

이 경우에는 대체가 이루어지지 않으며 사내대체를 하지 않는 것이 조직전체의 입장에서 ((1,800－1,600)×1,000 ＝ ₩200,000만큼 유리하다.

9-1 객관식 문제

01 (주)부산은 사업부간의 내부거래에 적용할 사내대체가격으로 시장가격, 전부원가, 변동원가, 기회원가(선형계획모형에 의하여 결정)를 고려하고 있다. 사내대체가격의 선택기준인 목표일치성과 성과평가에 가장 적합한 사내대체가격은?

	목표일치성	성과평가
①	기회원가	시장가격
②	시장가격	기회원가
③	기회원가	변동원가
④	전부원가	변동원가
⑤	시장가격	전부원가

02 밀양공업은 사업부별 책임회계제도를 채택하고 있으며 A사업부와 B사업부를 가지고 있다. A사업부는 주요부품을 생산하고 B사업부는 이를 가공하여 완제품을 만드는데, 주요부품과 완제품은 각각 시장에서 거래되고 있다. 제품과 관련된 단위당 금액은 다음과 같다.

· 완제품의 추정판매가격	₩500
· 주요부품의 추정판매가격	300
· 주요부품제조에 소요되는 원가	150
· 주요부품을 완제품으로 가공하기 위하여 소요되는 원가	100

A사업부의 최대생산능력이 월 1,000단위이고 주요부품의 시장수요는 800단위이다. A사업부가 B사업부에 나머지 200단위를 대체할 때 적용할 수 있는 대체가격이 될 수 없는 것은?

① ₩150 ② ₩250 ③ ₩300
④ ₩350 ⑤ ₩450

03 X와 Y 두 개의 사업부로 이루어져 있는 현명사는 X사업부에서 중간제품을 생산하여 이를 Y사업부와 기업외부에 판매하고 있다. 사업부간의 대체가격은 단위당 변동제조비와 기회비용의 합을 기초로 하여 결정된다. 다음은 X사업부의 생산 및 판매에 관한 자료이다.

최대 조업도	월 4,000단위
단위당 시장판매가격	@₩2,000
단위당 변동제조원가	@₩800
단위당 고정제조원가	@₩200(4,000단위 기준)

X사업부가 기업외부에 월 3,600개를 확실하게 판매할 수 있는 상황에서 Y사업부가 월 1,000단위의 중간제품을 꼭 대체해 줄 것을 요청해 온 경우, 다음 중 X사업부가 요구해야 할 최소한의 단위당 대체가격은 얼마인가? 단, Y사업부도 이를 기업외부에서 구입하는 경우에는 단위당 ₩2,000을 지급하고 있다.

① ₩800 ② ₩1,200 ③ ₩1,300
④ ₩1,520 ⑤ ₩2,230

04 부품K의 생산능력이 100,000개인 남산회사의 단위당 자료는 다음과 같다.

· 부품K의 시장가격	@₩30
· 변동비	@₩16
· 고정비	@₩ 9(생산능력기준)

이 회사는 부품K를 이용한 제품X 제작공장을 보유하고 있다. 이 공장은 현재 연간 10,000단위의 부품K를 ₩29에 외부조달하고 있다. 대구회사가 생산하는 제품 전량을 외부시장에 팔 수 있고 사내대체시 변동비 ₩3을 절감할 수 있는 경우, 대구회사의 이익극대화 입장에서 두 부문의 대체가격은?

① ₩16 ② ₩25 ③ ₩27
④ ₩30 ⑤ ₩46

05 수원회사는 A부문에서 제품 X를 생산하고 B부문에서는 제품 X를 추가가공하여 제품 Y를 생산한다. A부문에서의 변동원가는 단위당 ₩600이고 B부문에서 추가가공하는데 소요되는 변동원가는 단위당 ₩500이다. X와 Y의 시장가격은 각각 ₩1,000, ₩1,400이다. 다음의 대안 중 회사전체의 입장에서 최적대안은 무엇인가?

① A부문에서 생산하여 외부에 판매하고 B부문은 생산하지 않는다.
② 대체가격을 시장가격으로 하고 B부문은 내부구입한 X를 이용하여 Y를 생산한다.
③ 대체가격을 변동원가로 하고 B부문은 내부구입한 X를 이용하여 Y를 생산한다.
④ 대체가격을 전부원가로 하고 B부문은 내부구입한 X를 이용하여 Y를 생산한다.
⑤ 대체가격을 ₩600과 ₩1,000 사이의 협상가격으로 정하고 B부문은 내부구입한 X를 이용하여 Y를 생산한다.

06 (주)밀성은 두 개의 사업부 A와 B를 갖고 있다. A사업부는 단위당 변동비가 ₩50인 부품을 제조하고 있는데 ₩100에 외부에 판매할 수도 있고 B사업부에 대체할 수도 있다. B사업부가 이 부품을 외부에서 구입할 수 있는 가격은 ₩90이다. 회사전체의 이익을 극대화하기 위하여 B사업부는 어느 곳에서 구입하여야 하는가?

①물량이 많으면 외부에서, 적으면 A사업부에서 구입한다.
②모든 경우 외부에서 구입하여야 한다.
③모든 경우 A사업부에서 구입하여야 한다.
④유휴생산시설이 없으면 A사업부에서, 있으면 외부에서 구입한다.
⑤유휴생산시설이 있으면 A사업부에서, 없으면 외부에서 구입한다.

07 밸브 생산능력이 연간 100,000단위인 경남회사의 수익과 원가자료는 다음과 같다.

단위당 외부판매가격	₩30
단위당 변동비	16
단위당 고정비(연간 100,000단위 기준)	9

이 회사는 밸브를 이용한 펌프 제작공장을 보유하고 있는데 이 공장은 현재 연간 10,000단위의 밸브를 단위당 ₩29에 외부에서 조달하고 있다. 회사가 생산하는 제품 전량을 외부시장에서 판매할 수 있고 사내대체시 단위당 변동비 ₩3을 절감할 수 있다면, 회사전체의 이익극대화 입장에서 밸브의 단위당 대체가격은 얼마인가?

①₩13 ②₩16 ③₩25
④₩27 ⑤₩30

08 경북 상사는 A사업부에서 부분품을 생산하고 B사업부에서 완제품을 생산하는 사업 구조를 갖고 있는데 부분품은 자체적으로 외부판매가 가능하다고 한다. 한편 경북상사에서는 다음의 자료가 추정되었다. A사업부의 경영자는 부분품의 가격을 ₩150에서 ₩140으로 낮추어 매출량이 1,000개가 되게 하는 안과 그렇지 않고 600단위를 ₩200에 매출하고 400단위는 B사업부에 적절한 가격으로 대체하는 안이 A사업부에 동일한 이익을 가져 올 것이라고 생각한다. 이 때 B사업부에 제안하게 될 적절한 대체가격은 얼마인가?

완제품 판매가격	₩200
부분품 판매가격	150
A사업부의 부분품 생산원가	100
B사업부의 완성원가(변동비)	100

①₩50 ②₩100 ③₩125
④₩130 ⑤₩140

09 (주)삼성은 분권화된 사업부 갑과 을을 이익중심점으로 설정하고 있는 회사인데 사업부 갑에서 생산되는 제품 A는 사업부 을에 대체되거나 외부시장에 판매할 수 있으며, 관련 원가자료가 다음과 같이 제시되어 있다. 사업부 을은 제품 A를 주요 부품으로 사용하여 완제품을 생산하고 있으며 공급처는 자유로이 선택할 수 있다. 현재 사업부 갑은 100,000단위의 제품 A를 생산하여 전부 외부시장에 판매하고 있으며, 사업부 을에서는 연간 5,000단위의 제품 A를 ₩42의 가격으로 외부공급업자로부터 구입하고 있다. 만일 사업부 갑이 제품 A를 사업부 을에 사내대체 한다면 단위당 ₩8의 판매비와 관리비를 절감할 수 있다고 할 때, 제품 A의 사내대체가격은 어느 가격범위 내에서 결정되어야 하는가?

단위당 외부판매가격	₩45
단위당 변동원가	30(변동판관비 포함)
연간 고정원가	1,000,000
연간 최대생산능력	100,000단위

①₩15과 ₩22사이 ②₩22과 ₩30사이 ③₩30과 ₩37사이
④₩37과 ₩42사이 ⑤₩42과 ₩45사이

9-2 **A부문은 가정용 오디오에 사용되는 전자회로를 생산하고 있다. 연간 2,000 단위의 전자회로를 생산하는 경우 원가는 다음과 같다.**

직접재료원가	₩200,000
직접노무원가	300,000
변동제조간접원가	200,000
고정제조간접원가	300,000
합 계	₩1,000,000

전자회로는 단위당 ₩700의 가격으로 외부에 판매할 수 있으며, 변동판매비는 단위당 ₩50이다. (주)경주의 전자회로는 비디오게임의 제조에 사용될 수 있다.

게임부문이 A부문으로부터 전자회로를 구입한다고 가정할 때, 다음의 기준에 따라 전자회로의 대체가격을 결정하라.

1. 시장가격
2. 변동판매비를 차감한 시장가격
3. 변동제조원가
4. 30%의 이익이 가산된 변동제조원가
5. 전부제조원가

9-3 **(주)미래는 독립적 이익중심점 및 투자중심점으로 운영되고 있는 A사업부와 B사업부가 있다. A사업부는 공급사업부로서 제품단위당 변동제조원가 ₩3,000인 제품을 만들고 있는데 이 제품은 외부에 ₩5,000의 가격으로 판매할 수도 있고, 추가가공하기 위하여 B사업부에 대체할 수도 있다. 다음 각각의 경우에 조직전체의 입장에서 이익을 극대화하기 위한 사내대체여부의 의사결정을 하라.**

1. A사업부의 초과생산능력이 있고, B사업부의 단위당 외부구입비용이
   (1) ₩2,000 (2) ₩3,500 일 때
2. A사업부에 초과생산능력이 없고, B사업부의 단위당 외부구입비용이
   (1) ₩2,000 (2 ₩3,500 일 때

9-4 **(주)종로는 A사업부와 B사업부를 가지고 있다. A사업부는 부품을 외부에 판매하거나 B사업부에 대체하는데, B사업부는 부품을 추가가공하여 완제품을 만들고 있다. B사업부는 자율성기준에 의해 의사결정을 하고 있다.**
다음은 A사업부와 관련된 자료이다.

연간 최대생산능력	200,000단위
외부판매가격	₩60
단위당 변동비(변동판매비 포함)	₩40
단위당 고정원가(200,000단위 기준)	₩10

한편, B사업부는 연간 12,000단위의 부품을 단위당 ₩52의 가격으로 외부시장에서 구매할 수 있다.

1. 다음 상황은 상호독립적이다. 대체가격의 범위를 결정하고, 대체거래의 성립 여부와 대체여부가 조직전체의 이익에 미치는 영향을 계산하라.
   (1) A사업부에서 B사업부가 필요로 하는 수요 12,000단위를 충족시켜 줄 수 있는 유휴생산능력을 보유하고 있는 경우
   (2) A사업부에서 최대생산능력에 의한 모든 생산량을 외부시장에 판매하고 있는 경우
   (3) A사업부에서 최대생산능력을 이용한 모든 생산량을 외부시장에 판매하고 있으나 사내대체를 할 경우 단위당 ₩15의 변동판매비를 절감할 수 있는 경우

2. B사업부는 신제품 개발에 착수하였는데 이 신제품 생산을 위해서는 A사업부로부터 연간 40,000단위의 특수부품을 공급받아야 한다. A사업부는 이 특수부품을 생산하기 위해서 단위당 변동비가 ₩50 발생한다. 또한 A사업부가 특수부품을 생산하기 위해서는 기존부품의 생산규모를 60,000단위로 줄여야 하며 기존부품의 외부수요는 무한정하다. A사업부의 최소대체가격은 얼마인가?

9-5 **(주)강릉의 A사업부에서 부품을 생산하고, B사업부에서는 완제품을 생산하는 사업구조를 가지고 있다. 그런데 부품은 자체적으로 외부판매가 가능하다고 한다. 한편, (주)강릉에서는 다음의 자료가 추정되었다.**

완제품 판매가격	₩500
부품 판매가격	300
A사업부의 부품 생산원가(변동비)	150
B사업부의 완성원가(변동비)	150

A사업부가 매달 생산할 수 있는 부품 2,000단위 중 1,500단위만을 시장에서 단위당 ₩200에 판매할 수 있으며, 완전가동하여 생산한 부품 전량을 시장에서 판매하기 위해서는 판매가격을 단위당 ₩180으로 인하하여야 한다.

B사업부가 월 500단위의 부품을 대체해 줄 것을 요청해 온 경우, A사업부가 요구해야 할 최소한의 단위당 대체가격을 구하시오.

9-6 **한강회사는 분권화된 두 개의 사업부 X와 Y가 있다. 최근 몇 년 동안 사업부 Y는 사업부 X로부터 단위당 ₩100의 가격으로 연간 2,000단위의 부품을 구입하여 왔다. 사업부 X가 단위당 가격을 ₩150으로 인상하려는 계획을 세우고 있기 때문에 사업부 Y는 이 부품을 외부공급자로부터 단위당 ₩100에 구입하고자 한다. 사업부 X의 원가는 다음과 같다.**

단위당 변동비	₩80
연간 고정비	₩20,000

만일 사업부 Y가 외부공급자로부터 구입한다면, 사업부 X가 이 부품을 제조하는데 이용하고 있는 설비는 유휴설비가 된다.

회사전체의 관점에서 볼 때, 사업부 Y는 사업부 X로부터 단위당 ₩150의 가격으로 구입하여야 하는가, 또는 외부로부터 단위당 ₩100에 구입하여야 하는가?

9-7 **두 개의 사업부로 구성된 (주)경주는 A사업부에서 부품을 생산하고 B사업부에서 그 부품을 추가가공하여 완제품으로 생산 판매한다. 이들 사업부의 원가관련 자료는 다음과 같다. 아래 물음을 각각의 독립된 상황으로 보아 최소 대체가격을 결정하시오.**

	A사업부	B사업부
부품생산능력	150,000단위	A사업부가 생산한
단위당변동제조원가	₩300	부품 30,000단위
단위당 변동판매비	₩40(외부판매시에만 발생)	필요

1. A사업부가 부품을 단위당 ₩1,500에 외부에 100,000단위 판매하고 있을 경우
2. A사업부가 부품을 단위당 ₩1,500에 외부에 100,000단위 판매하고 있으나 생산량을 150,000단위로 증가시킬 경우 고정비가 ₩1,000,000 증가하는 경우
3. A사업부가 부품을 단위당 ₩1,500에 외부에 150,000단위 판매하고 있는 경우
4. A사업부가 단위당 판매가격을 ₩1,500으로 하면 외부에 100,000단위를 판매할 수 있고, 단위당 ₩1,400으로 판매가격을 인하하면 외부에 150,000단위를 판매할 수 있는 경우

9-8 **두 개의 사업부로 구성된 (주)경북은 A사업부에서 부품 X를 생산하고, B사업부에서 이 부품 X를 추가가공하여 완성품을 제작한다. A사업부는 부품 X를 B사업부에 대체하거나 외부에 판매할 수 있으며 B사업부도 부품 X를 A사업부로부터 대체할 수도 있고 외부로부터 구입할 수도 있다. 다만 사업부 A의 부품 X를 외부에 판매할 수 있는 수량은 제한되어 있다.**
이 회사의 원가관련 자료는 다음과 같다.

A사업부	B사업부
단위당 변동제조원가 ₩800 연간 고정제조간접비 ₩400,000	필요한 부품수량 3,000단위 외부구입단위당 가격 ₩1,000

1. A사업부의 고정제조간접비는 대체적 사용용도가 없는 부품 X를 생산하는 데 사용되는 기계의 감가상각비이다. 회사전체의 입장에서 사업부 B는 부품 X를 외부에서 구입하는 것과 A사업부로부터 대체하는 것 중 어느 것이 유리한가?
2. B사업부가 부품 X를 외부에서 구입할 경우 A사업부는 유휴설비를 다른 생산활동에 사용하여 ₩700,000의이익을 얻을 수 있다면 회사 전체적관점에서 사업부 B는 부품 X를 외부에서 구입해야 하는가 아니면 A사업부로부터 내부대체 하여야 하는가?

9-9 **(주)강원은 두 개의 사업부 A와 B로 운영되는데 A사업부는 생산한 반제품 K를 외부에 판매하거나 B사업부에 대체할 수 있고 B사업부는 반제품 K를 추가가공하여 완제품으로 완성하며 자율성기준에 의한 의사결정한다.**
이들 사업부의 원가관련 자료는 다음과 같다.

A사업부	B사업부
연간최대생산능력 200,000단위 외부판매가격 ₩70/단위당 단위당변동비(변동판매비포함) 40 단위당고정비(200,000단위기준) 10	연간 15,000단위의 반제품 K를 ₩50에 외부에서 구입할 수 있다.

다음 각 상황에서 상호 독립적일 때 대체가격의 범위를 결정하고 대체거래의 성립여부와 대체여부가 기업전체의 이익에 미치는 영향을 계산하시오.

1. B사업부에서 필요로 하는 수요 15,000단위를 충족시켜줄 수 있는 유휴생산능력을 A사업부에서 보유하고 있는 경우
2. A사업부가 현재 최대생산능력을 모두 활용하여 생산량을 외부시장에 판매하여 유휴생산능력이 없는 경우
3. A사업부에 최대생산능력을 모두 활용하여 모든 생산량을 외부시장에 판매하고 있으나 사내대체 할 경우에 단위당 ₩10의 변동판매비를 절감할 수 있는 경우

9-10 **(주)동해는 A, B 두 개의 사업부로 구성되어 있으며 A사업부는 외부시장에 판매할 수 있는 반제품 M을 생산하고 B사업부는 이 반제품 M을 추가 가공하여 외부에 판매한다. 이들의 원가계산과 관련된 자료는 다음과 같다.**

A사업부	B사업부
반제품M을 B사업부에 대체가격 ₩900 반제품 M의 시장가격 ₩900 단위당 변동비 ₩550	M을 추가가공한 뒤 완제품 판매가격 ₩1,500 단위당 변동비 ₩620

1. 반제품 M을 시장가격으로 내부 대체한다면 각 사업부의 단위당 공헌이익과 기업전체의 단위당 공헌이익은 얼마인가?
2. A사업부에서는 생산한 반제품 M을 모두 외부시장에 판매할 수 있다면 기업전체관점에서 반제품 M을 B사업부에 내부대체하는 것이 유리한가?
만약 내부대체한다면 A사업부는 대체가격을 얼마로 결정해야 하는가?

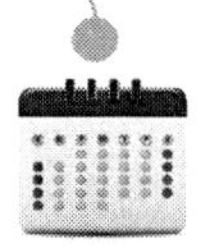

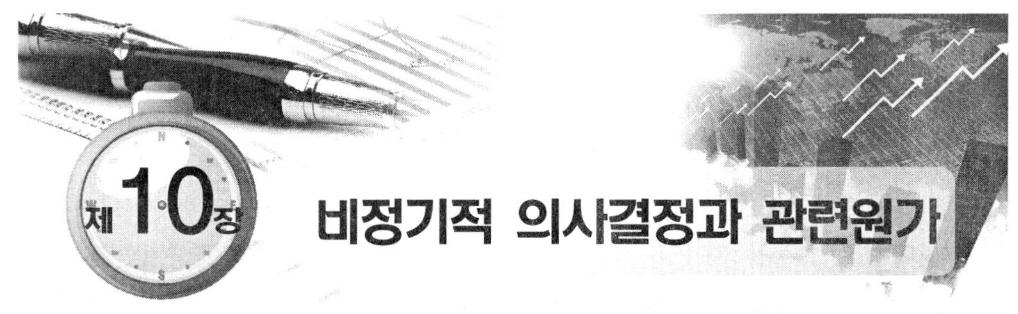

제10장 비정기적 의사결정과 관련원가

제1절 비정기적 의사결정의 기초 개념

비정기적 의사결정의 형태

제조 및 판매기능을 수행하는데 있어서 경영자는 항상 대체안 선택문제에 직면하게 된다. 단기적인 면에서 경영자는 다음과 같은 비정기적 · 비반복적 의사결정 문제에 직면하게 된다.

① 특별주문의 수락 또는 거절
② 가격의 책정
③ 제조 또는 구입
④ 현재 상태로의 판매 또는 추가적 가공 후 판매
⑤ 특정 제품라인의 추가 또는 폐지
⑥ 희소자원의 이용

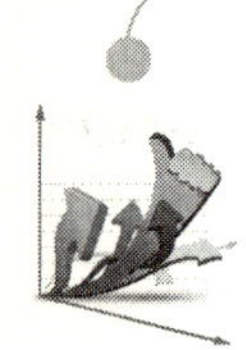

관련원가(Relevant costs)의 정의

위의 각각의 상황에 있어서 경영자의 최종적인 의사결정은 원가자료분석에 의존하게 된다. 원가자료는 이익계산에 있어서의 기본이 되기 때문에 많은 의사결정에 있어서 중요시 되고 있다. 원가자료는 원가의 기능, 행태(behavior patterns) 및 기타 기준에 의해서 분류가 되어진다. 그러나 모든 원가가 의사 결정을 하는데 있어서 동등한 중요성을 가지고 있는 것은 아니다. 그렇기 때문에 경영자는 의사결정에 관련되어 있는 원가를 확인해 내야 한다. 이와 같이 의사결정에 관련되어 있는 원가를 관련원가(relevant costs)라고 부르게 된다. 관련원가는 의사결정 대체안 사이에 차이가 나는 미래 기대원가(the expected future costs) 또는 미래기대수익(the expected future revenues)이다. 그러므로 매몰원가(sunk costs, 과거 또는 역사적 원가)는 당면한 의사결정에 관련된 것으로 생각지 않는다. 관련성 있는 것은 증분 또는 차액원가(incremental or differential costs)이다.

차액원가는 작업 양상의 변화, 예를 들면 조업도의 증감, 설비의 증감, 생산방법의 변경, 제품믹스 등이 나타나는 경우에 생산량의 증감에 따라 나타나는 총원가 또는 원가요소의 증감분을 말한다. 생산량이 증가하여 나타나는 원가의 증가분을 증분원가(incremental cost), 생산량이 감소하여 나타나는 원가의 감소분을 감분원가(decremental cost)라고 한다. 차액원가 중 특히 조업도의 증감에 따라 생산량 1단위의 증감의 결과로 나타나는 원가의 증가분을 한계원가(marginal cost)라고 한다.

생산량의 증감과 관련하여 나타나는 원가의 증감분이 차액원가인데 생산량의 증감에 의하여 나타나는 수익의 증감분 및 이익의 증감분은 각각 차액수익(differential revenue)과 차액이익(differential profit)이라고 한다.

증분, 차액 또는 관련원가접근법(incremental, differential or relevant cost approach)으로 적절하게 이름이 붙혀지고 있는 관련원가개념하에서의 의사결정은 다음과 같은 단계를 포함하게 된다.

① 각 대체안에 관련된 모든 원가를 수집한다.
② 매몰원가를 제거시킨다.
③ 대체안 사이에 차이가 없으면 원가를 제거시킨다.
④ 남은 원가결과에 입각해서 가장 좋은 대체안을 선택한다.

[예제 10-1] 관련원가접근법에 대한 대체의사결정

매몰원가의 무관련성과 증분원가의 관련성을 설명하기 위해서 설비 대체의사결정 문제를 생각해 보고자 한다. A회사는 3년 전에 ₩25,000을 주고 기계 한대를 구입하였다. 이 기계의 현재 장부가액은 ₩17,500이다. 이 회사는 이 기계를 새로운 기계로 대체할 것을 고려 중에 있는데 새기계의 가격은 ₩50,000이며 내용연수는 6년이다. 새기계는 구기계와 똑같은 수익을 창출할 것으로 보고 있으며, 그러나 변동영업비는 상당히 감소될 것으로 보고 있다. 현재의 기계와 신기계의 연간 매출액 및 영업비는 정상 판매조업도 20,000단위에 기준을 두고 있으며 다음과 같이 추산되었다

	현재기계	신기계
매출액	₩60,000	₩60,000
변동비	35,000	20,000
고정비:		
감가상각비(정액법)	2,500	10,000
보험료, 세금 등	4,000	4,000
당기순이익	₩18,500	₩26,000

위의 계산 내용을 볼 때 신기계로 대체시킬 경우 연간 ₩7,500의 순이익의 증가가 발생하는 것으로 생각할 수 있다. 그러나 현재 기계의 장부가액은 매몰원가이며 이 대체 의사결정 문제에 있어서 관련성이 없다. 더욱이 매출액과 보험료, 세금 등과 같은 고정비 역시 두 대체안 사이에 차이가 없기 때문에 관련성이 없다. 따라서 관련성이 없는 원가를 제거시키고 증분원가만 고려하면 다음과 같다.

변동비의 절약액	₩15,000	
차감 : 고정비의 증가분	10,000	(매몰원가인 감가상각비 ₩2,500제외)
신기계에서 발생하는 연간 순현금 절약액	₩5,000	

3 기타 의사결정접근방법

관련원가접근법 이외에 총프로젝트 접근법(total project approach)과 기회원가접근법(opportunity cost approach)에 의해서도 당면한 단기적·비정기적 의사결정 문제를 해결할 수가 있다.

총프로젝트접근법은 두 가지 대체안에 있어서의 모든 항목의 수익 및 원가자료

(이들 항목이 관련성을 가지고 있든 없든 관계없이)를 고려하고, 그리고 순이익결과를 비교하는 방법이다. 그러나 이 방법에 의한 경우 비교 손익계산서는 공헌이익법에 따라 작성되어야 한다.

[예제 10-2] 총프로젝트 접근법에 의한 대체의사결정

[예제 10-1]을 총프로젝트 접근법에 의해 풀면 다음과 같다.

	현재기계	신기계	증분(또는 차액)
매 출 액	₩60,000	₩60,000	–
차감:변동비	35,000	20,000	₩(15,000)
공헌이익	₩25,000	₩40,000	₩15,000
차감:고정비			
감가상각비	–	10,000	10,000
기타비용	4,000	4,000	–
당기순이익	₩21,000	₩26,000	₩5,000

총프로젝트 접근법에 의할 경우 신기계의 구입으로 인해 순이익이 ₩5,000 증가된다는 사실이 밝혀졌다. 이 예는 대체의사결정문제에서의 특정 항목의 비관련성에 대한 것만 다루고 있다. 실제의 의사결정에서는 순이익의 증가분(또는 절약액) ₩5,000이 신기계에 대한 추가적 투자를 정당화하는데 충분한지가 이 문제 해결의 열쇠이다. 이 경우 투자수익율(ROI)과 화폐의 시간가치개념의 사용이 필요하게 된다.

기회원가접근법은 기회원가의 개념을 단기적·비정기적 의사결정문제를 해결하는 데 적용시킨 방법이다. 기회원가는 어떤 대체안을 포기함에 따라 상실된 순수익이라고 할 수 있다. 의사결정에 있어서 기회원가의 중요성은 언제나 최상의 의사결정이 추구된다는 점에 있다. 왜냐하면 이 방법은 선택되지 않는 대체안 중에서 최상의 대체안에 대한 원가를 고려하기 때문이다. 기회원가는 공식적 회계보고서에는 나타나지 않는다.

[예제 10-3] 기회원가접근법에 의한 대체의사결정

[예제 10-1]을 기회원가접근법을 사용하여 분석하면 다음과 같다.

	신 기 계	
기대순이익	₩26,000	
차감: 구기계의 폐기로 인한 기회비용	21,000	(₩60,000 − ₩35,000 − ₩4,000)
신기계구입으로 인한 차액	₩5,000	

이 예에서 기회원가는 포기된 구기계로부터 발생하는 순이익 ₩21,000이다.

기회원가 접근방법은 대체안의 수가 너무 많아 총프로젝트접근방법을 사용하기가 어려울 때 가장 효과적으로 사용할 수 있는 방법이다.

제 2 절 비정기적 의사결정 유형

1 특별주문

회사는 종종 자사제품의 정상 가격보다 낮은 가격으로 단기간의 특별 주문을 받을 경우가 있다. 정상적인 상황에서는 이러한 특별주문으로 인해 만족스런 이익을 획득하지 못하기 때문에 이 특별주문을 거절하는 것이 대부분이다. 그러나 회사가 어려운 상황에 직면해 있는 때라면 그 주문의 수락으로 인해 얻게 되는 증분수익이 증분원가를 초과하는 경우에 한해서 그 주문을 수락하여야 한다. 이 경우 정상가격보다 낮은 특별주문 제품의 가격은 공헌가격(단위당 공헌이익)보다는 높게 된다. 이 특별 주문의 수락여부에 대한 의사 결정문제는 공헌이익을 사용하여 결정하기 때문에 가격책정을 위한 공헌이익 접근방법(contribution approach to pricing) 또는 변동가격책정모델(variable pricing model)이라고 부른다. 이 방법은 다음과 같은 상황에서 아주 적절한 방법이 된다.

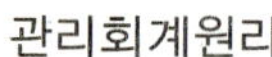

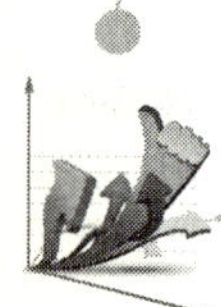

① 어려운 상황에서 조업을 할 때
② 유휴조업도가 있을 때
③ 치열한 경쟁 또는 경쟁적 입찰 상황에 직면해 있을 때

[예제 10-4] 특별주문 수락여부결정

100,000 단위의 조업도를 가진 한 회사가 ₩2의 정상적인 가격으로 매년 90,000 단위를 제조하여 판매해 오고 있다. 단위당 변동비가 ₩1이고 연간 고정비가 ₩45,000이라면 손익계산서는 다음과 같다.

		단위당원가
매출액(90,000단위)	₩180,000	₩2.00
차감 : 변동비(90,000)	90,000	1.00
공헌이익	₩90,000	₩1.00
차감 : 고정비	45,000	0.50
순이익	₩45,000	₩0.50

이 회사는 10,000 단위를 ₩1.20에 구입하겠다는 주문을 받았다. 구매자는 선적비를 부담하겠다고 한다. 이 주문의 수락은 일상적인 판매에 영향을 미치지 않는다. 이 회사의 사장은 ₩1.20이란 가격이 제조단위원가 ₩1.50보다 낮기 때문에 이 주문을 수락하는 것에 대해 탐탁하게 생각하고 있지 않다. 이 회사는 이 주문을 받아들여야 하는가?

이 회사는 주문을 수락하는 것이 좋다. 비록 구매자가 제시한 가격이 제조단위원가보다 낮지만 이 주문을 받아들임으로서 이 회사는 총이익을 증가시킬 수 있기 때문이다. 공헌이익접근법에 의한 경우 ₩1이라는 단위당 변동비가 ₩1.5의 단위당 제조원가보다 더 나은 지침이 될 것이다. 고정비는 유휴조업도가 존재하기 때문에 변동하지 않는다는 점에 주목해야 한다.

위의 똑같은 결과는 총프로젝트접근법에 의해서도 나타난다.

	단위당 원가	주문수락전 (90,000단위)	주문수락후 (100,000단위)	차이
매출액	₩2.00	₩180,000	₩192,000	₩12,000
차감:변동비	1.00	90,000	100,000	10,000
공헌이익	₩1.00	₩90,000	₩92,000	₩2,000
차감:고정비	0.50	45,000	45,000	–
순 이 익	₩0.50	₩45,000	₩47,000	₩2,000

가격의 책정

특별주문품의 가격과는 달리 정상적인 제품의 가격은 장기적인 고려를 필요로 한다. 여기서 중요한 개념은 책정된 단위당 판매가격은 종국적으로는 미래의 확장에 대비할 수 있게 할뿐만 아니라 모든 제조원가, 판매 및 관리비를 부담하는데 충분한 적당한 수익을 제공해야 한다는 점을 인식하는 것이다. 정상적 시장에서 판매되는 정상제품의 가격책정을 위한 방법에는 전부원가법(absorption approach)과 공헌이익법(contribution approach)이 있다. 이 두 가지 방법은 일종의 원가가산가격공식(cost-plus pricing formula)을 사용한다.

① 전부원가법은 기준원가를 단위당 총제조원가로 정의한다. 판매 및 관리비는 기본원가에 가산되는 가산액을 통해서 회수된다.
수익 = 제조원가(1+ 가산률) = 제조원가 + 판매관리비 + 목표이익
제조원가 + 제조원가×가산률 = 제조원가 + 판매관리비 + 목표이익
제조원가×가산률 = 판매관리비 + 목표이익
가산률 = 판매관리비 + 목표이익/제조원가

② 공헌이익접근법은 기본원가를 단위당 변동비로 정의하고 있다. 고정비는 기본원가에 가산되는 가산액을 통해서 회수된다.
수익 = 변동비(1+ 가산률) = 변동비 + 고정비 + 목표이익
변동비 + 변동비×가산률 = 변동비 + 고정비 + 목표이익
변동비×가산률 = 고정비 + 목표이익
가산률 = 고정비 + 목표이익/변동비

[예제 10-5] 판매가격 책정

XYZ 회사는 정규제품에 대한 다음과 같은 원가자료를 집계하였다.

	단위당원가	총 계
직접재료비	₩6	
직접노무비	4	
변동간접비	4	

고정간접비(20,000단위)	6	₩120,000
변동판매 및 관리비	1	
고정판매 및 관리비(20,000단위)	2	40,000

이 회사는 판매가격을 책정하는 데 있어서 가산액을 단위당 총제조원가의 50% 또는 단위당변동비의 100%로 하고 있다.

전부원가법을 사용할 경우 단위당판매가격은 다음과 같이 계산된다.

직접재료비	₩6	
직접노무비	4	
제조간접비	10	(₩4 + ₩6)
단위당제조원가	₩20	
가산액 : 단위당제조원가의 50%	10	
판매가격	₩30	

공헌이익접근법을 사용할 경우에는 판매단가가 다음과 같이 계산된다.

직접재료비	₩6
직접노무비	4
변동비(간접비, 판매 및 관리비)	5
단위당 변동비	₩15
가산액 − 단위당변동비의 100%	15
판매가격	30

가산률을 결정하는데 있어서 대개의 회사들은 그 기준으로서 기대수익률(desired rate of return)을 사용한다. 기대수익률은 시장수요나 경쟁의 강도에 의해서 결정된다.

[예제 10-6] 가산율 계산

XYZ 회사는 매년 20,000 단위의 제품을 생산하여 판매하는 데 ₩500,000의 투자가 필요하다고 결정하였다. 20,000단위 조업도수준에서의 단위당 제조원가는 ₩20으로 추산되었으며, 판매비와 관리비는 모두 ₩100,000으로 추산되었다. 이 회사가 20%의 투자수익률을 원하고 있다면 전부원가법 하에서 얼마의 가산율이 필요한가?

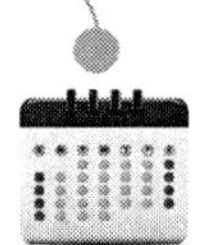

기대투자수익 (20%×₩500,000)	₩100,000
판매 및 관리비합계액	100,000
총합계	₩200,000(a)
제조원가 (20,000단위×₩20)	₩400,000(b)
가산율－(a)÷(b)	50%

3 자가제조 또는 구입 의사결정

부품을 사내에서 자가제조할 것인가 아니면 외부의 공급업자로부터 구입할 것인가에 대한 의사결정은 양적 및 질적 요소와 관련되어 있다. 질적 요소(qualitative factors)는 제품의 품질에 대한 보장과 공급업자와의 장기적인 사업관계의 필요성을 포함하고 있다. 양적 요소(quantitative factors)는 원가를 말한다. 자가제조 또는 구입 의사결정에 대한 양적효과는 관련원가접근법을 통해 잘 드러난다.

[예제 11-7] 자가제조 또는 외부구입 의사결정

A회사는 8,000 단위의 부품을 생산하는데 다음과 같은 원가가 발생한 것으로 추산하고 있다.

	단위당원가	총 계
직접재료비	₩ 5	₩40,000
직접노무비	4	32,000
배부변동제조간접비	4	32,000
배부고정제조간접비 (직접노무비의 150%)	6	48,000
총 원 가	₩19	₩152,000

공급업자는 부품의 공급가격을 단위당 ₩16으로 제시하였다. 고정제조간접비의 2/3는 의사결정에 관계없이 계속 발생한다. 이 회사는 부품을 자가제조할 것인가 아니면 외부에서 구입할 것인가?

이 문제해결의 열쇠는 자가제조안과 구입안 사이에 변동을 일으키는 관련원가를 조사하는 데 있다. 부품을 자가제조하지 않을 경우 유휴 생산능력이 있다고 가정한다면, 다음과 같은 형식에 의해 의사결정 분석을 할 수 있다.

	단위당원가		총원가(8,000단위)	
	제조	구입	제조	구입
구입가격		₩16		
직접재료비	₩5		₩40,000	
직접노무비	4		32,000	₩128,000
변동제조간접비	4		32,000	
제조안을 포기함에 따라 회피할 수 있는 고정제조간접비	2		16,000	
총 관련원가	₩15	₩16	₩120,000	₩128,000
자가제조시의 차이	₩1		₩8,000	

자가제조시의 단위당 원가가 구입시의 단위당 원가보다 ₩1이 저렴하므로 자가제조하는 것이 유리하다고 말할 수 있다.

자가제조 또는 구입의사결정은 어떻게 이용가능한 시설을 가장 잘 이용할 수 있는가를 고려하는 광범위한 관점에 따라 결정되어야 한다. 이 경우의 대체안은 다음과 같은 것을 열거할 수 있다.

① 유휴시설을 이용하지 않고 그대로 둠.
② 부품을 외부에서 구입하고, 유휴시설은 임대하여 줌.
③ 부품을 외부에서 구입하고, 유휴시설을 다른 제품을 생산하는 데 사용함.

4 현재상태에서의 판매 또는 추가 가공 후 판매 의사결정

둘 이상의 제품이 결합과정(joint process)에서 동일 투입으로부터 동시에 제조될 이 제품들을 연산품(joint products)이라고 한다. 결합원가(joint costs)란 연산품이 개별제품으로 확인되는 시점, 즉 분리점(split-off point)이전에 발생한 총제조원가를 나타내기 위해서 사용되는 용어이다. 분리점에서 어떤 연산품은 그대로 소비자에게 판매할 수 있고 또 다른 어떤 연산품은 추가적인 가공을 필요로 하게 된다. 그

러나 대개의 경우 회사에서 선택을 해야 하는 경우가 많이 있다. 즉 분리점에서 제품을 판매할 수도 있고, 아니면 제품을 추가적인 수익을 획득하기 위해 추가 가공을 할 수도 있는 것이다. 이러한 의사결정의 경우 결합원가는 관련성이 없는 것으로 간주된다. 왜냐하면 결합원가는 의사결정 시점에 이미 발생된 것이기 때문이다. 따라서 결합원가는 매몰원가(sunk costs)인 것이다. 그러므로 이러한 의사결정은 전적으로 추가가공에 따라 발생한 추가원가와 추가수익의 비교에 입각하여야 한다.

[예제 10-8] 현재상태에서의 판매 또는 추가가공후 판매의 의사결정

생산단위	분리점에서의 판매가치	추가가공후의 추가적 판매가치와 원가	
		판매가치	원가
3,000	₩60,000	₩90,000	₩25,000

제품 A를 분리점에서 판매할 것인가 아니면 추가가공 후 판매할 것인가?

이 문제에 대한 답을 구하기 위해서는 앞에서 설명한 3가지 의사결정접근법 즉, 총프로젝트접근법, 증분접근법 그리고 기회원가접근법을 사용할 수가 있다.
총프로젝트접근법에 의하면 다음과 같다.

	판매	가공	차이
매출액	₩60,000	₩90,00	₩30,000
원 가	–	25,000	25,000
순수익	₩60,000	₩65,000	₩5,000

위의 차이란은 증분수익과 증분원가를 비교하는 증분접근법의 기초가 된다. 이 방법에 의할 경우 다음과 같다.

증분매출수익	₩30,000
증분원가(추가가공)	25,000
증분이익	₩5,000

기회원가개념을 사용하면 다음과 같다.

제품 A 추가가공후의 매출수익		₩90,000
차감 : 원가		
추가가공비	₩25,000	
기회원가	60,000	85,000
		₩5,000

여기서 기회원가는 추가가공 후 판매안을 선택함으로서 포기되어진 안 즉, 분리점에서 판매하는 안에서의 순수익을 말한다.

결론적으로 제품 A는 위의 3가지 방법에 의해 추가 가공한 후 판매하는 것이 더 유리한 것으로 밝혀졌다. 재차 강조하는 것은 결합생산원가는 매몰원가이기 때문에 의사결정에 관련이 없는 것이며 따라서 분석대상에서 제외한다는 점이다.

5 제품라인의 추가 또는 폐지

기존 제품라인을 폐지할 것인가 또는 새로운 제품라인을 신설할 것이냐에 대한 의사결정은 질적인 요소와 양적인 요소 모두를 고려해서 행해져야 한다. 그러나 어떠한 최종적인 의사결정도 우선적으로 그 의사결정이 공헌이익이나 순이익에 미치는 영향에 입각하여 이루어져야 한다는 것이다.

[예제 10-9] 제품라인의 추가 또는 폐지 의사결정

ABC 식품회사는 3가지 주된 제품라인 즉, 농산물, 정육 및 통조림 식품 등을 가지고 있다. 이 회사는 정육라인이 손실을 보고 있기 때문에 폐지할 것을 검토하고 있다. 이들 제품라인에 대한 손익계산서는 다음과 같다.

	농산물	정육	통조림	총 계
매출액	₩10,000	₩15,000	₩25,000	₩50,000
차감:변동비	6,000	8,000	12,000	26,000
공헌이익	₩4,000	₩7,000	₩13,000	₩24,000
차감:고정비				
직접비	2,000	6,500	4,000	12,500
간접비	1,000	1,500	2,500	5,000
순이익	₩1,000	₩(1,000)	₩6,500	₩6,500

본 예제에서 직접고정비는 각 제품라인에 대해 직접 확인된 비용을 말하며, 간접고정비는 제품 라인에 배부된 공통고정비를 말한다. 공통고정비금액은 일반적으로 의사결정에 관계없이 계속 발생한다. 따라서 한 제품 라인을 폐지한다고 해서 이 금액을 절약할 수는 없는 것이다.

총프로젝트접근법에 의하면 다음과 같다.

	유지안	폐지안	차이
매출액	₩50,000	₩35,000	₩(15,000)
차감 : 변동비	26,000	18,000	(8,000)
공헌이익	₩24,000	₩17,000	₩(7,000)
차감 : 고정비			
직접비	12,500	6,000	(6,500)
간접비	5,000	5,000	−
순이익	₩6,500	₩6,000	₩(500)

증분접근법을 사용하면 다음과 같다.

	폐 지 안	
상실된 매출수익		₩15,000
이득 :		
회피가능변동비	₩8,000	
회피가능직접고정비	6,500	14,500
순이익의 증가(감소)		₩(500)

두 가지 방법 중 어느 방법에 의하든 정육라인을 폐지할 경우 ₩500의 추가적 손실을 보게 됨을 알 수 있다. 그러므로 정육제품라인은 계속 유지되어야 한다. 공통 고정비를 배부하는 데 있어서 가장 큰 위험 중의 하나는 그러한 배부가 특정제품라인을 실제보다 수익성이 덜 있는 것처럼 보이게 한다는 것이다. 이러한 배부 때문에 정육제품라인이 ₩1,000의 손실을 나타낸 것으로 되었지만, 실제로는 이 회사의 공통고정비 가운데 ₩500을 회수하는 데 기여한 것이다.

6 희소자원의 이용

일반적으로 높은 공헌이익을 나타내는 제품을 강조할 경우 총 판매액은 감소할지라도 회사의 총순이익은 극대화되게 된다. 그러나 이러한 점은 제약요인과 희소자원이 있을 경우에는 사실이 아니다. 제약요인은 생산이나 특정 제품의 판매를 제한하는 요인을 말한다. 이러한 제약요인에는 기계운전시간, 작업시간, 또는 창

고면적 등이 있다. 이러한 제약요인이 존재하는 경우 총이익을 극대화시키기 위해서는 제약요인 단위당 공헌이익이 가장 높은 제품을 생산해 내야 한다.

예를 들어 민주회사는 두 가지 제품 A와 B를 생산해 내고 있다. A, B 두 제품의 단위당 공헌이익은 다음과 같다.

	A	B
매출액	₩8	₩24
변동비	6	20
공헌이익	₩2	₩4
연간고정비	₩42,000	

단위당 공헌이익만을 보면 B제품이 A제품보다 더 수익성이 높다. 그러나 이 회사는 10,000시간의 작업시간이라는 한정된 능력을 가지고 있다고 가정해 보자. 또한 A제품은 하나 생산해 내는 데 2시간이, B제품은 5시간이 필요하다고 가정해 보자.

이러한 한정된 능력을 나타내는 한 가지 방법은 작업 시간당 공헌이익을 계산하는 것이다.

	A	B
단위당 공헌이익	₩2.00	₩4.00
단위당 필요노동시간	2	5
작업시간당 공헌이익	₩1	₩0.80

제품 A가 작업시간당 공헌이익이 더 높기 때문에 B제품보다는 A제품을 생산해야 할 것이다.

이 문제를 해결하는 또 한 가지 방법은 각 제품에 대하여 총공헌이익을 계산하는 방법이다.

	A	B
최대생산단위	5,000단위 (10,000시간÷2시간)	2,000단위 (10,000시간÷5시간)
단위당 공헌이익	₩2	₩4
총공헌이익	₩10,000	₩8,000

이 방법에 의한 경우도 앞의 방법의 결과와 마찬가지로 A제품의 총공헌이익이 B제품보다 더 많기 때문에 A제품을 생산해내야 한다는 결론이 얻어지게 된다.

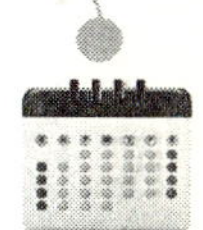

10-1 객관식 문제

01 의사결정을 할 때 특정 대안의 선택에 영향을 주지 않는 비관련원가에 해당하는 것은?
① 매몰원가 ② 기회원가 ③ 증분원가 ④ 차액원가

02 특정사업부문을 폐지할 경우 전부 또는 일부 제거할 수 있는 원가는?
① 매몰원가 ② 기회원가 ③ 회피가능원가 ④ 비관련원가

03 M회사는 제조원가가 ₩50,000인 B제품을 5,000개 재고로 보유하고 있다. 이 제품은 진부화되어서 현재 정상적으로 판매하기가 어렵기 때문에 ₩20,000의 추가가공비를 들여서 수선을 할 경우 ₩35,000에 판매가 가능할 것으로 예상된다. 이 제품을 추가 가공하지 않고 폐기물로 처리할 경우 ₩8,000을 받을 수 있다. 추가가공해서 판매할 것인지를 결정하는 데 있어 매몰원가는 얼마인가?
① ₩50,000 ② ₩20,000
③ ₩35,000 ④ ₩8,000

04 L회사는 제조원가 ₩20,000의 재고자산으로 기록된 진부화된 랜턴 1,000개를 가지고 있다. 만약 그 랜턴들을 ₩5,000의 비용으로 재가공한다면 ₩9,000으로 팔 수 있을 것이다. 만약 이 랜턴들을 폐기처분한다면 ₩1,000을 받고 팔 수 있다. 어떤 대안이 더 바람직한가? 또 그 대안에 대한 관련원가(relevant cost)는 얼마가 되겠는가? (AICPA 기출문제)
① 재가공, ₩5,000
② 재가공, ₩25,000
③ 폐기처분, ₩20,000
④ 위의 어느 것도 아니다. 왜냐하면 각 대안들 아래에서는 모두 손실이 생기기 때문이다.

05 다음 설명 중 사업부문의 폐지에 대한 경제적인 이유로 적당한 것은?
A. 추적가능원가와 배부공통비를 차감한 후의 사업부문 영업이익이 적자이기 때문
B. 사업부문의 회피가능고정비가 공헌이익을 초과하고 있기 때문
C. 사업부문의 회피가능고정비에 배부공통비를 합산한 금액이 공헌이익을 초과

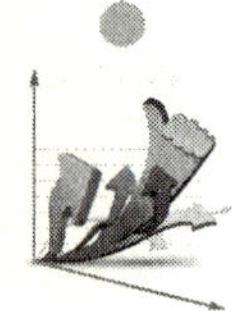

하고 있기 때문

① A ② B ③ C ④ A와 B

06 특별주문의 수락이 회사 전체의 영업이익을 증가시키는 경우는?

① 특별주문으로 인한 수익이 주문에 따른 공헌이익을 초과하는 경우
② 특별주문으로 인한 수익이 주문과 관련된 증분원가를 초과하는 경우
③ 특별주문으로 인한 수익이 주문과 관련된 변동비를 초과하는 경우
④ 특별주문으로 인한 수익이 주문과 관련된 매몰원가를 초과하는 경우

07 D회사는 5가지 제품을 생산하고 있다. 5가지 제품은 모두 조립부문의 B기계를 거쳐야 한다. 따라서 이 기계는 이 회사의 제약자원에 해당된다. 이 회사가 이익을 극대화하기 위해서 고려해야 하는 것은?

① B기계작업시간을 최소한으로 사용하는 제품을 만든다.
② 제품단위당 가장 높은 공헌이익을 창출하는 제품을 만든다.
③ 가장 높은 공헌이익율을 창출하는 제품을 만든다.
④ B기계작업시간당 가장 높은 공헌이익을 창출하는 제품을 만든다.

08 현재상태에서 판매 또는 추가가공후 판매 의사결정에서 고려해야 할 관련원가로 적절치 않은 것는?

① 분리점(split-off) 이전에 발생한 변동제조원가
② 분리점 이후에 발생한 변동제조원가
③ 분리점 이후에 발생한 회피가능고정제조원가
④ ①과 ②

09 D회사는 B사업부는 자기 제품의 ⅓을 같은 회사L사업부에 판매하고 나머지는 외부시장에 판매하고 있다. B사업부의 2002년 6월 30일 회계연도말의 추정매출과 표준원가는 다음과 같다.

	L사업부	외부
매 출	₩15,000	₩40,000
변동비	(10,000)	(20,000)
고정비	(3,000)	(6,000)
매출총이익	₩2,000	₩14,000
매출수량	10,000	20,000

L사업부는 10,000단위의 제품을 외부공급업자로부터 단위당 ₩1.25으로 구입할 수 있다. B사업부가 외부시장에 추가적인 제품을 판매할 수 없다고 가정할 때 D회사는 L사업부가 외부공급업자로부터 제품을 구입하는 것을 승인해야 하는가? (AICPA 기출문제)

① 한다. 제품을 사는 것이 ₩500 절약하기 때문에
② 안한다. 제품을 만드는 것이 ₩1,500 절약하기 때문에

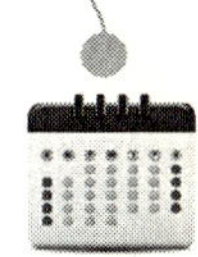

③ 한다. 제품을 사는 것이 ₩2,000 절약하기 때문에
④ 안한다. 제품을 만드는 것이 ₩2,500 절약하기 때문에

10 C중화요리 음식점은 서비스 음식으로 만두 20,000개가 필요하다. 이에 대한 자료가 다음과 같다.

만두를 자가제조할 경우의 단위당원가

직접재료비	₩4
직접노무비	16
변동제조간접비	8
고정제조간접비(배부액)	10
	₩38
만두 납품전문회사로부터 만두를 구입할 경우의 원가	₩35

만두를 자가제조하는 대신에 만두 납품회사로부터 구입하는 경우 고정제조간접비 중 60%는 계속 발생된다. 만두를 자가제조하는 것이 얼마나 유리 또는 불리한가?

① ₩60,000 유리　② ₩60,000 불리
③ ₩30,000 불리　④ ₩10,000 유리

11 C회사는 생산과정에 투입된 K부품이 20,000단위 필요하다. 이에 대한 자료가 다음과 같다.

C회사가 K부품을 자가제조할 경우의 단위당원가

직접재료비	₩4
직접노무비	16
변동제조간접비	8
고정제조간접비(배부액)	10
	₩38
O회사로부터 K부품을 구입할 경우의 원가	₩36

만일 C회사가 K부품을 자가제조하는 대신에 O회사로부터 구입한다면 이로부터 생기는 유휴생산설비를 다른 생산활동에 대체할 수 없으며, 고정제조간접비 중 60%는 계속 발생된다. C회사가 K부품을 자가제조할 것인가 아니면 구입할 것인가를 결정할 경우, 부품 K를 자가제조하는 경우의 총관련원가는 얼마인가?

① ₩560,000　② ₩640,000
③ ₩720,000　④ ₩760,000

12 B회사는 자사제품에 들어갈 부품번호 1700의 부품을 생산하고 있는데 부품번호 1700의 5,000단위에 대한 단위당 원가는 다음과 같다.

직접재료비	₩2
직접노무비	12
변동제조간접비	5
고정제조간접비	7
	₩26

그런데 H회사가 부품번호 1700, 5,000단위를 단위당 ₩27에 B회사에 판매하겠다는 제안을 해 왔다. 만약 B회사가 이 제안을 수락한다면, 현재 부품번호 1700을 생산하는데 사용되는 설비 중 일부를 부품 1211을 생산하는데 사용할 수 있다. 따라서 부품번호 1211을 생산하는 경우 관련원가 ₩40,000을 절약할 수 있다. 또, 부품번호 1700에 부담되었던 고정제조간접비도 단위당 ₩3이 전체적으로 감소될 수 있다. 만약 B회사가 이 제안을 수락한다면 순관련원가는 어느 정도 증가 또는 감소하겠는가?

① ₩35,000감소 ② ₩20,000감소
③ ₩15,000감소 ④ ₩ 5,000감소

13 R회사는 B제품을 생산하는 기업으로 연간 300,000개의 B제품을 변동비 ₩750,000 고정비 ₩450,000에 생산한다. 이 회사는 단위당 ₩5.00의 정상가격에 240,000개를 팔 수 있을 것으로 예상하고 있다. 추가로 정상가격의 40%를 할인한 가격으로 B제품 60,000개를 매입하겠다는 특별주문이 있었다. 이 특별주문의 결과로서 법인세차감전 순이익의 증가 혹은 감소분은 얼마인가? (AICPA 기출문제)

① ₩60,000감소 ② ₩30,000증가
③ ₩36,000증가 ④ ₩180,000증가

14 MW 와인제조회사는 와인 제품 S를 생산하고 있는데 현재 조업도는 80% 수준이며 5,000병 생산하고 있다. 정상판매가격은 단위당 ₩34이며, 제조원가는 다음과 같다.

	단위당 원가
직접재료비	₩2
직접노무비	₩3
변동제조간접비	₩4
고정제조간접비	₩5

MW와인제조회사는 ACE전자의 송년모임에 사용할 와인 100병을 특별주문하겠다는 통보를 받았다. 특별주문을 수락할 경우 최소한도 얼마의 가격이 되어야 영업이익을 증가시킬 수 있는가?

① 단위당 ₩34 이상 ② 단위당 ₩20 이상
③ 단위당 ₩9 이상 ④ 단위당 ₩14 이상

15 W회사는 제품 S를 생산하고 있는데 한 단위당 ₩6에 20,000단위의 특별주문을 받아들일 충분한 유휴설비를 보유하고 있다. 정상판매가격은 단위당 ₩10이다. 변동제조원가는 단위당 ₩4.5이고, 고정제조원가는 단위당 ₩1.5이다. W회사가 특별주문을 받아들임으로 해서 추가판매비용은 발생하지 않는다. 특별주문이 정상판매가격에 영향을 미치지 않고 받아들여질 수 있다면 영업이익에 미치는 효과는 얼마인가? (AICPA 기출문제)

① ₩0 ② ₩30,000증가
③ ₩90,000증가 ④ ₩120,000증가

16 램프제조회사인 A회사는 2002년도에 단위당 ₩20으로 400,000 단위를 판매하는 계획을 수립하였다. 단위당 변동비는 ₩8.00 고정비는 ₩5.00이다. 2002년 4월 단위당 ₩11.50으로 40,000단위를 구입하겠다는 특별주문을 받았다. A회사는 충분한 생산능력을 보유하고 있지만 초과근무수당 때문에 단위당 ₩1.50의 추가비용이 발생된다. 그러나 특별주문에 따른 다른 판매비는 발생되지 않는다. 이 회사가 특별주문을 수락시 영업이익에는 어떠한 영향을 미치겠는가? (AICPA 기출문제)

① ₩ 60,000감소 ② ₩80,000증가
③ ₩ 120,000감소 ④ ₩140,000증가

17 의복을 제조하는 B회사는 의복 단위당 ₩8으로 10,000단위에 대한 특별주문을 받아들일 수 있는 충분한 유휴생산능력을 가지고 있다. 이 특별주문이 고려되지 않은 추정손익계산서는 다음과 같다.

항 목	단위당원가	금액
매 출	₩12.50	₩1,250,000
변동제조원가	6.25	625,000
고정제조원가	1.75	175,000
제조원가	8.00	800,000
매출총이익	4.50	450,000
변동판매비	1.80	180,000
고정판매비	1.45	145,000
판매비합계	3.25	325,000
영업이익	₩1.25	₩125,000

추가적 판매비는 없다고 가정할 때, 특별주문을 받아들인다면 영업이익은 어떻게 될 것인가?

① ₩8,000증가 ② ₩17,500증가
③ ₩32,500감소 ④ ₩40,000증가

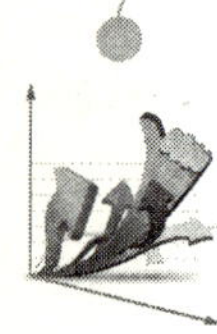

18 B회사는 농구공을 제조하는 회사로서 어떤 특별주문을 받기 전의 추정손익계산서는 다음과 같다.

항 목	금 액	단위당원가
매 출 액	₩4,000,000	₩10.00
매출원가	3,200,000	8.00
매출총이익	300,000	2.00
판 매 비	300,000	0.75
영업이익	₩ 500,000	₩1.25

위의 추정손익계산서에 포함된 고정비는 제조원가에 ₩1,200,000과 판매비에 ₩100,000이 있다. B회사가 50,000개의 농구공을 개당 ₩7.5씩 매입하겠다는 주문을 받았다. 만약 B회사가 50,000개의 농구공을 추가로 제조할 충분할 생산능력이 있다고 가정한다면 이 특별주문을 받아들일 경우 영업이익은 어떻게 변할 것인가?

① ₩25,000감소 ② ₩62,500감소
③ ₩100,000증가 ④ ₩125,000증가

19 (주)서울은 (주)한강으로부터 20X4년 1년 간 5,000개의 제품을 개당 ₩110에 구매하겠다는 특별주문을 받았다. 이 특별주문을 받아들일 경우 추가로 소요되는 고정 판매비와 관리비 증가분은 ₩20,000이고, 이외의 원가 행태에는 영향을 주지 않는다. 특별주문 전의 생산판매와 관련한 다음의 자료를 이용할 때, ㈜서울이 5,000개 제품 전체의 특별주문을 수락하는 경우, 20X4년도 손익에 미치는 영향은?

○ (주)서울의 최대생산능력은 13,000개이고 특별주문을 받아들이더라도 추가적인 설비 증설은 없다.
○ 매년 평균 10,000개의 제품을 시장의 수요에 의해 생산 판매 해왔고, 특별주문을 수락하더라도 이를 제외한 시장의 수요에는 변화가 없다.
○ 일반적인 판매방식의 제품 판매가격 및 발생원가
  제품단위당 판매가격 ₩150
  변동제조원가 ₩90
  변동 판매비와 관리비 ₩10
○ 생산량과 판매량은 동일하다.
○ 세금은 없다고 가정한다.

① ₩20,000 감소 ② ₩70,000 감소
③ ₩30,000 증가 ④ ₩80,000 증가

20 다양한 제품을 제조 및 판매하고 있는 A회사는 제품X를 매년 5,000 단위생산하고 있다. 이 제품은 제품 단위당 ₩8에 판매하고 있으며, 공헌이익은 단위당 ₩5 이다. 이 제품의 생산을 중지할 경우 고정제조간접비 ₩18,000이 제거된다. 이 제품의 생산을 중단할 경우 이 회사의 영업이익에는 어떠한 영향을 미치는가?

① ₩ 25,000감소 ② ₩43,000증가
③ ₩ 7,000감소 ④ ₩7,000증가

21 A호텔은 연간 공헌이익 ₩20,000을 창출하고 있는 사업부문을 폐지할 계획을 가지고 있다. 이 부서와 관련된 고정제조간접비는 ₩50,000이며, 이 중 ₩5,000은 제거시킬 수 있다. 이 사업부문을 폐지할 경우 이 회사의 영업이익은 얼마나 증가할가?

① ₩ 5,000 ② ₩20,000
③ ₩ 25,000 ④ ₩30,000

10-2 **(주)낚시는 낚시대를 생산하고 있다. 이 회사는 낚시대를 제조하는데 특허받은 재료인 신소재를 사용하므로써 선풍적인 인기를 얻고 있다. 이 소재를 사용함에 따라 낚시대가 신축성이 강하게 되었으며, 거의 부러지지도 않는다. 이 회사는 낚시대를 매년 150,000개를 도매상에게 ₩180에 판매하고 있다. 그런데 대형할인판매점에서 자사의 브랜드를 부착한 낚시대를 30,000개를 개당 ₩90에 구입하겠다는 주문이 들어왔다.**

이 회사는 주문량을 추가제조할 수 있는 생산능력이 있지만, 낚시대 개당 제조원가가 ₩110이기 때문에 이 회사의 사장은 주문을 수락하기를 주저하고 있다. 대형할인판매점에서는 이 회사의 정상제품처럼 신축성이 없어도 상관없다고 말하고 있다.

낚시대 150,000개를 생산하는데 관련된 개당 원가자료는 다음과 같다.

직접재료비	
신소재 재료	₩ 40
기타재료	10
직접노무비	30
변동제조간접비	10
고정제조간접비	20
합계	₩110

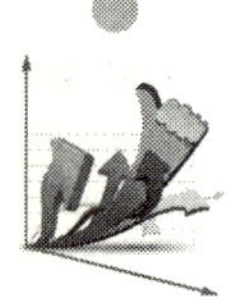

신소재 대신에 유리섬유를 사용하면, 직접재료비는 개당 ₩20을 절감할 수 있다.

이 회사가 특별주문을 수락할 경우 순이익이 얼마나 증가 또는 감소할 것인지를 계산하시오.

10-3 **(주)목원은 매년 부품 3,000개를 필요로 한다. 현재의 조업도 수준에서 개당 제조원가는 다음과 같다.**

직접재료비	₩ 380
직접노무비	120
변동제조간접비	140
고정제조간접비	440
합계	₩1,080

부품제조회사인 도안회사가 부품 3,000개를 개당 ₩1,000에 납품하겠다는 제안을 해왔다. (주)목원은 부품을 더 이상 제조하지 않을 경우 부품제조감독자가 필요하지 않게 된다. 감독자의 급여는 ₩360,000이며, 고정제조간접비에 포함되어 있다. 다른 고정제조간접비는 계속 발생되게 된다.

부품을 부품제조회사로부터 구입하는 방안을 수락하는 것이 바람직한지를 분석하시오.

10-4 **M회사는 매년 제품생산에 필요한 부품 M-1을 10,000단위 생산한다. 원가자료 다음과 같다.**

직접재료비	₩20,000
직접노무비	55,000
변동제조간접비	45,000
고정제조간접비	70,000
	₩190,000

V회사가 부품 M-1을 단위당 ₩18에 공급하겠다고 제의해왔다. 만일 M회사가 이 제의를 수락할 경우 M-1부품제조의 공장시설을 제3자에게 매년

₩15,000의 임대료를 받고 빌려줄 수 있다. 추가적으로 M-1제조에 소요되는 단위당 고정간접비 ₩4는 전부 절감된다.

M회사가 V회사의 제안을 수락해야 하는 이유는?

10-5 **M회사는 월간 16,000단위를 생산할 수 있는 시설을 가지고 있다. 현재는 월간 10,000단위를 생산하여 ₩15에 판매하고 있다. 단위당 원가자료는 다음과 같다.**

직접재료비	₩5.00
직접노무비	3.00
변동제조간접비	0.75
고정제조간접비	1.50
변동판매비	0.25
고정관리비	1.00
	₩11.50

1. 이 회사는 단위당 ₩10에 4,000단위를 구매하겠다는 특별주문이 들어왔다. 이 주문을 수락하여야 하나?
2. 이 회사의 제품을 외부에서 구입할 경우 구입가격의 상한선은 얼마인가?
3. 판매가격을 ₩14으로 낮출 경우 판매수량이 10% 증가할 것으로 예상된다. 이 경우 월간 공헌이익에 미치는 영향은 얼마인가?
   M회사가 V회사의 제안을 수락해야 하는 이유는?

10-6 **M회사는 단일 제품을 생산한다. 회사의 정상적인 생산수준인 연간 60,000 단위를 생산할 수 있는 수준에서 제품 한 단위를 생산 및 판매하는데 발생하는 원가는 다음과 같다.**

직접재료비	₩5.10
직접노무비	3.80
변동제조간접비	1.00
고정제조간접비	4.20
변동판매비	1.50
고정관리비	2.40

정상적인 판매가격은 단위당 ₩21 이다. 회사의 생산능력은 연간 75,000단위이다. 회사는 15,000단위를 단위당 ₩14의 특별가격에 구입하겠다는 통신판매주문을 받았다. 이 주문은 정규매출에는 영향을 미치지 않는다.

1. 특별주문을 수락할 경우 이 회사의 연간이익은 얼마나 증가 또는 감소하나?
2. 작년에 이월된 재고 1,000단위가 있다. 이 제품은 최근의 제품에 비해 질이 떨어지기 때문에 정상적인 가격으로 판매하기는 어렵다. 이 제품의 최저판매가격은 얼마인가?

10-7 **(주)목원호텔은 현재 3사업부 중 이벤트사업부를 폐쇄할 것을 고려중이다. 다음은 3사업부에 관련된 자료이다. 이벤트사업부를 폐쇄할 경우 그 공간은 객실사업부와 식음료사업부가 반씩 사용하게 될 것이며, 이에 따라 임차료와 수도광열비는 기존 사업부에서 반씩 부담해야 한다. 또한 이벤트사업부의 급여 중 70%는 삭감될 것이며, 나머지 30%만을 기존 사업부가 반씩 부담해야 한다.**

	객실사업부	이벤트사업부	식음료사업부
매출액	₩60,000	₩50,000	₩80,000
매출원가	40,000	42,000	60,000
영업비			
급 여	8,000	6,400	12,000
임차료	2,000	2,000	3,000
수도광열비	1,000	2,700	2,000
비용합계	₩51,000	₩53,100	₩77,000
당기순이익	₩9,000	₩(3,100)	₩3,000

1. 이벤트사업부를 폐쇄했을 경우 기존사업부의 통합손익계산서를 작성하시오.
2. 물음 1의 결과를 가지고 이벤트사업부를 폐쇄하는 안이 타당한지를 밝히시오.
3. 이벤트사업부의 폐쇄를 결정할 때 고려해야 할 질적요인은 무엇인가?

10-8 **(주)세계는 신제품을 개발하여 출시를 앞두고 있으며, 이 제품의 가격 책정 문제가 남아 있는 상태다. 가격과 관련된 소비자 수요조사 결과자료는 다음과 같다.**

가 격	수요추정량
₩50	80,000
60	72,000
70	56,000
80	48,000
90	36,000
100	30,000

원가추정자료는 다음과 같다.

단위당변동제조원가	₩20
고정제조원가(연간)	₩400,000
단위당변동판매비와 관리비	₩10
고정판매비와 관리비(연간)	₩200,000

1. 판매가격별로 총수익, 총비용, 순이익을 나타내는 명세서를 작성하시오.
2. 물음 1의 결과를 놓고 볼 때 가격을 얼마로 책정하는 것이 바람직한가?

10-9 **(주)목원전자는 3가지 화면 크기의 디지털 TV를 생산하고 있다. 관련된 자료는 다음과 같다.**

	30인치	45인치	54인치
판매가격	₩195	₩325	₩450
변동비			
직접재료비	55	100	126
직접노무비	80	120	180
변동제조간접비	40	60	90
변동비합계	₩175	₩280	₩396
공헌이익	₩ 20	₩ 45	₩ 54
다음 주 주문수량	200	150	75

이 회사는 TV를 생산하는 데는 숙련근로자의 이용가능한 작업시간이 제한되고 있다는 제약요인을 가지고 있다. 직접노무비는 시간당 ₩8이며, 다음 주의 생산에 이용가능한 작업시간은 2,700시간이다.

이 회사의 이익을 극대화하기 위해서는 어떤 크기의 TV를 얼마만큼 생산하여야 하나?

10-10 **(주)목원산업은 2가지 신제품의 생산을 검토하고 있다. 관련된 자료는 다음과 같다.**

	X-10	Y-33
단위당 판매가격	₩2,850	₩2,100
단위당 변동비		
직접재료비	300	150
직접노무비	250	125
변동제조간접비	50	100
단위당 생산시간	1.5	1

1. 생산시간이라는 제약요인이 없다면 이 회사는 어떤 제품을 생산하여야 하나?
2. 총생산가능시간 1,500시간이고, 제조한 제품을 모두 판매할 수 있다면 어떤 제품을 생산하는 것이 바람직한가? 그 이유는 무엇인가?

10-11 **(주)예쁜 인형은 3가지 모양의 독특한 인형을 생산하고 있다. 그런데 이 독특한 인형을 제작하기 위해서는 숙련된 기술인력이 필요하다. 인형제작에 관련된 자료는 다음과 같다.**

	Q10	S20	X30
인형 1개당 공헌이익	₩6	₩4	₩5
시간당 제작 인형개수	20	28	25
예상판매량	20,000	9,000	100,000
숙련공의 작업가능시간 4,500시간			

이 회사는 3가지 형태의 인형을 얼마나 생산하여야 하나? 단 질적인 요인은 고려하지 않는다.

저자 약력

■ 윤 주 석

·성균관대학교 경영학과 졸업
·경영학박사(동국대 대학원)
·공무원 임용시험 출제위원
·한국상업교육학회 부회장
·한국회계정보학회 부회장
·미RPI대학교 Business Incubator 프로그램 수료
·미시시피대학교 방문교수
·목원대학교 사회과학연구소장, 인터넷창업보육 센터장, 사회과학대학장 역임
·현) 목원대학교 서비스경영학부 교수

관리회계원리 – 개정판

초 판 1쇄 발행 —— 2011년 8월 30일
개정판 1쇄 발행 —— 2014년 3월 5일
지은이 —— 윤 주 석
펴낸이 —— 전 두 표
펴낸곳 —— 도서출판 두남
서울시 강동구 성내로6길 34-16 두남빌딩
신 고 : 제25100-1988-9호
TEL : 02) 478-2065, 2066, 2067, 2311
FAX : 02) 478-2068
E-mail : dunam1@unitel.co.kr
http://www.dunam.co.kr

정가 20,000원

ISBN 978-89-6414-512-8 93320